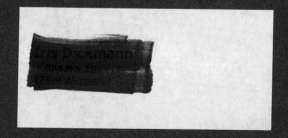

edition ariadne

Sarah Schulman, geboren 1958, ist New Yorkerin. Das, was täglich in den Straßen des East Village vor sich geht, wo sie selbst lange wohnte, ist der Stoff für ihre Bücher, Theaterstücke und Zeitungsartikel.
Ihre Romane wurden bislang in sieben Sprachen übersetzt und mit verschiedenen Preisen ausgezeichnet. Sarah Schulmans politisches Engagement hat zentrale Bedeutung für ihr Schreiben. Sie war aktiv in der Bewegung für das Recht auf Abtreibung. Seit 1987 Mitglied von ACT-UP (AIDS Coalition to Unleash Power), hat sie bei diversen Aktionen und Projekten mitgemacht. Ihre zahllosen Artikel erschienen sowohl in alternativen als auch etablierten Zeitungen. Seit 1983 konzentriert sie sich auf das Thema AIDS.
In ihren Artikeln gibt sie den Kämpfen gegen die herrschende Politik, etwa um die Schließung der Badehäuser oder den Ausschluß der Frauen von der Erprobung neuer AIDS-Medikamente, eine Stimme. Das Ausgestoßensein nicht nur durch diese Krankheit, die Tausende buchstäblich auf die Straße setzt, beschreibt sie in »AIDS und Obdachlosigkeit«. Am Beispiel von Tuberkulose und der Behandlung an AIDS erkrankter Kinder mit Placebos nimmt sie den Umgang der Medizin mit AIDS unter die Lupe.
Ein weiteres Thema, zu dem sie arbeitet, ist die Verantwortung von SchriftstellerInnen. Sie schreibt Kritiken über AIDS-Filme und Literatur. Sarah Schulman ist Mitbegründerin des New York Lesbian and Gay Experimental Film Festival.

Die Malerin:
Alice Choné studierte Malerei, sie lebt und arbeitet als freie Künstlerin in Hamburg. Ihre Bilder wurden in verschiedenen Ausstellungen im In- und Ausland gezeigt. Sie bereiste 1985 Afrika, 1988 Brasilien. In Brasilien arbeitete sie an einem Film zum Thema Aids und Sextourismus mit und lernte dabei die Riesenstadt Rio de Janeiro, die in Reiseführern gern als schönste Stadt der Welt gefeiert wird, von ihrer anderen Seite kennen. In den Straßen von Rio entstand das Umschlagbild *Na Cidade* – In der Stadt.

Sarah Schulman
Leben am Rand

Roman

Aus dem Amerikanischen
von Isolde Tegtmeier

edition ariadne

Titel der amerikanischen Originalausgabe:
People in Trouble
© Sarah Schulman 1990

Deutsche Erstausgabe
1.–5. Tausend Mai 1992
Alle Rechte vorbehalten
© Argument-Verlag 1992
Rentzelstraße 1, 2000 Hamburg 13
Buchgestaltung: Martin Grundmann
Umschlaggemälde: »Na Cidade« von Alice Choné,
fotografiert von Helge Mundt
Lektorat: Martina Friedrich, Else Laudan,
Eva Stäbler
Texterfassung durch die Übersetzerin
Gesamtherstellung: Clausen & Bosse, Leck
ISBN 3-88619-450-7

Dieses Buch widme ich in
großer Liebe Maxine Wolfe

Danksagung

Verschiedene Freundinnen und Freunde lasen dieses Buch in unterschiedlichen Versionen. Sie alle hatten ihren ganz einzigartigen, persönlichen Schatz an Kriterien, den sie in dieses Projekt einbrachten. Ich danke ihnen für ihre Zeit und ihre Aufmerksamkeit, insbesondere Maxine Wolfe, Bettina Berch, Abigail Child, Christie Cassidy, Meg Wolitzer, Julia Scher, David Leavitt, Shelley Wald, Michael Korie, Stewart Wallace, Beryl Satter, Robert Hilferty und Ana Maria Simo.

Leben am Rand wurde zum Teil durch großzügige Zuschüsse und Darlehen finanziert von Charlie Schulman, Susan Seizer, meinen Eltern, Jennifer Miller, Abigail Child, Rachel Pfeffer, Beryl Satter, Diane Cleaver und Sanford Greenburger Associates, der MacDowell Colony, der Cummington Community for the Arts und dem Money for Women/Barbara Deming Gedenkfonds. Ich danke ihnen für ihre Unterstützung und ihre Geduld.

Meine Lektorin, Carole DeSanti, engagierte sich für dieses Buch mit besonders großer Konzentration und Kreativität. Ich bin dankbar für ihre aufschlußreichen und klugen Beiträge zu all den vielen Entwürfen.

Es ist nicht das Bewußtsein der Menschen, das ihr Sein, sondern umgekehrt ihr gesellschaftliches Sein, das ihr Bewußtsein bestimmt.

Karl Marx

1 KATE

Es war der Anfang vom Ende der Welt, aber nicht alle Leute merkten es sofort. Manche starben. Manche waren beschäftigt. Manche waren beim Hausputz, während im Fernsehen der Kriegsfilm lief.

Die Zigarette im Mund der Frau an der Kasse war mit lila Lippenstift verkrustet. Ihr Kittel war ebenfalls mit Lippenstift beschmiert. Winzige Raupen grauer Asche schmückten die klebrige Glasplatte des Ladentischs.

»Ich nehme diese beiden«, sagte Kate zu ihr, in jeder Hand einen BH haltend.

»Sie sollten sie besser anprobieren«, antwortete die Verkäuferin, die sie rasch sachverständig taxierte. »Die sind Ihnen zu groß, Miss, und ab einem gewissen Alter können Sie nicht mehr damit rechnen, daß Sie in diese Richtung noch wachsen.«

»Sie sind nicht für mich«, sagte Kate, die das alles höchst amüsant fand. »Ich zahle bar.«

Welchen würde Molly zuerst tragen? Sie hielt die BHs geistesabwesend in den Händen und ließ den Stoff durch ihre Finger gleiten. Kate würde sie an Mollys Körper sehen, bevor sie sie an Ort und Stelle berührte. Da war der schlichte Spitzen-

BH, der sich vorn öffnen ließ, wie bei einem Gang durch ein Gartentor. Dann war da die richtig unanständige Büstenhebe, die gar nicht erst geöffnet werden mußte. Kate konnte Mollys Brüste einfach nach oben herausschieben. Kate hielt sie in ihren Händen. Sie konnte ihre Finger über die Spitze gleiten lassen und ihre Beschaffenheit erfühlen, während sie spürte, wie sich Mollys Brustwarzen darunter veränderten.

»Im Sonderangebot sind Slips mit Leopardendruck, im Schritt offen«, fügte die Frau hinzu, während sie Asche mit in das Packpapier wickelte. »Vielleicht hätte Ihre Freundin auch gern einen davon. Toll unter Röcken.«

Es würde drei Tage dauern, bis sie Molly wiedersah. Kate stieg die Treppe zur Wohnung ihrer Geliebten hinauf und ließ das Päckchen mit ein paar persönlichen Zeilen vor der Wohnungstür liegen.

Als sie sich wie verabredet trafen, spürte Kate ein nervöses erotisches Prickeln, als sie sich fragte, welchen BH Molly wohl gewählt hatte, welcher unter Mollys weichfallender Bluse auf sie wartete.

»Du bist sexy«, sagte Kate in der Abenddämmerung zu ihr. »Du hast melancholische Augen und wunderschöne Brüste. Ich verpacke sie als Geschenk für mich selbst. Deine Brüste sind wunderschön, zart und süß.« Sie ließ ihre Hände unter leichtem Druck von Mollys Gesicht auf ihre Brust gleiten und fühlte die Struktur der Spitze darunter, fuhr dann aber weiter nach unten zu dieser elfenhaften Taille und nach hinten zu dem sanft abfallenden Sims am Ende ihres Rückens.

»Aber heute abend ist es dein Hintern, der mich anmacht. Heute abend ist es dein Hintern, den ich heiß finde.«

Dann dachte sie: *Sage ich diese Dinge wirklich?*

Molly zog sie aus dem Lichtkegel einer frühen Straßenlaterne in den Schatten, damit die Zigeunerin, die in dem Laden gegenüber aus der Hand las, ihre Kinder nicht ins Hinterzimmer außer Sichtweite schieben mußte. Molly wölbte ihren Hintern und glitt über Kates Fleisch, so daß Kate den warmen Körper ihrer Geliebten gegen ihre Brust und die kühle Backsteinwand in ihrem Rücken spürte.

»Laß uns hochgehen auf dein Dach«, sagte Kate.

»Du willst es unbedingt machen, was?« Molly lachte, ihr Nacken duftete nach Gurke.

»Sieht ganz so aus.«

»Gehn wir«, sagte Molly. Sie sprühte vor Leben und sah einfach zum Verlieben aus. »Außerdem haben wir nicht mehr viel Zeit.«

Dann fand eine Veränderung statt, hin zu einem stillen Glücksgefühl und einer gewissen Zufriedenheit, die sie die Treppen hinaufbegleitete. Oben auf dem Hausdach gab es nur den Himmel und ein Radio, das von Gestalten, deren Konturen sich im Licht abzeichneten, heraufklang. Irgendwo rauchte ein Mann — sie konnten ihn husten hören. Das Radio klang wie eine dünne Rohrpfeife. Rechts war ein Kind, und ganz unten klapperte Besteck. Es gab kaum wahrnehmbaren aber ständigen Autolärm und Glockengeläut und eine Stimme.

2 PETER

An jenem Morgen entbrannte im Coffee Shop ein Streit, der sehr schnell außer Kontrolle geriet. Dann lief Peter einen ganzen Block weit, um einer Art Revierkrieg zwischen zwei jungen Schwarzen auszuweichen, die wahrscheinlich Crack verkauften.

Wir New Yorker haben immer wieder etwas anderes, vor dem wir uns fürchten, sagte er zu sich selbst, als er am University Place abbog. *Zuerst war es Herpes, dieses Jahr ist es Kreuzfeuer.*

Anfangs war er nur ziellos herumgewandert, aber er wurde spontan von der Vorstellung an eine Bowlingbahn verführt, die zwei Stockwerke eines Bürogebäudes einnahm, und beschloß hineinzutauchen.

Wo er aufgewachsen war, waren Bowlingbahnen stets weiße stuckverzierte Kästen mit einem gigantischen Pin gewesen, der auf dem Parkplatz emporragte. Es hatte zwei Gruppen von Bowlern gegeben: Wettkämpfer, die in der Liga spielten, und Amateure, die mit ihren Freundinnen ausgingen. Man wußte sofort, wer regelmäßig Bowling spielte, weil diese Leute so ernsthaft wirkten. Die Frauen hatten Haarspray in ihrem tou-

12

pierten und rotgefärbten, gebleichten oder gelackten Haar. Sie trugen übergroße Bowlingjacken, auf deren Rücken die Namen ihrer Ehemänner gestickt waren. Die Männer hatten vorschriftsmäßige Jacken an, die paßten, vorschriftsmäßige Schuhe und individuelle Köfferchen für ihre Bowlingkugeln.

Die Stadtleute dagegen nahmen das Bowlingspielen nicht so ernst. Sie hatten tausend andere faszinierende Möglichkeiten, ihre Zeit zu verbringen, und so griffen sie einmal im Jahr an einem verregneten Sonntag auf kaputte Schuhe und abgestoßene Kugeln zurück. In Manhattan hat das Bowlingspielen eine symbolische Funktion. Es steht für die Sehnsucht nach einem einfacheren Leben.

Peter stieg in einen Fahrstuhl, bedient von einem dünnen Chinesen, der eine Kent nach der anderen rauchte. Es gab keine Belüftung, und so hielten die Leute im Fahrstuhl eben die Luft an, bis das wacklige alte Ding knarrend im zweiten Stock hielt. Dort öffnete sich die von Hand bediente schmiedeeiserne Tür und gab den Blick frei auf eine verblaßte Halle mit krachenden Pins und ein paar zeitlosen italienischen Jugendlichen, die »Joey« brüllten. Die meisten anderen sahen jedoch zu modern aus, um ernsthaft Bowling zu spielen. Für sie war es kein Sport, es war nur ein Jux.

Als Peter ein Junge in New Hampshire war, war das Licht unaufdringlich gewesen, nicht im New Yorker Stil geballt an die Wand geklatscht wie nasser Gips. Nachts ist es in Manhattan niemals dunkel, das kann es nur tagsüber sein. Aber in New England waren die Nächte unterschwellig dunkel, bedeckt von einer Lage Sternenlicht, und darüber mitternachtsblau. Diese flüchtige Farbe zeigte sich nur zweimal im Jahr, einmal in der Regenperiode Anfang April, wenn man das Gefühl hatte, es sei Herbst, und dann an den klaren Oktobertagen, die nach Frühling rochen. Es symbolisierte die Verwirrung der Sinne.

Als Kind fuhr er abends mit dem Rad oder saß im Auto, und ab und zu kam er an einem Haus vorbei, in dem ein gelbes Licht für jemanden brannte, der nach Hause kommen würde. Später saß er im Schlafanzug in diesem Licht und wartete auf zwei Scheinwerfer, deren Gelb schwächer leuchtete als das Stroh in der Küche. Sie warfen Schatten auf die Einfahrt, gefolgt vom Knirschen von Kies.

13

Dies war seine deutlichste Erinnerung an seine Mutter. Sie stieg aus dem Auto, in ihrer rosa Uniform mit den weißen Schuhen, die sie immer als erstes von sich schleuderte. Dann zählte sie die Trinkgelder. Jeden Abend, bis er selbst zu arbeiten anfing, sah Peter seiner Mutter zu, wie sie das ganze Kleingeld sortierte. Sie begann mit den Pennies und hob sich die Vierteldollarstücke bis zuletzt auf. Dann lehnte sie sich in ihren Stuhl zurück, und sie konnten gemeinsam die Münzen anstarren. Sie wußte genau, was sie mit den Kleingeldhäufchen anfangen konnte und was nicht.

Wenn Peter zu Bett gebracht worden war, führte seine Mutter kurze Selbstgespräche. Sie widersprach einem Gast, berichtete, was alles kaputtgegangen war, erinnerte sich an ein Gespräch oder erfand eins. Dann goß sie sich einen Whiskey ein. Er konnte das Eis in der Küche klirren hören. Sie schaltete das Radio an, etwas zu leise. Das war der letzte Laut, den Peter mitbekam, bevor er abends einschlief — das Gemurmel des Radios, ab und zu im Duett mit seiner Mutter.

Der besondere Gelbton, der sie von der Arbeit heimbrachte, war das erste Kapitel seiner lebenslangen Beschäftigung mit Licht. Er behielt dieses Gelb deutlich in Erinnerung, bis er es schließlich, dreißig Jahre später, bei einer kleinen Vorstadt-Aufführung eines Musicals einsetzte. Im dritten Akt fing der Held, der über eine Gefängnismauer entkommen war, plötzlich zu singen an. Nach der letzten Note des Schlußrefrains schaltete die Polizei die Zündung an ihrem Wagen ein, und geblendet von ihren Scheinwerfern saß er in der Falle. Peter hatte jeden Abend seine Freude daran, den angstvollen Gesichtsausdruck des Sträflings zu sehen, zu hören, wie das Publikum nach Luft schnappte, während er die ganze Zeit über wußte, daß es nur seine Mutter war, die mit einer Schürze voller 5-Cent-Stücke nach Hause fuhr.

Erinnerungen, dachte er, *sind ein Teil dessen, was Licht für mich bedeutet.*

Die gemieteten Bowlingschuhe paßten zu den Pins, weiß mit roten Streifen. Sie rochen nach Leder und Fußschweiß und Desinfektionsspray. Sie waren zu groß. Peter ging etwas herum, nahm sich dabei hier und da eine Kugel und probierte sie aus. Er brauchte eine, die schwer genug war, eine, die gut in der Hand lag.

Auf der Bahn nebenan war ein Mädchen im Teenageralter mit kurzen braunen Kringellocken, die auch allein Bowling spielte. Er sah ihre schläfrigen braunen Augen und die Sommersprossen auf ihrem Gesicht. Sie kleidete sich so, wie es junge Frauen tun, denen nicht bewußt ist, wie schön sie sind, weil sie noch nicht genug Erfahrung in der Welt gesammelt haben, um Vergleiche anzustellen. All ihre Kleidungsstücke waren so eng, daß er sie am liebsten überall berührt hätte. Der Name auf ihrem Spielformular lautete Shelley. Peter sah ihr zu, wie sie Anlauf nahm. Sie verriß immer im letzten Moment das Handgelenk, und jeder Wurf ging weit daneben.

»Halt deine Handgelenke gerade«, sagte er. »Dann triffst du die Pins.«

»Ist mir eigentlich egal«, sagte sie. »Ich schlage nur die Zeit tot.«

Sie hatte eine Handtasche, wie junge Mädchen sie haben, und daraus schaute ein Buch hervor, das Peter nicht mit einem solchen Mädchen in Verbindung gebracht hätte.

Er warf einen Strike.

»Du liest ja O'Neill«, sagte er.

»Es ist für die Uni«, sagte sie. »Ich lese es eigentlich nicht. Ich trage es bloß mit mir herum.«

»Mein erstes Projekt als Bühnenbildner war eine College-Aufführung von *Trauer muß Elektra tragen*«, sagte er, während er darin blätterte. »Hier, schau.« Er zeigte auf eine bestimmte Stelle auf dem Papier und hielt es ihr hin. »O'Neill beschloß, während er gemütlich an einem Strand in Provincetown saß, daß das Stück in einem *leuchtenden Dunst* gespielt werden solle. Das ist eine sagenhafte Einführung in die Grundlagen der Beleuchtungstechnik.«

»Ich geh' auf die Toilette«, sagte sie.

Shelley kam mit einer neuen Schachtel Marlboro zurück. Sie klopfte damit gegen ihre Handfläche, damit der Tabak fester wurde und gleichmäßiger brannte. Dann zog sie die Zellophanhülle ab.

»Weißt du, was auf den Marlboro-Schachteln steht?« fragte er.

»Rauchen gefährdet Ihre Gesundheit?«

»Und außerdem?«

»Keine Ahnung.«

Er ging einen Schritt auf sie zu.

»Sieh mal, hier steht auf Latein ‘*Veni Vidi Vici*.’ Ich kam, ich sah, ich siegte.«

»Das ist eine komische Aufschrift für eine Zigarettenschachtel.«

Er strich sein Haar auf die Seite, wo es voller wirkte.

»Das ist von Julius Cäsar.«

»Oh«, sagte sie, »das paßt.« Dann begann sie, ihre Tasche zu packen.

»Ich muß gehen«, sagte sie. »Ich muß zur Arbeit.«

»Wo arbeitest du denn?«

»In einem Copy-Shop. Ich muß gehen.«

»Warte«, sagte er und fühlte sich so verwundbar, daß sein Kinn nach unten sackte und sein Mund völlig offenstand. »Willst du nicht, daß wir Freunde werden?«

»Ich muß gehen«, sagte sie. Und ging.

3 PETER

Peter fühlte sich richtig gut, als er aus dem verräucherten Aufzug stieg, sein Spielformular zusammengefaltet in der Brieftasche verwahrt. Kate war nicht die einzige, die ein geheimes Leben führte. Manchmal konnte er sich nicht vorstellen, wie er das Zusammenleben mit ihr so lange hatte ertragen können.

Die Wohnung der beiden war klein und aufgeräumt, und die Miete war gebunden. Beide kochten. Kate war besser darin, aber er hinterließ die Küche sauberer. Wenn sie den Abwasch machte, warf sie alles bunt durcheinander in eine Schublade. Beide fegten den Boden, aber nur er wischte ihn auf. Es gab etwas an Kates Zähnen, das ihm noch immer auffiel. Sie waren sauberer als die der meisten, und bläulicher.

Peter hatte sich viele Frauen aus der Nähe betrachtet. Die meisten Schauspielerinnen waren sich der Rolle des Lichts zwar bewußt, hatten aber keine Ahnung, wie sie es für sich nutzen konnten. Sie wollten in seinem Mittelpunkt stehen, ohne zu erkennen, wie diese konzentrierte visuelle Energie sie verwandelte. Die meisten Frauen stellten hohe Erwartungen an die Farbe Rosa. Sie glaubten, sie würde sie rosig und jugendlich machen, wie geschickt auf die Wangen aufgetragenes Rouge. Dabei verlieh ihnen diese Farbe oft eine gewisse aufgedunsene Röte, wie man sie bei alkoholabhängigen Conferenciers in Striptease-Lokalen in New Jersey findet. Kate hatte an ihrem dreißigsten Geburtstag damit angefangen, Lippenstift zu benutzen, und einige Jahre später fügte sie um die Augen herum eine Spur Schwarz hinzu. An diesen kleinen Dingen merkt man, wie jemand älter wird.

Anfangs wußte er nicht, wie Kates Geliebte aussah. Aber eine fremde Frau tauchte bei allen Vernissagen und Gruppenausstellungen seiner Frau auf, ohne jemals etwas zu sagen oder einen von ihnen anzusehen. Schließlich fragte er Spiros, Kates Kunsthändler, wer die junge Frau sei, und als Spiros ihm antwortete, war Peter zu überrascht, um verletzt zu sein. Eines Tages hatte ihm Kate gesagt, daß sie eine Geliebte hatte, eine Frau, und den Namen der Frau. Er hatte »in Ordnung« gesagt und seither versucht, diese Tatsache zu ignorieren. Er war mit vielen Projekten beschäftigt gewesen und kam zu dem Schluß, daß Kate mehr Zuwendung brauchte. Da es eine Frau war, mit der sie etwas hatte, beunruhigte es ihn nicht weiter, denn er ging davon aus, daß Kate mit ihr Schluß machen würde, wenn er wieder mehr freie Zeit hatte. Außerdem hatte die ganze Vorstellung etwas Erregendes. Er hatte jedoch nie damit gerechnet, körperlich mit dieser Frau konkurrieren zu müssen, und bestimmt nicht mit der Tatsache, daß sie so schrecklich jung war. Kaum hatte sich seine Überraschung gelegt, trat eine Art Konkurrenzdenken an ihre Stelle. Er war eifersüchtig auf Kate, weil sie eine so junge Geliebte hatte.

Die junge Frau stand im Telefonbuch. Ein sehr mutiger Eintrag mit dem vollen Vornamen anstatt des verschämten Anfangsbuchstabens, den die meisten alleinstehenden Frauen benutzen, um sich obszöne Anrufe zu ersparen. Auf diese Weise hatte er erfahren, daß sie zwei Blocks entfernt wohnte. Wenn sie und er beide auf den Dächern ihrer Häuser standen, wie sie es — das wußte er — an vielen brütend heißen Sommerabenden getan hatten, dann konnten sie bestimmt gegenseitig ihre Silhouette ausmachen.

Am nächsten Tag ging Peter absichtlich auf dem Weg zur Sporthalle an ihrem Haus vorbei, und dann hielt er davor an, um es sich genauer anzuschauen. Er sah ihren Namen auf der

Gegensprechanlage. Er war nicht säuberlich mit der Schreibmaschine geschrieben wie die anderen, er war hingekritzelt. Zwei Namen neben ihrem waren nacheinander zu verschiedenen Zeitpunkten mit verschiedenen Stiften durchgestrichen worden.

Wahrscheinlich hat sie einen hohen Verschleiß an Geliebten, dachte er und beschloß sich umzudrehen, gerade als sie mit einer Tüte voller Lebensmittel die Straße entlangkam. Er wußte, daß es ihm nicht peinlich zu sein brauchte. Es war völlig normal, neugierig zu sein. Dann blickte er auf ihre Einkaufstaschen. Sie quollen über. *Sie geht einkaufen*, dachte er. Er wollte alles über sie erfahren.

Als sie Peter dort stehen und warten sah, wurde ihr Gesicht ausdruckslos. Sie ging weiter, aber er wußte, daß sie schauspielerte. Er wußte, daß sie keine Konfrontation wollte. Sie wollte rein gar nichts mit ihm zu tun haben.

Später kam er zu dem Schluß, daß es ihm nicht so viel ausmachte, wenn sich Kate mitten in der Nacht nach Hause schlich, solange sie immer da war, wenn er aufwachte. Das war die Art von unausgesprochener Höflichkeit, die es zwischen einem Ehemann und seiner Frau geben mußte. Peter wußte, daß er dazu gebracht worden war, Kate kritisch zu betrachten, um zu sehen, welche Strukturen zwischen ihnen noch intakt waren. Es war genau wie in der Natur, wo es leichter ist, etwas hell Erleuchtetes aus einiger Entfernung zu erkennen, als wenn der Betrachter selbst im Licht steht. Diese Gesetzmäßigkeit der Natur wollte er auf den zwischenmenschlichen Bereich übertragen.

4 KATE

Bei Regen fühlte sich der Tag wie Nacht an, aber wärmer und nicht bedrohlich. Als Kate an dem dunklen Nachmittag durch die Straßen ging, konnte sie Leute in schwach erleuchteten Restaurants sitzen sehen. Die Lokale mit den besonders blassen Farben erinnerten sie an ihre Studienzeit, als sie in genau diesem Stadtviertel gewohnt hatte. Kate holte sich eine *New York Times* und ging in ein vorsintflutliches Restaurant an der Ecke, in dem es noch immer eine Lunchtheke gab. In den sechziger Jahren galt dieser Coffee Shop als überteuert, aber jetzt wirkte er angenehm einfach und gemütlich, verglichen damit, was aus anderen Restaurants im Laufe der Zeit geworden war. Sie schlug die Zeitung auf, trank ihren Kaffee und lehnte sich dann zurück, um sich zu strecken und umzuschauen, denn in der Zeitung stand immer das gleiche.

An einem kleinen Tisch saß ein rothaariger Mann mit einer Schwarzen, die er richtig gern hatte.

Das ist auch nicht mehr oft zu sehen, fiel Kate auf, die sich an eine Zeit erinnerte, als gemischtrassige Paare ein normaler Teil des Lebens im Greenwich Village waren. Heutzutage gab es einige alleinstehende ältere Frauen mit krausem grauen Haar und jüdischen Gesichtszügen, zur Erschöpfung getrieben von ihren braunhäutigen Kindern, die als Teenager immer auf dem neuesten Stand sein mußten. Sehr wenige jener Paare waren zusammengeblieben. Das konnte man natürlich im Grunde von allen sagen, die sich voller Idealismus verliebt hatten. Liebe mit politischem Beigeschmack hatte Kate schon immer aus der Distanz heraus interessiert. Doch da war diese ständig drohende Gewalt, die eine solche Liebe begleitete. Es war ihr gelungen, bis jetzt dieser Gewalt aus dem Weg zu gehen.

Der rothaarige Mann am Nebentisch hatte die schwarze Frau gern, mit der er zusammensaß. Er grinste, wenn sie etwas zu ihm sagte, und freute sich einfach, sie zu sehen. Sie hatte Spaghetti-Dreadlocks und einen Erdbeershake. Alle in dem Lokal trugen ihr Haar unterschiedlich. Da gab es zwei Glatzköpfe in alten orangefarbenen Pullovern, die in der Ecke saßen und langsam redeten, weil sie sich schon lange kannten und entspannt waren. Da gab es ein paar alternde Punks, die schwarzen Kaffee tranken, und ein paar Skinheads auf Skateboards kauften sich ein Eis. Der Sommer war so heiß gewesen, daß die Leute Halluzinationen bekamen. Menschen wurden von AIDS ausgezehrt, und auch andere Zeichen der Apokalypse umspülten die Strände. Kate hatte den Sommer in ihrem Atelier verbracht, nur abends gearbeitet und gehofft, dort Erleichterung zu finden. Aber selbst so war sie gezwungen, sich stündlich unter der Dusche abzukühlen und ein T-Shirt zu tragen, das sie in kaltem Wasser tränkte, ehe sie in der Lage war, sich auf ihre Arbeit zu konzentrieren. Eines Abends hatte sie viele laute Stimmen gehört, als wäre auf jemanden geschossen worden oder als hätten die Drogendealer wieder einmal Streit miteinander. Dann näherte sich mit unglaublichem Lärm eine Maschine, wie in einem Kriegsfilm mit Dolby-Sound. An diesem Abend, der so heiß und still gewesen war, wurde die Unordnung in ihrem Atelier plötzlich durch den Raum gewirbelt, weil etwa in Höhe ihres Fensterrahmens ein Hubschrauber in der Luft stand. Als er weiterflog, streckte sie ihren Kopf weit hinaus, beugte sich nach links und sah ein Gewimmel von Menschen. Da waren eine Menge Skinheads, aber auch ganz normale Nachbarn, dazu Punks und alternde Hippies. Am Rand der Menge griffen Polizisten willkürlich Leute heraus und traten sie oder schlugen mit Schlagstöcken auf sie ein. Es war das größte Polizeiaufgebot, das Kate seit den sechziger Jahren gesehen hatte. Mitten im Gewühl war die rohe Gewalt ausgebrochen. Dies war nicht der Film der Woche. Es war heiß. Es war aufgeputscht. Es war kaum zu glauben, wenn es so in aller Öffentlichkeit geschah. Sie blieb am Fenster, schaute zu und beschloß dann, sich nicht einzumischen.

Sie trank ihre zweite Tasse Kaffee und sah nach, ob ihre Handtasche noch immer sicher unter der Lunchtheke verstaut war. Jetzt im September war jener heiße Abend zu einem Film geworden, zu einer weiteren Nachrichtensendung, zu einem spektakulären Vorfall. Es war das Überbleibsel einer Vorstellung. Jetzt kauften sich die gleichen Skinheads ein Eis, in ihren Sweatshirts, mit ihren roten Halstüchern und ausgebeulten Militärhosen. Und wieder trieben sich Mädchen und Jungen mit blondgefärbtem Militärhaarschnitt herum und trugen T-Shirts, auf denen stand: 'Ich habe die Straßenschlacht am Tompkins Square überlebt'.

»Würden Sie wohl auf meinen Regenmantel aufpassen, solange ich auf der Toilette bin?« fragte eine ernste junge Frau, die ein Notizbuch umklammert hielt.

»Klar.«

Sie kam schnell zurück und glaubte wohl, sich entschuldigen zu müssen.

»Ich hab' mir einen neuen Regenmantel gekauft«, sagte sie und strich mit den Fingern darüber.

»Er ist schön«, sagte Kate.

»Er ist nagelneu«, antwortete die Frau und liebkoste die Ärmel. »Das ist mein erster neuer Mantel seit zehn Jahren. Er paßt. Er ist leicht für den Sommer und später, wenn es kalt wird, habe ich ein Futter, das ich hineinziehen kann. Die Taschen werde ich nicht jedes Jahr nachnähen müssen. Er hat einen Reißverschluß.«

Sie legte ihn sorgfältig zusammengefaltet über eine Stuhllehne.

»Wissen Sie, was mir Angst macht?« sagte die Frau leise, als spräche sie über die Toten. »Egal wo wir auch hinschauen, merken wir, daß dies das Ende eines Weltreichs ist. Dann schaue ich mich selbst an, und ich habe einen neuen Mantel.«

Sie war unscheinbar, diese Frau, und ihr Rücken war etwas gekrümmt, was daher kam, daß sie zu viel in zu viele Notizbücher kritzelte. Sie las zuviel und verbrachte nicht genug Zeit im Bett.

»Wenn Sie etwas Neues haben«, sagte sie verschwörerisch, »dann müssen Sie aufpassen, daß es Ihnen nicht gestohlen wird. Sie müssen den Leuten aus dem Weg gehen, die Geld brauchen, und denen, die Regenmäntel brauchen, und sie sich vom Leibe halten. Aber ich habe ein schlechtes Gewissen, wenn ich auf der Straße trocken bleibe, während meine Brüder und Schwestern nicht wissen, wo sie schlafen sollen.«

»Und es sind die Widersprüche, die uns wissen lassen, daß wir wirklich menschlich sind«, sagte Kate.

»Aber?« antwortete die Frau und wartete.

»Aber?«

»Aber«, sagte sie und strich sich mit alt aussehenden Händen über ein jung aussehendes Gesicht. »Aber was dann?«

Es gab drei oder vier Dinge, vor denen Kate Angst hatte, und die wurden ihr in bestimmten Momenten bewußt, zum Beispiel der frühmorgendliche Anblick der hängenden Gartenzwerg-Gesichter in der U-Bahn. Oder diese Pause nach dem vagen Gefühl von Nähe bei der Liebe, wenn die Stimme eines Menschen plötzlich lauter als alle anderen klingt. Kate fürchtete die Folgen des Chaos, und doch behagte ihr das Bruchstückhafte, wenn es frei gewählt war. Eigentlich hatte sie in letzter Zeit Gedankenfragmente und Fetzen von Äußerungen, die an ihr vorbeidrifteten, aufregender gefunden als alles, was sie tatsächlich in ihrem Atelier vollendet hatte. Doch das störte sie nicht, denn Kate arbeitete schon lange genug als Künstlerin, um den regelmäßigen Turnus von Frustration und Durchbruch, Verweigerung und Durchbruch, Leidenschaft und Frustration und Durchbruch und Veränderung zu kennen. Etwas in ihrer Sichtweise veränderte sich, und das wirkte sich allmählich auf ihre Zeichnungen aus.

5 KATE

Kates letzter stilistischer Umschwung hatte vor vier Jahren stattgefunden, als Spiros ihr Vorschuß gezahlt und ihre erste erfolgreiche Einzelausstellung auf die Beine gestellt hatte. Sie verdiente in jener Saison mehr Geld als Peter in all den Jahren, in denen er als Festangestellter gearbeitet hatte.

»Du verwendest meine Ideen«, hatte er geklagt. »Du weißt ja, daß es für *meine* Arbeit keinen Markt gibt. Niemand kann sich *meine* Arbeit über den Kamin hängen. Der künstlerische Entwurf in seiner Reinform stellt die kapitalistische Auffassung von einem Gegenstand in Frage. Die Leute werden immer dafür belohnt, daß sie kommerzielle Güter herstellen.«

Während er sprach, sah Kate ihn mitfühlend an. Seine Lippen waren geschwollen und violett vom Wein, wie bei einem Bluterguß. Sein Gesicht war von einem dünnen Schweißfilm überzogen. Nachdem er nun schon jahrelang war, was er war, und getan hatte, was er jetzt tat, erschöpften sich seine Gesten in einer Anzahl gewohnheitsmäßig wiederholter Handlungen. Ging es ihr genauso? Seine über Jahre hinweg gleichgebliebene Körpersprache hatte seinen Körper in eine unveränderliche

24

Kollektion von Ausdrucksweisen verwandelt. Doch gleichzeitig lag etwas Liebenswertes in seiner Starrköpfigkeit, in seiner Hingabe an seine Kunst. Sie sah, daß er ein Narr oder ein Held sein konnte, je nachdem, wie sie es betrachtete. Diese stille Beobachtung hatte dazu geführt, daß Kate dazu überging, Portraits zu zeichnen.

Sie ging von dem Coffee Shop direkt in ihr Atelier und ließ den Regen ihre Stirn entlang und über ihre Nasenspitze rinnen. Ohne auch nur den Mantel auszuziehen ging sie zu einem Stapel alter Bilder und sah sie ungeduldig durch. Sie wollte sie kurz und klein schlagen. Sie hatte es satt, zu weit vom Gesicht eines Menschen entfernt zu stehen. Sie wollte zeigen, was sie bei der Liebe oder bei einem Streit sah. Das Aufblitzen einer Lippe, eine pickelige Wange, Schweiß zwischen den Brüsten, eine unbekannte Wölbung oder ein Schatten schienen plötzlich wichtiger zu sein. Sex und Gewalt waren sinnliche Erfahrungen, keine visuellen, auch wenn sie durchaus eine visuelle Komponente hatten. Um die Berührung visuell erfahrbar zu machen, mußte sie näher herangehen, als befände sich ihr Auge auf seiner Brust und schaute von der Seite auf seinen Hals. Das war das Bild, das sie vermitteln wollte.

Sie öffnete ihr Fenster weit, lehnte sich über das Fensterbrett hinaus und hielt sich dabei mit einer Hand am Rahmen fest. Der Park war seit dem Sommer still geworden, aber noch immer grün. Da standen dreißig oder vierzig improvisierte Bretterbuden, Zelte und Unterstände, die vorübergehend mindestens 150 Menschen beherbergten. Aber keine Krawalle und sehr wenig Aktivitäten von seiten der Polizei. Einige verwahrloste Gestalten hatten sich in leere Müllsäcke gewickelt, während andere einfach bekifft dasaßen und bis auf die Haut naß wurden. Die öffentliche Toilette quoll dermaßen über von Obdachlosen, die versuchten, trocken zu bleiben, daß die Crack-Raucher über sie steigen mußten, um hineinzukommen.

Kate war noch nie obdachlos gewesen, und sie war noch nie hoffnungslos hungrig gewesen. Sie war mehrmals auf der Straße ausgeraubt und einmal vergewaltigt worden, vor Jahren. Sie war sich der verschiedenen Spielarten der Gewalt bewußt, die sie sowohl durchlebt als auch versäumt hatte, und würdigte sie alle, indem sie eindringliche Bilder aus Zeitungen und Zeitschriften ausschnitt und sie sich dann an die Wand klebte. Da gab es Schwarzweißaufnahmen von jungen schwarzen Arbeitern, die von amerikanischen Polizeihunden gebissen wurden. Da waren Farbfotos von anerkannten Helden, die in ihrer eigenen Blutlache lagen. Sie suchte auf jedem einzelnen Bild nach den physischen Details, die die Angst, den Schmerz und besonders die Bereitschaft bestimmter Individuen zur Gewalt zeigten. Das war ein Aspekt dessen, was sie mit *Chaos* meinte. Zeitweise ergab sich aus ihrer Sammlung als Ganzem ein so abstoßendes Fazit, daß sie sich nichts Schlimmeres vorstellen konnte. Doch als sie jetzt aus ihrem Fenster auf die ungeschützten Körper blickte, kam ihr der Gedanke, daß hier irgendwie das Allerschlimmste zu finden sei.

Auf dem Nachttisch neben dem schmalen Bett in ihrem Atelier stellte Kate ein fünfundzwanzig Jahre altes Foto aus der Zeitschrift *Life* auf. Es zeigte einen buddhistischen Mönch, der sich in Saigon selbst angezündet hatte. Das Foto hielt nur einen Augenblick fest, und dennoch war alles in Bewegung. Der Mann war in dem Moment aufgenommen, in dem er so vollständig verbrannt war, daß sein Körper in den Flammen zusammenbrach und ihm das Fleisch von den Knochen fiel.

Hinterläßt absichtliche Selbstzerstörung einen nachhaltigen Eindruck?

Was Kate aus dem Foto einer zusammenbrechenden menschlichen Fackel herauszog, war das kurze Aufblitzen einer Energie, die ihre Botschaft dem Rauch und der Asche übergibt.

6 KATE

Kate wählte Mollys Nummer. Sie liebte es, daß sie diese jüngere Frau anrufen konnte und von dieser Frau begehrt wurde. Es war stark.

»Du fehlst mir«, sagte Kate ins Telefon. »Ich will ganz bald mit dir zusammensein.«

Zusammensein war ihr Euphemismus für »Miteinander schlafen«.

Da klopfte Peter an die Tür ihres Ateliers.

»Ich muß dich zurückrufen«, sagte sie in den Hörer hinein. »Jemand kommt herein.«

Peter wollte wissen, was er fürs Abendessen einkaufen sollte.

»Ich hatte vor, ein paar Würstchen zu holen«, sagte er.

»Okay, aber hol sie in dem neuen italienischen Laden.«

»Ich dachte an Krakauer.«

»Nein, zu fett«, sagte sie. »Geh zu Rocco, besorg auch Nudeln. Ich mache eine Soße.«

»Spinatnudeln?« fragte er.

»Oder Ravioli.«

»Ich mag keine Ravioli«, sagte er. »Ich denke, Linguini wären besser.«

»Was meinst du damit, du magst keine Ravioli? Du ißt sie doch immer.«

»Das stimmt«, sagte er. »Aber wie wär's mit Linguini?«

»Okay, gut, besorg welche.«

Als er gegangen war, wählte Kate noch einmal die Nummer.

»Okay.«

»Okay.«

»Wann hast du frei?« fragte Kate, zum Flirten aufgelegt, und spielte mit ihren Rosetten. »Peter arbeitet morgen nachmittag. Zwischen zwei und vier ist also Zeit, oder arbeitest du morgen?«

»Ich arbeite bis drei. Dann könnte ich mich mit dir treffen.«

»Nein, Peter könnte so gegen Viertel nach vier hier vorbeikommen.«

»Dann geh eben nicht an die Tür, oder erzähl ihm, du hast eine Verabredung und willst nicht gestört werden. Sag ihm, daß du dich mit mir triffst.«

»Wie wär's mit Freitag?«

»Hör mal zu, Kate, ich muß mit dir über etwas reden.« Kate konnte hören, wie sich Molly anstrengte, um ihrer Verführung zu widerstehen. »Du hast mich am Donnerstag die Straße entlanggehen sehen, und du hast so getan, als wüßtest du nicht, wer ich bin.«

»Das mußte ich tun«, antwortete Kate sehr rasch. »Ich war mit Peter zusammen. Das weißt du doch.«

»Peter weiß, wie ich aussehe. Das versuche ich dir die ganze Zeit zu sagen. Ich hab' ihn neulich gesehen, wie er draußen vor meiner Wohnung stand.«

»Es tut nichts zur Sache, ob er es weiß oder nicht«, sagte Kate, die sich Sorgen um Peter machte. »Solange er mir nichts davon sagt, ist es für uns alle einfacher. Ich kann mir nicht vorstellen, wie Peter und ich die Straße entlanggehen und stehenbleiben, um mit dir zu plaudern. Das wäre absurd.«

»Sieh mal«, sagte Molly ganz ruhig. »Letzte Woche hattest du dein Gesicht zwischen meinen Beinen, und jetzt willst du wieder dort sein.«

»Willst du denn nicht?« Als sie aufgelegt hatte, saß Kate still auf der Kante ihres weichen Bettes.

Natürlich, hatte Molly geantwortet. *Aber ich will nicht meine Ficks nach Peters Zeitplan ausrichten.*

Kates Bett hatte eine bauschige Federsteppdecke und passende saubere Laken.

Ich will einfach seine Gefühle nicht verletzen, dachte Kate. *Ich liebe ihn.*

In einer Schale lagen getrocknete Tulpenblüten, umgeben von Farbe und frischem Flieder, der so angenehm neben ihrem Kopfkissen duftete.

Was an Peter so außergewöhnlich ist, das ist seine Klugheit, und wie sehr er in seiner Arbeit aufgeht. Das bewundere ich. Ich hätte auch gern so viel Selbstbewußtsein, wäre auch gern so völlig überzeugt von dem, was ich tue.

Peter war zu groß, um mit ihr in diesem Bett zu schlafen. Sie konnten sich lieben, aber sie konnten nicht schlafen. Molly und sie würden ganz bequem zusammen darin schlafen können, aber sie hatten noch nie eine ganze Nacht Zeit füreinander gehabt. Molly hatte bei sich zu Hause ein Doppelbett, aber die Laken waren nicht so weich.

Molly hatte sich erfolgreich in Kates Lebensgewohnheiten hineingeschmuggelt und dann von innen heraus begonnen, auf Veränderungen zu drängen.

»Schau mal«, hatte Molly gesagt. »Wenn du raus willst, dann geh. Wenn du rein willst, dann komm.«

Kate wußte genau, was Molly damit meinte. Aber jetzt fühlte sie, daß sie überraschend verletzlich war, was diese häufigen Zeiten der Trennung anging, die zu einem Dauerzustand zu werden drohten. Sie geriet davon gerade genug in Panik, um sich klarzumachen, was ohne eine Geliebte, konkret ohne Molly und wieder allein mit Peter, in ihrem Leben fehlen würde. Molly besaß Macht über sie. Molly trieb Kate zu symbolischen Zugeständnissen, zum Beispiel, mit ihr statt mit Peter zu Abend zu essen und es später an ihm irgendwie wiedergutzumachen oder, was wahrscheinlicher war, zweimal zu essen. Kate gab letzten Endes immer nach. Anfangs tat sie es widerwillig, doch allmählich wurde ihr jeder Schritt hin zur Nähe vertraut, und sie fragte sich, ob sie mit Haut und Haaren in diese Beziehung verstrickt war. Nein, das war sie nicht. Kate würde Molly niemals freien Zugang zu sich gewähren, nicht auf einen Schlag und auch nicht etappenweise. Es würde niemals eine so vollkommene Beziehung sein. In diesem Punkt war sich Kate sicher.

Ihr Haar war von Natur aus leuchtend orange und so knapp um ihren Kopf geschnitten, daß die Strähnen wie Borsten an einem Schrubber abstanden. Es war ein Raspelschnitt, genau wie Peter ihn als kleiner Junge getragen hatte. Sie hatte diesen Schnitt vor kurzem bei Mädchen im Teenageralter gesehen, und im Spiegel gefiel er ihr. Kate kümmerte sich nicht darum, daß sie in den meisten Situationen in der Öffentlichkeit die einzige Frau über Vierzig war, die einen Raspelschnitt trug.

Die New Yorker wußten mit rotem Haar nichts anzufangen. Sie konnten damit nicht umgehen. Die einzigen Haarfarben, denen sie in ihrem Leben begegnet waren, war dickes, lockiges Braun oder glattes Schwarz. Alles andere war exotisch. Rotes Haar, blaue Augen und rote Lippen in New York machten Kate ständig zu einer Außenseiterin, außer am Saint Patrick's Day. Alte jüdische Damen hörten auf zu reden, wenn sie hereinkam. Die Leute erklärten ihr immer den Weg, obwohl sie sich seit mehr als zwanzig Jahren in der Stadt auskannte.

Kate war eine große Frau mit kräftigen Schultern, geschmeidig und mit einem Hals aus Elfenbein. Sie konnte alles anziehen, was schwarze Frauen trugen, wilde afrikanische Druckmuster, Kanariengelb und dunkles Türkis. Peter und sie waren gleich groß, und wenn sie sich küßten, rieb sich Brille an Brille. Molly war viel kleiner und mußte sich recken, um Kates Mund zu erreichen. War das der Grund, warum Molly sie so oft auf den Hals küßte?

»Ich hab' immer gewußt, daß ich am Ende bei einer Frau landen würde«, hatte sie Spiros anvertraut, als sie einmal spätnachmittags im hinteren Teil seiner Galerie beim Kaffee saßen. »Aber ich konnte mir nie vorstellen, wie das genau sein würde. Mich von Peter wegzuentwickeln, konnte ich mir einfach nicht vorstellen, und auch nicht diese scheußlichen Szenen, die zwischen uns stattfinden müßten, um uns zu trennen.«

»Habt ihr beide Streit miteinander?« fragte er behutsam.

»Nein«, sagte sie. »Da ist so eine schweigende Toleranz.«

»Dann mußt du eben auf die Dauer beide Beziehungen fortsetzen.«

»Wenn sie das zuläßt.«

»Nun«, sagte Spiros und kräuselte seine Lippen, zwischen Lächeln und Schmollmund. »Kann es für dich und diese Frau denn eine Zukunft geben?«

»Mit Molly könnte so viel schiefgehen. Sie würde sich langweilen, oder sie würde mich auffressen wollen. Sie würde mir keine freie Zeit lassen. Sie würde mich in die Enge treiben, versuchen, eine Lesbe aus mir zu machen. Ich würde nicht in der Lage sein, künstlerisch zu arbeiten, wenn ich mit ihr zusammen wäre.«

»Wieso nicht?«

»Weil… sie nicht intellektuell genug ist.«

»Na, dann ist es klar«, sagte er. »Gut, daß du dir da sicher bist.«

»Warum?«

»Darum, Kate. Wenn du vor hast, in die Vergangenheit zu investieren, dann solltest du dich letzlich lieber für die Vergangenheit entscheiden. Wenn du der Vergangenheit den Vorzug gibst, laß dich nicht in die Zukunft verwickeln. Dort wird eine sehr zornige junge Frau auf dich warten.«

»Ich weiß nie, Spiros, ob du mir drohst oder nur freundliche Ratschläge gibst.«

»Also gut, ich werde dir nichts mehr erzählen. Du erzählst mir etwas. Wenn du ein Sonett nach Molly benennen solltest, wie würde es heißen?«

»'Sechs Zeilen Vergnügen.'«

»Aber ein Sonett hat doch vierzehn Zeilen… oh, ich verstehe.«

Nicht mal als Teenager hatte Kate so viel Zeit mit Küssen auf der Straße verbracht wie jetzt, wo sie sich, an ein geparktes Auto gelehnt, zu Mollys Mund hinabbeugte. Sie fand ihren Körper gegen alle möglichen Oberflächen gepreßt, während diese Küsse in der Öffentlichkeit allmählich Ewigkeiten dauerten. Da gab es Barhocker und Toreinfahrten, selten freie Grasflächen in ein paar verwilderten Parks. Und immer eine sehnsuchtsvolle Zuflucht im Körper ihrer Geliebten.

Wenn sie sich nicht abends treffen konnten, küßten sie sich am späten Nachmittag und schliefen miteinander und waren bei Einbruch der Dunkelheit wieder draußen und küßten sich. Dann mußte Kate gehen und sich mit Peter treffen, normalerweise, um ins Theater zu gehen. An den meisten Abenden in der Woche saßen sie und Peter nebeneinander im Publikum. Sie war nicht der Typ von Frau, die allein sitzen wollte. Sie wollte bei ihm sitzen. Dann hatten sie spätabends etwas, worüber sie reden konnten; das, was sie gerade gesehen hatten. Kate fühlte sich so einsam, wenn niemand neben ihr saß, der ihre Meinungen teilte.

An manchen Abenden im Publikum fühlte sich Kate glücklich, weil sie und ihre Geliebte sich gerade umarmt hatten. Manchmal weckte das bei ihr warme und liebevolle Gefühle für Peter, weil sein Schweigen ihr dieses Vergnügen ermöglichte. Dann ließ sie ihren Arm um seinen gleiten und zog ihn enger an sich, denn sie wußte, daß jede Geste der Zuneigung ihn in Glück und Zufriedenheit einlullte. Manchmal hatte sie das Gefühl, noch ganz in Molly versunken zu sein, und empfand ihrem Mann gegenüber Gleichgültigkeit, was sie sofort durch viel direkte Zuwendung wettmachte. Bei zwei Beziehungen, das hatte sie gemerkt, mußte man ständig neue Prioritäten setzen. Doch meistens verlief der Übergang von Molly zu Peter ganz natürlich.

Kate sah auf ihre Zehen herab. Sie waren sauber. Ihre Zehennägel waren sorgfältig geschnitten. Die Härchen an ihren Knöcheln waren rot, so hell, daß sie sie nicht zu rasieren brauchte. Ihre Augenwimpern waren blaßorange wie die Abendsonne und lang genug, um ihr Gesicht zu streifen. Sie sorgte immer dafür, daß das Haar unter ihren Achseln sauber gestutzt war. Zu diesem Zweck hing eine kleine Schere über dem Waschbecken. In ästhetischer Hinsicht paßten sie und Peter gut zusammen.

Er war lieb, von ihrem ersten Zusammentreffen an. Damals war er ein Mädchen. Sein Gesicht war für einen Mann sowieso schon zu glatt, aber Kate pflegte ihm Frauenkleider anzuziehen. Sie steckte ihn in Damenslips. Dann lachten sie, und er stolzierte herum und schwenkte seine Hüften wie eine Tunte. Sie legte ihre Finger auf die Spitzenborte und fühlte seinen Schwanz darunter. Er hatte keine Angst, sich so anzuziehen. Er wußte, wer er war. Er war ein Mädchen.

»Peter ist das reinste Mädchen«, sagte Kate hin und wieder zu Molly.

»Was meinst du damit?«

»Er ist ein Baby. Er ist passiv. Er quengelt und kann nicht auf sich selbst achtgeben. Er trägt nie den schwersten Gegenstand.«

»Das ist doch kein Mädchen«, sagte Molly mit diesem

ärgerlichen Ton in ihrer Stimme. »Das klingt für mich hundertprozentig nach einem Mann. Ich hasse es, wenn du solche Dinge sagst. Du machst dir keine eigenen Gedanken. Du wiederholst bloß etwas, was du gehört hast. Nur weil Peter nicht brutal ist, macht ihn das nicht automatisch zum Helden, weißt du.«

»Wovon redest du?«

Dann dachte Kate an etwas anderes. Sie hatte nicht die Absicht, weiter über diese Dinge nachzudenken. Sie dachte an etwas ganz anderes.

»Wie kommt es eigentlich, daß ihr keine Kinder habt?« hatte Molly eines Nachmittags gefragt, als sie sich am Wasser im East Side Park küßten.

Es hatte mit ihrer Familie zu tun, aber es war ihr in diesem Moment zu mühsam, näher darauf einzugehen.

»Ich komme aus einer Familie«, sagte Kate, auf der Suche nach einem unterhaltsamen Detail, mit dem sich ihre Familie ohne allzu große Anstrengung charakterisieren ließ, »in der alle unsere Vornamen mit dem gleichen Buchstaben anfangen. Kathleen, das bin ich, Kelly, Kevin, Kerry, das war meine Schwester, die gestorben ist, und Keith. Wir machten Kissenschlachten und frühstückten und gingen sonntags zur lateinischen Messe. Meine Mutter war Zahnärztin. Die einzige Situation, in der sie uns berührte, war, wenn sie an unseren Zähnen arbeitete. Mein Vater war lustiger, ein Trinker, ein Geschäftsmann, er ließ uns etwas mehr an sich heran.«

»Klingt doch gar nicht schlecht.«

»Nein, Molly, es war auch nicht schlecht, es ist bloß so, daß ich in Amerika aufgewachsen bin, und immer, wenn ich darüber nachdenke, ob ich selbst Kinder haben sollte, fällt mir wieder ein, daß sie auch hier leben und mindestens zwanzig Jahre lang junge Amerikaner sein müßten. Dann beschließe ich, keine zu haben.«

»Das ist nicht mein Amerika«, sagte Molly und lehnte sich über das Geländer in einen Hintergrund aus grau-grün-weißem Rauch. »Ich komme aus einer Familie, wo die Mutter immer sagte: 'In Brooklyn hungern die Kinder', und mein Vater sagte dann: 'Genau, sie hungern.' Er hatte immer irgendeinen Freund da, der auf dem Sofa schlief, weil meine Eltern nicht nein sagen konnten. Als ich in der Schwulen-und-Lesben-Parade mitmarschiert bin, sagte meine Mutter: 'Ihr tragt eure Probleme wie ein Spruchband auf die Fifth Avenue.' Und mein Vater sagte: 'Genau, auf die Fifth Avenue.'«

»Wenn du an all das zurückdenkst, wie kommt dir das dann vor?«

»Altmodisch«, sagte Molly. »Aber das bin ich auch. Deshalb möchte ich keine Kinder.«

»Das verstehe ich nicht«, sagte Kate und rückte näher. »Mutter zu sein, ist doch das Altmodischste, was eine Frau tun kann.«

»Aber«, sagte Molly, während sie im Weitergehen Kates Hand nahm, »es bedeutet auch, daß du dich voll in die moderne Welt hineinbegibst. Ich will bestimmte Dinge nicht in meinem Leben haben, wie Computer, Popstars oder Fernsehshows. Mir ist meine Weltfremdheit lieber als all das. Mit Kindern kannst du dich der Außenwelt nicht entziehen, es sei denn, du isolierst sie vollkommen.«

»Und in dem Fall«, fügte Kate hinzu, »wären sie am Ende völlig hilflos und könnten sich nicht gegen ein Volk von Monstern wehren, die mit Astronautennahrung großgezogen werden. Außerdem habe ich das Gefühl, daß ich bereits einen Mann und ein Kind habe, oder eine Geliebte und einen Sohn oder eine Mutter und einen Vater, aber vor allem zwei Kinder.«

»Da siehst du mal, was du für eine Mutter wärest.«

»Was soll denn das heißen? Daß ich meine eigene Tochter verführen würde?«

Kate war überrascht von der sachlichen Perversion, die sich in ihr Gespräch eingeschlichen hatte, aber dann fand sie es erfreulich, daß sie diese Dinge so einfach aussprechen konnte.

»Hör zu«, sagte Molly. »Du hast keine Mutter-Tochter-Beziehung mit mir. Ich bin deine Geliebte. Ich bin einfach nur jünger. Aber du kümmerst dich nicht um mich, also tu nicht so, als ob du es tätest.«

Wenn Molly so mit ihr sprach, wollte Kate nicht zuhören. Sie hörte die Herausforderung, konnte sich den Grund dafür denken und wußte genug, um es dabei zu belassen. Es bedeutete ja nicht, daß sich ihre Gefühle niemals ändern würden. Sie taten es, aber nicht, weil Molly sagte, daß sie sich ändern sollten. Und so blieben die Spannungen bestehen, dicht unter der

Oberfläche. Dieser spezielle Konflikt löste sich einige Monate später an einem Nachmittag, als sie sich gerade lieben wollten.

»Kate, nimmst du mir bitte die Ohrringe raus? Ich hab' keine Lust, es selbst zu machen.«

Kate spürte, wie das Silber durch Mollys Ohr glitt. Es warf Schatten auf ihren Nacken wie Puppen im indonesischen Schattentheater. Dann lagen die Metallstücke still in ihrer Hand. Kate ertappte sich selbst bei dem Gedanken: Wie können zwei Frauen sich jemals näher sein als auf diese Weise? Später wurde ihr klar, daß es nicht so sehr ein plötzliches Gefühl von Nähe war, sondern daß sie begonnen hatte, Molly zu lieben. Zuerst hatte sie sie nicht geliebt, aber jetzt tat sie es.

»Woran denkst du?« fragte Molly.

»An dich.«

»Und worüber denkst du nach?«

»Darüber, daß du für mich immer wirklicher wirst.«

»Gut«, sagte Molly und nahm Kate in den Arm, hielt ihren Kopf gegen Kates Brust, ganz mädchenhaft und sanft. »Jetzt brauche ich nicht mehr dein Kind zu sein. Von jetzt an bin ich deine Geliebte.«

Und es klang nicht wie eine Drohung.

7 PETER

Den ganzen Sommer über hatten sich alle Menschen unwohl gefühlt. Es war nichts Außergewöhnliches daran, daß die Stadt nach brodelnden Abfällen und Verwesung roch. Doch für die meisten New Yorker kam jedes Jahr um diese Zeit der Punkt, an dem sie die Hitze widerwillig akzeptierten. Sie versuchten nicht länger, dagegen anzukämpfen. Sie pickten sich die U-Bahn-Wagen mit Klimaanlage heraus, wußten, in welche Banken sie gehen konnten, um sich zwischen U-Bahn und Arbeitsplatz abzukühlen. Sie verlangsamten ihren Arbeitsrhythmus, um überhaupt etwas leisten zu können. Doch dieser Sommer war anders gewesen. Die brütende Hitze hatte eine Brutalität gezeigt, die völlig neu zu sein schien. Da es keinerlei Anzeichen für ein Nachlassen der Hitze gab, fragten sich alle insgeheim, ob es wohl jemals wieder kühler werden würde. In diesem Jahr fiel Peter auf, wie warm die Luft geblieben war. So warm, daß alle unterschwellig das Gefühl hatten, die Polkappen würden schmelzen. Es gab jede Menge Spekulationen um den Treibhauseffekt, während der Zyklus der *Jahreszeiten* seine Bedeutung verlor.

Peter war über vierzig und hatte die Absicht, so lange wie

möglich zu leben. Er achtete auf seinen Körper, doch was noch wichtiger war, er hatte eine Einstellung entwickelt, eine Art, sich mit der Welt auseinanderzusetzen, die ihm Raum zum Atmen ließ. Er plante seine Termine nie direkt hintereinander, so daß er immer etwas Zeit übrig hatte, um spontan etwas Neues zu tun, wie zum Beispiel, auf dem Streifen Land am Hudson River entlang zu joggen, wo Bodenspekulanten die Piers abrissen.

Es ist so wichtig, weitläufige Flächen am Wasser zu haben, dachte er, während er das Salz inhalierte. Das war die einzige Stelle, an der man zwischen die Stadt und das Meer gelangen konnte.

Auf der ganzen Strecke hatte jemand das Wort *Justice* in rosa Schablonen-Dreiecke gesprüht. Er fragte sich, ob das einfach nur wieder eine neue Rockgruppe war, doch dann verlor er sich in dem Gefühl, die offene Stadt neben seiner linken Schulter und die Meeresbrise zu seiner Rechten zu spüren. Er genoß das Laufen, bis sich der Abstand zwischen ihm und dem Wasser vergrößerte und sich die Gegend zunehmend mit angefangenen Baustellen füllte. Erst kamen Entwässerungsgräben, dann Rohre und Stahlbänder, bis überraschenderweise gar kein Wasser mehr da war. Statt dessen gelangte er an eine eigenartige Erweiterung der Insel Manhattan, drangeklebt wie ein plumper Auswuchs oder eine häßliche Geschwulst, die an einer Stelle wucherte, wo der Stadtteil einmal schlank und symmetrisch gewesen war.

Auf dem Schild stand:

Willkommen in Downtown City
Ronald Horne, Immobilienmakler

Dann fiel ihm ein, was er in der Zeitung darüber gelesen hatte: Dies war neugeschaffenes Land. Künstliche Grund- und Bodenspekulation. Er hatte vor kurzem einen Artikel zu diesem Thema im Wirtschaftsteil der *New York Times* überflogen. In Manhattan wurden die Bauplätze immer knapper, deshalb hatte Ronald Horne den Stadtteil vergrößert, indem er nach und nach das Wasser um die Insel herum aufschütten ließ. Schließlich würde man trockenen Fußes nach New Jersey gelangen, und Ronald Horne würde Maut kassieren. Bis dahin,

entschied Peter, sah er lieber zu, daß er sich in bezug auf Stadt-
entwicklung und Bebauungsvorschriften auf dem neuesten
Stand hielt. Um die eigene Zukunft im Griff zu behalten, be-
durfte es einer gewissen Voraussicht.

Die Hauptstraße von Downtown City hieß Freedom Place –
Platz der Freiheit. Das war der perfekte Name in diesem Zeitalter des moralischen Zerfalls — sinnlos patriotisch und so ab-
geschmackt. Die Gebäude waren hauptsächlich Wolkenkratzer
mit Eigentumswohnungen, allerdings gab es auch ein paar neu-
gebaute Stadtvillen direkt am Wasser, die an Henry James'
Washington Square erinnerten. Auf diese Weise konnten die
wirklich Reichen von ihren Erkerfenstern aus nach Ellis Island
hinüberschauen, wenn sie morgens ihren Kaffee tranken. Die
einzige sichtbare Geschäftsfassade war die Chemical Bank.

Peter joggte am Spielplatz vorbei, der voller schwarzer Kin-
dermädchen war, die auf weiße Kinder aufpaßten, vorbei an
Straßenkreuzern und importierten Sportwagen. Doch als er zur
Liberty Avenue kam, mußte er einfach stehenbleiben und
schauen. Da standen zwei riesige brandneue Bürohochhäuser
gleicher Bauweise, auf denen in goldener Schrift ihre Namen
prangten: New York Realty und United States Software. Dies
waren Ronald Hornes größte und profitabelste Holdinggesell-
schaften, wie Peter aus all den Reportagen über den Milliardär
und den Interviews mit ihm wußte. Der Kerl war häufiger im
Fernsehen als Walter Cronkite. War Walter Cronkite denn überhaupt noch im Fernsehen? Als er den ganzen Reichtum ringsum
sah, wurde Peter schlagartig klar, daß Downtown City die spät-
kapitalistische Variante der Städte war, die von einer einzigen
Firma lebten. Es war wie in den verschneiten Ecken im Nordwe-
sten der Staaten, durch die er einmal auf einer Gastspielreise
gefahren war, wo der Laden der Firma Wallace an der Wallace
Avenue stand und alle im Wallace-Bergwerk arbeiteten und all
das zusammen Wallace, Idaho, ergab. Nur daß in diesem Fall
Downtown City eine riesige Kaserne für Bankiers im Invest-
mentgeschäft war. Obwohl der Komplex erst kürzlich einge-
weiht worden war, sollte die Liberty Avenue eine Neuauflage
des soliden Reichtums im Rockefeller-Stil der Jahrhundert-
wende sein, den man normalerweise auf der Fifth Avenue findet. Hier war alles streng und schmucklos, altes Geld, wie in
der Zeit vor der Weltwirtschaftskrise – undurchdringliche

Pracht. Es waren keine Ausgaben gescheut worden, und dennoch gab es nichts Grelles. Importierter Marmor, geschmackvolle schmiedeeiserne Verzierungen, elegante Fenster. Das hier trug alle Kennzeichen eines maßgefertigten amerikanischen Schreins.

Es ist gestalterisches Macho-Gehabe, dachte Peter und beschloß, diese Beobachtung später Kate mitzuteilen. *Es ist Einschüchterungsarchitektur.* Auch das mußte er ihr unbedingt erzählen.

Peter lief durch den Battery Park weiter, vorbei an all den Schildern, auf denen vor Rattengift gewarnt wurde, und vorbei an all den Obdachlosen, die den Schlangen von Touristen auswichen, die darauf warteten, der Freiheitsstatue ihren Besuch abzustatten. Er sprintete durch South Street Seaport, Manhattans einzige Einkaufspassage, und unten um den großen Pathmark-Supermarkt herum, wo jeden Morgen Schwarze und alte Chinesinnen mit Strohhüten zusammen Schlange standen und darauf warteten, die leeren Dosen abzugeben, die sie wegen der fünf Cents Pfand gesammelt hatten. Der Fluß roch nach Schrottautos, altem Fisch und abgestandenem Bier. Peter bog ab und lief durch den East River Park, unter der Manhattan Bridge durch, und joggte langsam wieder zurück zur West Side. Als er morgens loslief, war alles weiß gewesen; sein T-Shirt, seine Unterhosen, Shorts, Socken und Laufschuhe. Jetzt waren sie mit seinem Schweiß getränkt und mit dem Dreck der Stadt besudelt. Er war glücklich. Er war ein schmutziger, verschwitzter Mann.

Er ging unterwegs in ein Restaurant und trank einen Eistee; er lehnte sich in seiner Sitznische zurück und fühlte, wie sein Blut pulsierte. Am Nebentisch saßen zwei junge Männer, übertrieben fein in modischen, neuen, großzügig geschnittenen Anzügen und mit kurzem Haarschnitt. Sie führten saubere Hälse mit ebenso tadellosen Krawatten vor.

»Hör zu, wenn du aufhörst, von Rick zu reden, dann höre ich auf, von der verdammten Katze zu reden.«

Peter schaute zu, wie sie nörgelten wie zwei Ehefrauen aus der Vorstadt. Er haßte es, wenn er sah, daß sich Männer so benahmen. Nein, verbesserte er sich, er haßte es, wenn sich irgend jemand so benahm. Da kam noch ein dritter Mann dazu, genauso übertrieben fein und genauso schmächtig. Peter stellte fest, daß seine eigene Brust den doppelten Umfang hatte wie die der Männer.

»Da bist du ja, hast du sie gefunden?«

»Ja, hab' ich«, schnappte der neu Dazugekommene, müde und verärgert. »Hier habt ihr sie.«

Er warf ein Bündel schwarzer Bänder auf den Tisch, suchte sich eins aus, machte Anstalten, es sich um den Unterarm zu binden und streckte es schließlich einem seiner Begleiter hin, um es sich von ihm befestigen zu lassen.

»Ich hab' versucht, es selbst zu binden«, sagte er. »Aber ich kriege es nicht hin, das Band flach anliegen zu lassen. Steckst du's mir fest?«

40

8 PETER

Peter goß den Tee in sich hinein und blätterte in einem zerschlissenen Exemplar der Zeitschrift *New York*. Das Titelbild zeigte den Horne-Clan, der um einen üppig gedeckten Tisch saß. Die Männer hatten alle übergroße Köpfe, blond mit Geheimratsecken, und eine Haltung wie Quasimodo. Auf ihren Tellern lagen riesige Portionen.

Was sich irgend so ein Art-Director unter politischem Kommentar vorstellt, dachte Peter. Die Frauen hatten durchweg schmale Lippen und saßen vor Tellern mit verschiedenen Salaten. Sie lächelten und sahen ihren Ehemännern beim Essen zu.

»In unserer Familie stehen sich alle sehr nahe«, erzählte Horne dem Reporter. »Meine Kinder brauchen nie einen Termin, wenn sie mich sehen wollen.«

Auf der nächsten Seite saß Horne im Fond seiner Limousine, telefonierte und druckte etwas auf seinem mobilen Faxgerät aus.

»Der private Sektor«, sagte er. »Das ist die Zukunft. Die ganze Stadt sollte von Geschäftsleuten gemanagt werden. Das mit dem Strafvollzugssystem würde ich viel besser hinkriegen als irgend so ein Regierungsbeamter. Ich würde nur zu gern das

41

Strafvollzugssystem kaufen und New York zeigen, wie es seine Verbrecher zu behandeln hat. Und meine Anwälte haben mir versichert, daß ein Monopol auf das Verbrechen die Kartellgesetze in keiner Weise verletzt. Es kommt einfach darauf an, wie man Kartell definiert.«

Peter schlug die Zeitschrift zu und legte sie ordentlich zurück unter den Schirmständer. Er schaute vom Fenster des Coffee Shops dem Treiben vor der Kirche auf der anderen Straßenseite zu. An diesem Vormittag war dort eine große Menschenmenge versammelt; eine Trauergesellschaft. Viele der Männer trugen Anzüge, aber manche waren lässiger gekleidet, in geschmackvollen weißen Bundfaltenhosen oder hellen Baumwollstoffen. Sogar die Sargträger, die den Sarg aus dem Leichenwagen hoben, strahlten etwas Lässiges aus.

Ich würde bei einer Beerdigung niemals Weiß tragen, dachte Peter. Manche der Männer hatten einen Pferdeschwanz, andere sahen eher normal aus. Die Frauen waren irgendwie nicht so attraktiv wie die Männer. Nein, das stimmte nicht ganz; sie waren nur nicht so gut gekleidet.

Irgendwas stimmt hier nicht, dachte er. Erst da fiel ihm auf, daß die Männer allein oder mit anderen Männern ankamen, zu zweit oder in Gruppen. Die Frauen kamen zu zweit oder mit Männern, mit denen sie ganz bestimmt nichts hatten.

Das hier sind Schwule, dachte er. *Das hier ist eine Homosexuellen-Kirche.*

Dann erkannte er, daß es keine Homosexuellen-Kirche war, sondern eine katholische Kirche voller Homosexueller. Er beobachtete, wie sie die weiße Marmortreppe hinaufgingen, unterwegs zur Trauerfeier.

Seit Kate ihre lesbische Beziehung begonnen hatte, wurde Peter praktisch jeden Tag schonungslos mit Homosexualität konfrontiert. Welche Ironie, daß ihre Beziehung zeitlich mit dieser AIDS-Geschichte zusammenfiel. Es war, als würde man jemandem in die Arme laufen, an den man schon seit Jahren nicht mehr gedacht hat, und ihn dann dreimal in der Woche zufällig treffen, bis das Wiedererkennen peinlich wird. Peter hatte schon immer mit schwulen Männern zu tun gehabt — wie hätte er das am Theater auch vermeiden können? Aber er wollte es auch gar nicht vermeiden, natürlich nicht. Die meisten Bühnentechniker waren sowieso heterosexuell, abgesehen von den

Frauen. Doch er mußte zugeben, daß sich sein und Kates engerer Freundeskreis völlig aus Hetero-Paaren zusammensetzte. Es hatte sich einfach so ergeben. Einige der Männer, die er kannte, waren mal bi gewesen, aber mit diesen Experimenten war jetzt Schluß, wie er mit einer gewissen Erleichterung feststellte. Heute war alles klarer definiert.

Peter hatte einmal eine homosexuelle Affäre gehabt, und zwar mit einem Beleuchtungsmeister namens Carl Jacobs. Carl war zwanzig Jahre älter und hatte ihn ausgebildet. Wenn Peter eng mit jemandem zusammenarbeitete, verliebte er sich immer. Es gehörte einfach dazu, wenn man am Theater war. Wenn ein Stück nicht mehr gespielt wurde, sah man sich meistens kaum noch, doch diese Distanz war gar nicht so unwillkommen. Es war normal. Carls Haar war schlohweiß, und er hatte Falten im Gesicht. Er trug einen schneeweißen Bart, gestutzt, aber dicht, und aus seinem Hemdkragen schauten weiße Haare hervor. Die beiden hatten zusammengearbeitet, wie Männer es tun; ruhig, kein Klatsch, einfach die richtige Körperbewegung zur rechten Zeit und Verständnis für den Rhythmus des anderen. Sie waren immer füreinander da, nahmen sich gegenseitig Besorgungen ab, teilten sich ihre Zigaretten und redeten kaum.

Als es Zeit für das Spotlight wurde und schließlich die letzte Beleuchtungseinstellung an der Reihe war, kam Carl und stellte sich neben ihn. Peter konnte die Körperwärme des alten Mannes an seinem Körper und die Hitze des Scheinwerferlichts an seinen Händen spüren.

»Schiebst du den Spot bitte ein bißchen weiter nach hinten, Liebling?« sagte Carl mit seiner leisen, knurrenden Stimme.

Bei dem Wort *Liebling* nahm Peter seine Hände von der Elektrik, legte sie auf Carls weiches, weiches Gesicht und küßte ihn auf den Mund. Er war fleischig und groß, verglichen mit Kate oder überhaupt mit Frauen. Man hatte etwas, woran man sich festhalten konnte. Sie preßten ihre Körper aneinander, und Peter spürte, wie sein Schwanz an dem von Carl hart wurde. Es war so ein schönes Gefühl; zwei Männer und zwei Schwänze, beide feucht duftend und gleichgesinnt. Als Peter versuchte, Carl einen zu blasen, schwoll der Schwanz des alten Mannes in seinem Mund an, und Peter würgte daran und spürte, wie saure Spucke in seiner Kehle aufstieg.

43

»Das macht nichts«, sagte Carl freundlich. »Nimm deine Hände.«

Dann saßen sie nackt nebeneinander auf der Bühne, aßen Sandwiches und redeten nicht. Peter saß da und roch ihn, betrachtete seinen Schwanz an seinem Oberschenkel, blickte dem alten Mann in die Augen und schaute auf die Adern an seinen Beinen. Da drehte sich Carl zu ihm um und sagte: »Du machst nicht nur die Beleuchtung für die Handlung und das Bühnenbild. Du machst die Beleuchtung für die Stimmen. Du verschaffst ihnen Licht, damit man sie hört. Welche Abstufung könnte wohl feiner sein als die Dosierung einer Schwingung in der Luft?«

Als er die Rechnung im Restaurant bezahlt hatte, beschloß Peter, daß er mehr Umgang mit Homosexuellen haben wollte. Kate verbrachte wahrscheinlich mehr Zeit mit ihnen, und das wollte er auch. Das würde sie einander näherbringen. Eigentlich war es das, was ihn die ganze Woche beunruhigt hatte. Kate und diese Frau hatten sich offensichtlich gestritten. Er merkte es an ihrer bekümmerten Miene, die sie vor ihm zu verbergen suchte. Sie war manchmal mürrisch und zeigte diese bestimmte Art von Widerwillen, der nur dann entsteht, wenn man sich nach einem geliebten Menschen sehnt. Er brannte darauf, die Einzelheiten zu erfahren, etwas über den Schauplatz ihres Streits und ihrer Trennung zu hören, sie zu trösten. Doch nachdem er sich in allen Einzelheiten ausgemalt hatte, wie ihm Kate unter Tränen anvertraute, daß sie ihre Freundin verloren habe, wurde ihm klar, daß ihn ein solches Geständnis in ihren Augen zu einem Freund oder Bruder machen würde, und daß er nicht mehr den Stellenwert des Ehemannes besäße, an dem ihm so viel lag. Es war besser, geduldig abzuwarten, bis Molly einfach verschwand. Dann beschloß Peter, in die Kirche zu gehen.

Wegen der gewaltigen hohen Marmordecken war es drinnen kühler, aber die Luft stand still. Peter blieb im hinteren Teil der Kirche, denn er hatte als Tourist auf seinen Reisen durch Mexiko gelernt, daß man sich am besten im Hintergrund hält, wenn man Menschen einer anderen Kultur in der Kirche beobachtet. Von der Empore kam Musik, doch es war nicht die Orgel, die er erwartet hatte. Statt dessen wurde auf einem Cembalo gespielt. Vielleicht war der Tote ein Cembalo-Fan gewesen. Peter stellte sich vor, daß Homosexuelle bei ihren Beerdigungen wahrscheinlich genauso kreativ waren wie bei allem anderen. Aber nach einer Weile ging ihm der Klang des Instruments auf die Nerven. Es war das reinste Hämmern und viel zu aggressiv für eine Trauerfeier. Er atmete den Weihrauch tief ein und spürte wieder, wie still die Luft war. Sie zirkulierte praktisch überhaupt nicht. Der Geruch wurde allmählich penetrant, richtig erstickend. Peter fühlte, wie ihm schwindlig wurde, und setzte sich unvermittelt in die nächste Bankreihe. Obwohl er immer wieder versuchte, sich zu entspannen, konnte er einfach nicht atmen. Seine Lungen wollten sich nicht mit Luft füllen, und so verließ er die Kirche so still und respektvoll, wie er gekommen war, und ging wieder hinaus in eine fast schon erdrückende Hitze; erst ein paar Blocks weiter konnte er tief durchatmen.

Als er am späten Nachmittag wieder in die Wohnung kam, war Kate gerade aus dem Atelier zurückgekommen und hatte ihren Overall zum Waschen mitgebracht. Er lag über die Kommode ausgebreitet, neben einer Tüte mit Lebensmitteln, die sie noch nicht weggeräumt hatte. Sie hatte begonnen, sich etwas Hübscheres anzuziehen, aber irgend etwas, ob real oder in ihrer Phantasie, war ihr dazwischengekommen, und sie schien alles nur zur Hälfte getan zu haben. Als Peter sie ansah, bemerkte er mit stillem Schmerz, wie Kate aus unersichtlichen Gründen euphorisch oder deprimiert sein konnte. Die ganze Woche über war sie leicht reizbar gewesen, hatte auf etwas gewartet oder mit Tränen in den Augen tieftraurig dreingeblickt. Er hatte sie tatsächlich ein paarmal dabei erwischt, daß sie aus dem Fenster starrte, wie sie es in diesem Moment tat. Er stand da und beobachtete sie. Das gedämpfte Sonnenlicht zeigte nur die Oberfläche ihres Gesichts, und so sah er jede Falte und jeden Spalt in ihrer Haut. Er sah, wie ihr Haar aussehen würde, wenn es erst weiß wäre, und wie ihre Gesichtszüge zusammenfallen würden. Dann, mit einer ruhigen und anmutigen Bewegung, wandte sie den Blick, wie das Mädchen auf dem Vermeer-Gemälde, das beim Musikunterricht gestört wird. Die leichte Drehung ihres Halses und ihr wacher Blick stellten sich ihm mit einer Offenheit, die immer kokett war. Jetzt, da ihre Affäre vorüber war und offensichtlich ein niederschmetterndes Ende gefunden hatte, wußte Peter, daß nur er allein sie wieder glücklich machen konnte.

9 MOLLY

Molly war froh, daß ihr Bett warm und die Nacht heiß war, denn sie trug in sich ein schwaches und doch allgegenwärtiges Verlangen, für Kate zu masturbieren. Sie dachte, 'für sie' klingt, als wäre es ein Geschenk, dabei meinte sie damit eigentlich, daß sie *zur* Erinnerung daran masturbierte, wie sie mit ihr geschlafen hatte, so wie sie sich manchmal in Erinnerung an eine bestimmte Musik bewegte.

Sie befand sich in einem Zustand der Unwirklichkeit. Es war zu heiß, und ihr Körper konnte sich nicht abkühlen. Jeder Teil von ihr schmerzte und hatte einen speziellen Geruch. Wenn Kate sagte: »Ich liebe dich«, war die Wirkung noch lange auf Mollys Haut zu spüren, wie radioaktive Strahlung. Allein mit der Kraft, die sie daraus zog, konnte Molly aus dem Fenster schweben. Sie konnte in den Himmel hinauffliegen, der immer zwischen ihrer und Kates Wohnung lag, wie ein Meer, nur mit Häusern anstelle von Muscheln. Wenn Molly auf dem Bett saß und aus dem Fenster schaute, konnte sie gerade noch die Terra-kotta-Balustrade auf Kates Dach erkennen.

»Ich will dir eine gute Geliebte sein«, sagte Molly zu den grau-roten Luftschächten und Schornsteinen, den porösen

Steilhängen und Schluchten, die die Grenzen ihres Schlaraffenlandes bildeten.

»Aber ich will, daß du mir auch eine gute Geliebte bist. Ich will, daß es auf Gegenseitigkeit beruht.«

Molly lebte mit diesem Konflikt wie mit einem Juckreiz, als hätten ihr Würmer Eier unter die Haut gelegt, so daß sie sich vor Unbehagen krümmte, besonders nachts, wenn sie ungehemmt diese Momente reinen Zorns auslebte. Dieses Warten auf Kate. Ihr war, als würde sie ständig warten. Es wurde immer später, und der Nachmittag zog sich in die Länge, bis er schließlich entschwand bis zum nächsten Mal. Dann erschien endlich eine Gestalt auf der Treppe, ihr voran ein riesiger Blumenstrauß. Molly fiel sofort in die Rolle der Tochter eines Geschäftsmannes, wenn Papa versucht, einen vergessenen Geburtstag durch ein Geschenk auszugleichen, das zu groß und zu protzig ist, um ihr etwas zu bedeuten.

»Ich konnte nicht rechtzeitig weg, weil Peter noch bei mir rumhing. Ich hätte sonst sagen müssen, wo ich hin wollte.«

»Du hättest ihm sagen sollen, daß du mit mir verabredet bist und daß du gehen müßtest.«

Noch während sie redete, dachte Molly daran, daß sie miterleben mußte, wie diese Blumen verwelkten und zerkrümelt überall auf dem Fußboden lagen, ehe Kate wieder zu ihr kam.

Vielleicht kommt sie eines Tages und der letzte Strauß ist noch frisch, dachte Molly. *Wenn sie das tut, streue ich ihr die Blütenblätter über die Brust.*

Sie wählte Kates Nummer. Das Telefon klingelte. Es klingelte noch einmal, und Molly beschloß, nicht aufzulegen, denn es gefiel ihr, daß sie wußte, in welchem Raum es klingelte, daß sie Erinnerungen an diesen Raum hatte. Doch nach einem Traum, der fünf Klingelzeichen lang dauerte, hörte sie das Klikken, das einen Anrufbeantworter ankündigte, einen Atemzug später würde eine Begrüßung folgen, wahrscheinlich noch mit Musik untermalt. Das war neu. Kate hatte einen Anrufbeantworter für ihr Atelier gekauft. Wer wollte denn schon nach Hause kommen und eine Nachricht vorfinden? Molly war schon vor langem zu dem Schluß gekommen, daß der Kauf eines Anrufbeantworters dem öffentlichen Bekenntnis einer privaten Sünde gleichkäme: Dem Warten darauf, daß Frauen sie anriefen. Das trieb sie von der Arbeit nach Hause, wo sie sich neben das Telefon setzte und sich sogar weigerte, mal eben eine Zeitung zu holen. Mit Anrufbeantwortern machten Leute die Welt darauf aufmerksam, daß sie sich mehr Anrufe wünschten, als sie bekamen. Sie dachten, daß es da draußen eigentlich mehr Zuwendung gab, die versuchte, zu ihnen durchzudringen. Wer wollte schon zugeben, daß hinter dieser Phantasie das Nichts lauerte? In Wirklichkeit ruft sie gar nicht an. Außerdem veränderten diese Anrufbeantworter die Art, wie Menschen miteinander kommunizierten. Sie sind so viel unpersönlicher als ein direkter Anruf. Es liegt etwas Provokatives und Herausforderndes darin, wenn die Stimme einer anderen Person uneingeladen zu jeder beliebigen Zeit in ein Zuhause eindringt.

Andererseits war Kates Anrufbeantworter vielleicht eine persönliche Botschaft an ihre ferne Geliebte, eine offene Tür, die signalisierte: »Ich möchte wissen, was du zu sagen hast.« Außerdem gaben manche Leute auch auf, wenn sie nicht durchkamen.

Molly legte den Hörer auf, ohne ein Wort zu sagen. Sie konnte die Gelegenheit einfach nicht wahrnehmen. Einen Moment später bereute sie diese Entscheidung und wählte noch einmal. Aber da sie vergessen hatte, sich vorher eine Nachricht auszudenken, legte sie wieder auf. Das war eine der Gefahren bei diesen Geräten. War erst einmal eine Nachricht hinterlassen worden, entzog sie sich der Kontrolle und konnte nie mehr zurückgenommen werden.

So entwickelten sich die Dinge immer. Molly suchte nach Gründen, um aufzugeben, denn sie liebte Kate und wollte mit ihr zusammensein. Aber sie haßte es, sich mit Peter arrangieren zu müssen. Er war ein Hetero-Mann. Sie war eine lesbische Frau. Warum sollte sie sich um ihn kümmern? Also wartete Molly einfach auf den Tag, an dem es Kate unerträglich sein würde, zu sagen: »Ich gehe einkaufen«, wenn sie zu ihr ging. Vielleicht konnte sie ja lernen, sich wie Peter zu verhalten und Kate schweigend zu beeinflussen. Bloß um nichts *bitten*. Einfach darauf warten. Für Peter war das ein so natürlicher Ablauf, daß ihm niemals böse Absichten unterstellt werden konnten. Das war sein strategischer Vorteil ihr gegenüber. *Normal* sein, nannte man das.

Molly wußte, wie ihre Wohnung auf Außenstehende wirken

mußte: leer, vergilbt, trist. Allein in diesem Kasten, entglitt ihr die Moral. Ein heißer Wind wehte, aber es war immerhin ein Wind, der durchs Fenster hereinkam, und sie machte Pläne, wie sie sich verhalten sollte. Sie war so verletzt. Ihr einziger Trost bestand darin, sich bis in alle Einzelheiten auszumalen, was sie haben konnte, wenn sie auf dieser Welt jemals eine vollständige, ernstgenommene Person wurde.

Ich würde mir aussuchen, mit ihr zusammenzusein, dachte Molly. Und danach stille Spontanität.

10 MOLLY

Was stellte sich Molly vor, als sie so da-saß? Sie sah den Geist dieser Frau, die sich mit ausgestreckten Füßen lässig auf ihrer Couch räkelte. Also streckte Molly auch ihre Füße aus und fuhr mit der Hand über die hellroten Här-chen an diesen Spinnenbeinen. Die Frau sagte etwas, aus einem Blickwinkel heraus, den Molly selbst niemals eingenommen hätte, den sie aber jetzt, nach wiederholter Konfrontation, vor-aussehen konnte. Da fiel ihr wieder einmal auf, daß Kate ausge-sprochen schön war. An ihren Armen zeichneten sich scharf ihre Muskeln ab, mit denen sie ihrem Körper Struktur verlieh, wenn sie sich bewegte. Bei ihrem ersten Zusammentreffen war Kate groß und eigenartig gewesen, ein sehr weiblicher Wild-fang, wie Nancy Drews beste Freundin George. Beim Diskutie-ren ruhte ihr Zeigefinger auf dem Grübchen in ihrem Kinn. Ihre Augen sahen so alt aus wie sie war.

Als Molly sie zum zweiten Mal sah, stand Kate nackt im Umkleideraum eines Schwimmbades in ihrem Stadtteil. Mol-lys Augen befanden sich auf der Höhe von Kates Brüsten, die klein und leicht waren. Kates Brustwarzen und ihre Lippen hatten die gleiche Farbe, ein blasses Pfirsichrosa, wie Tigerlilien. Fast jeder Teil ihres Körpers erinnerte Molly an Blumen, leuchtende Farben, die nur in der Natur zu finden sind. Sie konnte sehen, wie wohlgeformt Kates Körper war, wie sehr sie sich aufgrund ihrer Größe physisch von anderen abhob, mit ihrem Haar, das so kurz war, daß es ihre Ohren und ihren Hals für alle Welt zugänglich machte. Molly wollte, daß die Unterhaltung weiterging, und sie wollte Kate etwas geben, woran sie sich erinnern konnte. Also begann sie eine Geschichte zu erzählen, über eine Schriftstellerin namens Jane und ihre marokkanische Geliebte, die sie mit einem Fluch belegte, bis sie so verwirrt war, daß sie nicht mehr zusammenhängend sprechen konnte.

»Aber woher weißt du das?« sagte Kate lebhaft; sie ging auf Mollys Begeisterung ein und stachelte sie an. »Woher weißt du, daß Cherifa schuld daran war, daß sie nichts mehr sagte?«

Molly antwortete, an die feuchten, weißen Kacheln gelehnt. Sie wählte ihre Worte sorgsam, ihr und Kates Haar und ihre Haut rochen nach Schweiß und heißem Chlor.

»Wenn du Menschen sehr liebst, die dich aber zerstören wollen, dann reicht das, um dich zu zerstören.«

»Stimmt«, sagte Kate. »Das ist völlig richtig.«

Das war ihr erstes Gespräch. Beide Frauen waren schon mindestens einmal zerstört worden.

Die erste Phase ihres Kennenlernens zeichnete sich eher durch Gesten und bruchstückhafte Unterhaltungen aus als durch vollständige Gespräche. Eines Nachts, auf dem Heimweg von irgendwoher, blieb Kate plötzlich stehen, nahm Mollys Gesicht in ihre eine Hand und bemalte ihr mit der anderen den Mund mit flammendrotem Lippenstift.

»Ich begreife nicht, wie du davon leben kannst, dreimal in der Woche zu arbeiten.«

»Ich kann«, sagte Molly. »Die Miete meiner Wohnung wird vom Mieterschutz kontrolliert. Ich kaufe nichts. Ich esse nicht im Restaurant.«

»Okay, du gehst nicht in die Oper, aber es kann doch niemand davon leben, in Teilzeitarbeit Kinokarten abzureißen, nicht im Konsumzeitalter.«

»Ich bin keine Konsumentin. Sieh mal, ich habe keine Stereoanlage, also kaufe ich auch keine Platten oder Cassetten. Ich kaufe normale Lebensmittel, zum Beispiel Eier. Ich muß kein

Geld für organisch gefärbtes Tofu ausgeben. Ich kaufe meine Bücher auf der Straße. Gestern hab' ich *Das Herz ist ein einsamer Jäger* für fünfzig Cents gefunden. Wie du siehst, kaufe ich mir nichts zum Anziehen.«

Aber Kate war so überzeugt davon, daß Molly einen höheren Lebensstandard brauchte, daß sie anfing, ihr Jobs als Buffettkraft bei Vernissagen und verschiedenen privaten Partys zu verschaffen, bei denen sie bezahlt wurde, Trinkgeld bekam und sich am Ende des Abends den übriggebliebenen Brie mitnehmen konnte.

Es dauerte nicht lange, da wurde Molly als Bedienung für eine von Spiros' Partys engagiert. Kate kam und stellte sich ein paarmal ganz dicht neben sie, und Molly schenkte ein, wischte auf und sah Kate gebannt beim Tanzen zu. Sie beobachtete, wie sie sich bewegte, und nach ein paar Gläsern Wein begann Kate, sich für sie zu bewegen. Sie kam noch näher, und dann verließ sie die Party mit ihrem Mann. Da hatte Molly zum ersten Mal das nagende Gefühl, ungerecht behandelt und im Stich gelassen zu werden. Sie fragte sich den Rest des Abends ernsthaft, ob Kate wohl immer genau im gleichen Moment gehen wollte wie er. Oder war es ein Augenblick nicht wert, durchlebt zu werden, wenn er darin nicht mehr anwesend war? Und doch fühlte sie sich gleichzeitig irgendwie in Hochstimmung versetzt, weil es eine so schöne Art der Kommunikation war, Kate beim Tanzen zuzusehen.

Kate hatte am nächsten Tag spätnachmittags angerufen. Sie hatten sich unterhalten. Am nächsten Abend rief sie wieder an. Sie unterhielten sich wieder. Zum dritten Mal rief sie am Abend des vierten Juli an. Das Feuerwerk begann um zwanzig nach neun, aber Molly war in ihrer heißen Wohnung geblieben, weil sie wußte, daß Kate sie anrufen würde.

»Was machst du gerade?«

Molly wartete einen Atemzug lang, bevor sie antwortete.

»Komm rüber«, sagte sie.

Molly zog sich nicht um. Sie war klein und verschwitzt, und heiß. Ihr Hemd war zu klein und ihre Hosen waren ausgebeult. Sie stank. Kate stand im Hauseingang, und nach zwei schüchternen Augenblicken preßten sie ihre Lippen trocken aufeinander. Kate war groß. Sie hatte rote Augenwimpern und trug ein Hemd mit beigefarbenen Zungen darauf. Sie saßen auf dem

Dach, während die Dinge explodierten. Molly war so glücklich, daß sie nicht sprechen konnte. Sie konnte nichts erklären und keine Frage beantworten. Sie wollte nicht reden. Sie wollte richtig romantisch sein.

»Kann ich dich küssen?« sagte sie. »Komm, wir küssen uns.«

Kate saß. Molly stand, und so hielt sie Kates Kopf in ihren Händen und küßte sie. Da lachte Kate, legte ihre langen Arme um Mollys Schultern und sagte: »Du bist aber frech.«

Dann sagte sie: »Das ist ein seltsamer Abend. Da sind Feuerräder aus Knallkörpern, die drehen sich und zischen, und es kracht und schießt. An einem solchen Abend explodieren die Gefühle.«

Noch nie hatte jemand Molly als *frech* bezeichnet. Es war ein völlig neues Wort. Was bedeutete es? Sie küßte Kate auf den Hals und strich mit ihren Fingern über ihre Stoppelfrisur. Sie liebte sie. Kate war ein Junge. Sie war schüchtern und schaute nach unten, ohne zu sagen, was sie dachte.

»Wie fühlst du dich, Kate?«

»Ich weiß nicht genau«, sagte sie. »Solche Dinge gehen bei mir sehr langsam.«

»Und bei mir sehr schnell.«

Molly wußte natürlich, daß es bei ihr nicht sehr schnell ging, aber es war offensichtlich das Romantischste, was sie sagen konnte. Was sollte sie denn tun, die Wahrheit sagen und zugeben, daß sie eine Schlafmütze war? Schließlich versuchte sie gerade, eine verheiratete Frau davon zu überzeugen, mit ihr ins Bett zu fallen und sich dann eine Weile darin herumzuwälzen.

Sie standen wieder an der Tür, ihre Hände ineinander verschlungen, und Molly sah Kate zu, wie sie hereinkam, um sie zu küssen. Kate drehte Mollys Hals nach beiden Seiten, wie eine weiche Welle, aber in Zeitlupe und mit geschlossenen Augen. Nun war alles hellorange, ihre gesenkten Lider ließen das Eisblau von Kates Augen nicht durch. Sie war schlicht. Sie war weiblich wie ein schöner Schwuler. Die Lippen der beiden Frauen fanden zueinander, und sie küßten sich. Obwohl Molly ihr in den Mund biß und ihren Hals leckte und ihre Hände in die Muskeln an ihren Armen grub, bewegte sich Kate nicht. Da war Molly erregt und verlegen und so voller Hoffnung und Eifer.

53

»Sehe ich dich wieder?« fragte sie und vergaß sofort die Antwort.

»Komm zurück«, sagte Molly, als Kate wegging.

»Das werde ich«, sagte Kate, aber es war gelogen.

Molly rief sie zwei Monate lang an. Sie hinterließ Nachrichten unter der Tür von Kates Atelier, in denen stand, daß sie um acht zu Hause sei, daß sie im Cinema Village als Kartenabreißerin arbeite und Kate Freikarten für *Der Pate II* beschaffen könne. Manchmal ging Kate ans Telefon, aber sie sagte, sie habe zu tun und könne nicht reden. Trotzdem blieb Molly beharrlich, denn das einzige, was Kate niemals sagte, war: »Ruf mich nicht an, ich will dich nicht sehen.«

Tatsächlich sagte Kate oft, sie werde zurückrufen, sobald sie nicht mehr so viel zu tun habe. Aber das tat sie nie. Statt dessen log sie. Und so bestärkte Kate dadurch, daß sie sich nicht festlegen wollte, Molly in ihrem festen Glauben, jede Person sei zur Veränderung fähig, und sie machte weiter, auch wenn ihre Chancen schlecht standen. Sie war eigensinnig. Sie war voller Begehren. Sie war sehr bedachtsam. Molly beschloß, ihre Strategie zu ändern. Sie hörte auf anzurufen. Sie hörte auf, Nachrichten unter der Tür durchzuschieben. Sie hörte auf, Kates Horoskop zu lesen. Statt dessen schickte sie einen sehr sorgfältig aufgesetzten Brief ab.

»Ich hielt den Umschlag in der Hand«, erzählte ihr Kate später. »Mit einem gewissen Widerwillen machte ich ihn auf, in der Erwartung, unangenehmes pubertäres Geschwätz, eine Drohung oder Gejammer vorzufinden. Was zuerst ein unerhebliches Beispiel für eine Fehleinschätzung zu sein schien, stellte sich schließlich als wichtiges Ereignis heraus. Es machte dich bedeutsamer, Molly, als ich dir zugestehen wollte, denn mit jemandem zu streiten ist etwas sehr, sehr Intimes. Einen Menschen zu tolerieren ist herablassend, aber auf jemanden wütend zu sein ist der beste Weg, sie oder ihn in deinem Leben zu behalten.«

Sie saßen sich an einem Tisch gegenüber, als Kate das sagte. Sie sprachen nicht viel und es gab nicht viel Licht. Molly fror auf der Hautoberfläche und spürte darunter eine große Stille.

»Wenn du auf jemanden wütend bist, dann ist diese Person allgegenwärtig. Du hast etwas, über das du dich ärgern kannst, du hast ja sie. Dann muß sie sich Gedanken über dich machen. Sie muß sich eine Meinung bilden. Ich öffnete den Brief. Darin stand: 'Bläulich schimmerndes Karminrot, samtweich.' Damit fing natürlich alles an.«

11 MOLLY

Es war sehr heiß an jenem Abend, deshalb trugen die meisten Leute Shorts und leichte, ärmellose T-Shirts. Es gab eine Menge Weiß. Es gab weiße Luftballons an Fäden, einen für jeden gestorbenen Freund. Am Anfang der Strecke wurden Leuchtstifte verteilt und weitergereicht, damit alle die Namen ihrer Freunde auf die Ballons schreiben konnten. Manche hatten einen Ballon. Manche hatten acht. Manche hatten noch mehr. Ein paar waren sorgfältig beschriftet, mit genauen Angaben wie »Thomas Ho 1957–1987«. Auf anderen stand einfach nur »Ray«. Einige Leute hielten auch weiße Kerzen in den Händen. So hatten die Trauernden etwas zu tun. Sie achteten darauf, daß die Kerzen nicht ausgingen, oder fingen das Wachs auf. Männer und Frauen lächelten und begrüßten sich mit leiser und sanfter Stimme, oder sie blieben für sich. Die meisten gingen einfach nur die Straße entlang. Es waren nicht viele Geräusche zu hören, denn New York kann wider seine stetig lärmende Kulisse eine schweigende Stadt sein. Molly blickte über die Ballons und las die Namen. Sie selbst trug zwei. Sie sah den Namen von jemandem, den sie flüchtig gekannt hatte und bei dem sie nicht einmal bemerkt hatte, daß er krank war.

Als sie zum Fluß kamen, rann vielen Menschen im Trauerzug bereits der Schweiß den Nacken hinunter. Tropfen glitten ihre Schläfen herab. Nun blieben alle stehen und waren noch stiller als vorher. Alle schauten aufs Wasser, wie schmutzig es war, wieviel Abfall darin herumschwamm. Sie blickten zum anderen Ufer hinüber, nach New Jersey, zu den Hochhäusern in Fort Lee und dem verpesteten Durcheinander, aus dem die Stadt ansonsten bestand. Alle machten sich ihre ganz persönlichen Gedanken, über einen Verstorbenen oder über sich selbst oder über New Jersey oder darüber, warum sie in diesem Moment nichts empfanden. Es war die ruhigste Form der Verwirrung, die Molly je erlebt hatte. Dann fing jemand zu singen an. Als dieser Mann den ersten Ton anschlug, schreckte er die anderen Trauernden auf, die sich gestört fühlten. Doch nach der zweiten Note war allen, die zu der AIDS-Totenwache gekommen waren, klar, daß der Mann 'somewhere over the rainbow' sang. Ein anderer Mann ließ seine Luftballons übers Wasser davonfliegen, und während sie 'somewhere over the rainbow' sangen, ließen nach und nach auch andere ihre Ballons fliegen. Molly blickte aufs Wasser hinaus, auf den rötlichen Sonnenuntergang über den Industrieabfällen, und hatte zwei Gedanken. Sie sah zu, wie die Ballons in den schmutzigen Himmel hinaufstiegen, und dachte: *Sie verlassen deine Hand, so wie sie dein Leben verlassen.* Nachdem sie ihren eigenen aus den Augen verloren hatte, konnte sie eigentlich nur noch ein Meer von Luftballons sehen. Da dachte sie: *Bläulich schimmerndes Karminrot, samtweich.*

Was bedeutet es, 'somewhere over the rainbow' zu singen und Luftballons aufsteigen zu lassen? Es ließ sie etwas sehr Menschliches empfinden, eine Art Sehnsucht danach, ihre Trauer in der Öffentlichkeit zu zeigen und die eigenen Gefühle mitzuteilen. Aber sonst?

Bis zu einem gewissen Grade hatte sie sich daran gewöhnt zu hören, daß Menschen starben. Sie hatte sich noch nicht daran gewöhnt, es zu sehen, aber wenn jetzt jemand sagte: »Ich konnte dich nicht zurückrufen, weil ein Freund von mir gestorben ist«, dann wurde es ganz ruhig gesagt.

Dieses Sterben hatte schon vor langer Zeit begonnen. Eigentlich schon vor so langer Zeit, daß es Menschen gab, die sich schon gar nicht mehr an ein Leben vor AIDS erinnern konnten.

Und was Molly betraf, so hatte es all ihre Beziehungen zu Männern bewußter und intensiver gemacht. Zuerst veränderten sich die Männer. Sie waren verletzlicher und offen und brauchten jemanden zum Reden. Und so veränderte auch sie sich. Aus flüchtigen Bekannten wurden Freunde. Und wenn ihre Freunde dann wirklich krank wurden, gab es eine Menge Einkäufe zu erledigen, schmutzige Wäsche abzuholen, und es war wichtig, sich in die Augen zu schauen. Sie hatte in ihrem Leben noch nie so viele weinende Männer im Arm gehalten.

Molly hatte erst kürzlich drei Monate lang für einen Mann Essen gekocht, der so verwirrt war, daß er sich nicht entschließen konnte, wie er den Spinat schneiden sollte. Sein Name stand auf einem ihrer Luftballons. Es gab Medikamente, die er ausprobieren wollte, aber sie wurden vom Gesundheitsministerium nicht zugelassen.

»Ich sterbe«, sagte er, bevor er zu phantasieren begann. »Laßt mich das verdammte Medikament einnehmen.«

Das beste, was er finden konnte, war ein Placebo-Programm, bei dem die Hälfte der Männer Zuckerpillen und die andere Hälfte auf Versuchsbasis Medikamente erhielt. Niemand wußte, wer was bekam.

»Wozu brauchen sie eine Vergleichsstudie?« sagte er allen. »Sie wissen doch schon, was passiert, wenn es nicht behandelt wird.«

Den Ärzten sagte er das jedoch nicht, denn er hatte Angst, daß sie ihm Zucker statt Medizin geben würden, wenn er Ärger machte.

Er alterte sehr schnell. Er behauptete, sein Telefon stehe in Flammen. Seine Haut platzte auf. Seine Mutter kam aus Saint Louis und küßte sein Gesicht, als es mit entzündeten Wunden bedeckt war. Er kam ins Krankenhaus. Dann kam er nach Hause. Dann kam er ins Krankenhaus. Dann starb er im Krankenhaus.

Molly kannte diesen Mann, Ronnie Lavallee 1954–1987, über seine Schwester Cecilia, eine Lesbe, die früher mit Molly zusammen in einer von Frauen geführten Spedition gearbeitet hatte, die Schwulen-und-Lesben-Pornographie auslieferte. Da sie einen schwulen Bruder hatte, kamen die beiden Frauen manchmal nach der Arbeit bei ihm vorbei, um Bier zu trinken und ihm kostenlos Wichshefte zu bringen. Eines Tages, als Cecilia beim Karatetraining war, saßen Molly und Ronnie in seinem Wohnzimmer und sahen sich *Trash* von Paul Morrissey auf Video an. Sie aßen chinesisches Essen und tranken chinesisches Bier. Im Fernsehen spielte Joe Dallesandro einen Junkie, der keinen hochkriegte, aber es war ihm eigentlich egal, und er war trotzdem schön. Seine Freundin war Holly Woodlawn, die Dragster-Queen, und ihre Schwester und Ex-Geliebte wurde von einer schwangeren, nackten Viva gespielt.

»Ich liebe diesen Film«, sagte Ronnie. »Was das Schauspielerische betrifft, ist es der beste Film überhaupt, abgesehen von Valerie Perrine in *Lenny*.«

Dann sagte er: »Molly, kannst du dir das mal anschauen?« und er streifte sein Hemd hoch wie ein kleiner Junge, der seine Mama bittet, sich sein Bäuchlein anzusehen.

»Was ist das?« fragte er.

»Ich würde sagen, ein Leberfleck«, sagte sie. »Wie lange hast du das schon?«

»Seit vier Wochen.«

»Naja«, sagte sie und erinnerte sich, daß ein anderer Freund von ihr, Joseph DeCarlo 1960–1982, das Gesicht voller Flecken gehabt hatte. »Ich hab' schon mal Kaposi gesehen, und die Flecken sind normalerweise himbeerrot, glaube ich. Ich hab' noch nie einen braunen gesehen, und der hier ist braun.«

Molly setzte sich erleichtert zurück. Doch auf Ronnies Gesicht lag ein Ausdruck, den sie noch niemals vorher auf einem Gesicht gesehen hatte.

»Was ist mit dem hier?« fragte er und zog sein Hosenbein hoch.

Der Fleck war rot.

Molly wollte eigentlich sagen, daß es nicht nach Hautkrebs aussah, daß es nicht nach Kaposi-Sarkom aussah, daß es nicht nach AIDS aussah, aber es sah so aus.

»Ich will nicht sterben«, sagte er.

Später, im Krankenhaus, sagte er: »Ich habe nicht die Absicht zu sterben.« Er sah ihr in die Augen. »Nicht jeder stirbt. Michael Callen lebt noch.«

Doch sie sah seine Zweifel und wußte Bescheid.

Als der Wahn eingesetzt hatte, sagte er, das Telefon brenne. Er magerte so stark ab, daß Molly ihn nicht wiedererkannte. Er wurde so verwirrt, daß er seine Schwester oder seinen früheren

Freund oder seinen Pfleger nicht mehr erkannte. Da hörte Molly auf, ins Krankenhaus zu gehen.

Als alle das Gefühl hatten, die Totenwache sei nun vorbei, begannen sie, einander anzusehen und sich zum Reden und Trösten in kleine Gruppen aufzulösen, bevor sie im Licht des späten Abends durch die heiße Stadt nach Hause gingen. Molly spürte unbändigen Zorn. Das hier waren ihre Freunde. Das hier waren ihre toten Freunde. Sie sah ihre Gesichter vor sich. War ihr Leben weniger wert als das Leben der Heterosexuellen? Wo war Kate? Sie sollte in solchen Momenten da sein.

Als sie in die Straße einbog, die vom Wasser wegführte, sah Molly zwei Männer, die Flugblätter verteilten. Das war nicht das erste, was ihr an ihnen auffiel. Als erstes sah sie, daß sie schwarze T-Shirts trugen. Auf ihrer Brust waren große pinkfarbene Dreiecke, in denen in Graffiti-Schrift das Wort *Justice* stand. Sie wünschte sich eine Freundin, zu der sie gehen konnte, die sie in den Arm nehmen würde und der sie erzählen konnte, was an diesem Tag alles geschehen war. Doch sie hatte keine, und so setzte sich Molly statt dessen auf die Kühlerhaube eines geparkten Wagens und sah zu, wie die beiden Männer ihre Handzettel verteilten.

Die T-Shirts zeugten von Wut, aber die Männer lächelten. Der ältere von ihnen war schwarz. Er trug sein Haar lang und mit Naturkrause, wie damals Angela Davis, und das verlieh ihm ein unverkennbar altmodisches Aussehen. Niemand trug das Haar noch so. Es war entweder kurzgeschnitten oder im Stil von Grace Jones oder Dreadlocks. Aber der Typ erinnerte Molly sofort an diese Poster, auf denen Huey P. Newton mit Maschinenpistolen im Arm auf einem Thron sitzt. Nur daß dieser Mann kein schwarzes Barett und keine Lederjacke trug. Statt dessen hatte er weiblich wirkende dreiviertellange Hosen mit Blumenmuster an, wie sie sich die jungen Frauen auf der Vierzehnten Straße kaufen. Er trug einen goldenen Ohrring und einen Rubinstecker im einen Ohr und eine Feder im anderen. Er war tuntenhaft. Er war ein älterer schwarzer Schwuler, der andere Männer »Schätzchen« und »Freundin« nannte. In jeder Blume auf seiner Hose stand das Wort *Love*.

»Hier, Hübscher, nimm das bitte. Weißt du, ich will nur dein Bestes.«

Der zweite Mann war viel jünger und größer und weiß. Er

hatte einen langen Pferdeschwanz und gute Zähne. Da sprang Molly von dem Wagen herunter und nahm ein Flugblatt.

FINDEN SIE DAS RICHTIG?
Daß Menschen sterben und die Regierung nichts unternimmt? Wenn Sie das nicht richtig finden, dann tun Sie etwas dagegen.

Weiter wurde in dem Flugblatt zu einer wöchentlich stattfindenden Versammlung eingeladen. Molly knickte es viermal und stopfte es in ihre Tasche. Kate fehlte ihr sehr. Sie wünschte, Kate wäre da. Sie ging nach Hause. Sie fühlte sich offen und verwundbar und dann sehr zornig, voller Energie, die sich nirgends entladen konnte.

12 KATE

Sie hatte seit drei Wochen nichts mehr von Molly gehört, aber im Wartesaal wurden immer wieder die Erinnerungsbänder abgespielt. Kate schaltete in ihrem Atelier das Radio an, in der Hoffnung auf etwas Ablenkendes zum Mitsingen. Nachdem sie eine Weile erfolglos an den Knöpfen herumgedreht hatte, kehrte sie zu ihrem Tisch zurück und riß die Zeichnung mittendurch. Dann hielt sie die beiden Teile nebeneinander, als stellten sie eine zeitliche Abfolge dar, anstatt zwei Bestandteile der gleichen Bewegung zu sein. Es war die einfache Bleistiftskizze eines Frauengesichts. Kate hatte die Frau nachmittags aus dem Kino kommen sehen, während sie von der anderen Straßenseite aus zuschaute, wie Molly Eintrittskarten abriß. Diese Frau hatte sehr große Lippen. Sie schmückte sie mit einem Metallic-Pink, wie die Resopalplatten in den Küchen in Los Angeles. Sie hatte olivenförmige Augen und glattes schwarzes Haar. Indem Kate ihre Zeichnung dieser Lippen nahm und neben die Augen statt darunter hielt, war sie gezwungen, sich zuerst mit dem Mund auseinanderzusetzen, eine Beziehung zu ihm aufzubauen, bevor sie diese in Öl eingelegten schwarzen Dinger entdeckte. Die Reihenfolge veränderte die Wirkung, denn nachdem die Obszönität dieses Mundes zu sehen war, war ein monströs-verführerisches Gesicht zu erleben. Die öligen Augen waren dann eine stille Überraschung. Beim Betrachten dieser Sequenz ließ sich lernen, daß der Mund eigentlich das einzige war, was das Gesicht zu bieten hatte. Es sofort in seiner Gesamtheit gesehen, wurde keine Erwartung geweckt. Keine Bewegung.

Während sie Molly gegenüber auf der anderen Straßenseite stand und skizzierte, hatte sich Kate gefragt: *Ob sie mich wohl sieht?*

Als Kate vor Jahren aufgehört hatte, Bühnenbilder zu malen, und anfing, ihre eigenen Bilder zu gestalten, tat sie das, weil sie das Dekorieren satt hatte. Sie wollte sich nur auf direktem Wege mit den Dingen auseinandersetzen. Sie brauchte mehr Handlungsfreiheit. Ihr letztes Bühnenprojekt war in den frühen siebziger Jahren *Die Neger* von Genet gewesen. Nach Ende der Spielzeit waren sie und Peter ans Meer gefahren und hatten dort eine ruhige Woche verbracht. Kate trug seinen Pullover und saß abends auf einer Veranda, von der aus man übers Wasser schauen konnte. Sie las, zeichnete, nippte an ihrem Brandy.

»Ich kann Schauspieler nicht ertragen«, sagte sie dann plötzlich, überrascht, daß es mit solcher Entschiedenheit herausgekommen war.

»Das liegt daran, daß wir so verschieden sind«, hatte Peter, vertieft in seine Arbeit, geantwortet.

»Wer? Du und ich?«

»Nein, Katie. Du und ich auf der einen Seite und die Schauspieler auf der anderen. Du und ich, wir gehen still in einen Raum, schließen die Türen, und sobald wir ganz allein sind, fangen wir an zu arbeiten. Wenn wir fertig sind, gibt es etwas, das unabhängig von uns existiert, sei es ein greifbarer Gegenstand oder ein Ereignis. Doch wir gehen weg, während andere es erleben. Während sie zusehen, können wir woanders sein und etwas Neues tun oder uns zu Tode trinken, wie wir wollen. Schauspieler brauchen die Anerkennung direkt ins Gesicht.«

»Nun, ich habe sie satt«, hatte sie gesagt und Peter angeschaut, während er an seinen Plänen arbeitete. Seine sonnenverbrannte Stirn war vor Konzentration zerfurcht. Seine Haut war zu hell für die Sonne. So sehr er sich auch schützen mochte, er bekam stets einen Sonnenbrand. Sie hatte immer beobachtet, daß er beim Arbeiten einem geheimen inneren Rhythmus folgte, ungefähr so, wie die Leute heute schweigend unter ihrem Walkman die Straße entlangtanzten. Es war klar, daß sie etwas hörten, was selbst nicht zu hören war. Doch es war schwer herauszufinden, was es genau war.

»Ich gehe weg vom Theater«, sagte sie zu ihm, während das Meer allmählich in den Sonnenuntergang hineinglitt.

Peter blickte auf und lachte leichthin, als fände er das unterhaltsam. Kate sah, daß er dachte: *Ist sie nicht niedlich*. Kate erkannte diesen Blick wieder. Sie hatte ihn bei ihrer eigenen Mutter benutzt, wenn sie in großmütiger Stimmung war. Er bedeutete: *Du verstehst das nicht, aber ich lasse es dir durchgehen*.

Jetzt, Jahre später in ihrem Atelier, betrachtete sich Kate im Spiegel. Sie wurde allmählich älter, aber es spielte sich alles in ihrem Gesicht ab. Sie drehte den Spiegel so, daß sie sich sehen konnte, wie sie vor der Wand stand. Sie trug ein ärmelloses weißes Männerunterhemd und stand gelöst da, mit ihren Pinseln in der Hand.

Kate hatte Molly noch nie gemalt. Sie verbrachte viel Zeit damit, sie anzuschauen, wenn sie zusammen waren, aber sie wollte kein Bild besitzen, das sie nicht gemeinsam mit Peter betrachten konnte, und sie konnte es ihm nicht antun, sie daran arbeiten zu sehen, sie damit leben zu sehen. Er würde wissen, wann sie und Molly das letzte Mal zusammen gewesen waren, je nachdem, wie schnell die Arbeit voranging. Doch als sie Mollys Vulva zum ersten Mal bei Licht gesehen hatte, war ihr klar gewesen, daß sie eine Farbe hatte, die sie nicht benennen konnte. Es war das Fruchtfleisch einer Reineclaude, mit Gold bestäubt. Sie war an jenem Tag nach Hause in ihr Atelier gegangen und hatte die Farbe gemischt. Dann malte sie eine Seite ihres Ateliers damit an und stellte sich schließlich vor, es sei Sternenlicht. Normalerweise wandte Kate beim Malen den Kopf von der Wand ab, doch wann immer sie im Sternenlicht stehen wollte, brauchte sie nur aufzuschauen.

Es klingelte an der Haustür. Es klingelte einmal. Wäre es Molly gewesen, die unten stand und alles wiedergutmachen wollte, hätte sie zweimal geklingelt. Das war ihr Erkennungszeichen, falls Peter im Atelier war. Kate öffnete nicht. Sie blickte auf ihr Bücherregal. Auf dem obersten Brett ganz links standen all ihre Bücher von Wilhelm Reich. Aus seinen Theorien war sie längst herausgewachsen, aber die Titel liebte sie noch immer. Jeder von ihnen rief eine bestimmte Vorstellung in ihr wach. Die Auswahl war so groß: *Der Einbruch der sexuellen Zwangsmoral* klang wie ein Film im Spätabendprogramm. *Die bio-elektrische Untersuchung von Sexualität und Angst* hätte eine neue LP von den Talking Heads sein können. Dann war da immer noch *Die Funktion des Orgasmus*, aber das sollte man sich für die eigene Autobiographie aufheben. *Äther, Gott und Teufel* war ganz klar eine Oper. Die *Massenpsychologie des Faschismus* sollten alle mal lesen. Aber dann traf Kate die richtige Wahl, die richtige Stimmung: *Leben am Rand.*

Es klopfte an die Tür ihres Ateliers.

Sie schaute durch den Spion und sah einen kleinen schwarzen Mann.

»Wer ist da?« fragte sie.

»Volkszählung«, sagte er grinsend.

Sie öffnete die Tür, stellte sich aber so davor, daß sie miteinander reden konnten, ohne daß er in ihr Atelier kam. Sie hatte Geschichten darüber gehört, wie sich Fremde durch die Wohnungstür hereingedrängt hatten, und war immer auf der Hut.

»Hallo, ich mache eine Umfrage zum Thema 'Beobachtungen von Mietern'.«

»Von welcher Organisation kommen Sie?«

»Vom Verband für Mieterbefragung.«

Er holte eine plastikbeschichtete Ausweiskarte hervor. Unter seinem Bild stand »Beauftragter für Mieterbefragungen«.

»Okay«, sagte Kate. Sie wollte nicht übertrieben paranoid sein.

»Wie viele Wohnungen gibt es in diesem Haus?«

»Zweiundzwanzig.«

»Wie viele Familien?«

»Was verstehen Sie unter einer Familie?«

»Wie viele Alleinstehende?«

»Das weiß ich nicht«, sagte sie.

»Wie viele Schwarze?«

»Drei. Warum fragen Sie?«

»Wie viele Homosexuelle?«

Er sah sie an, als sei das eine ganz und gar übliche Frage.

»Das weiß ich nicht«, sagte sie, vor allem deshalb, weil sie nicht wußte, wozu sie sich selbst zählen sollte. »Ich hab' noch was zu tun.«

»Bitte, noch zwei Fragen, dann bin ich fertig. Ich werde nur für vollständig ausgefüllte Fragebögen bezahlt.«

»Okay.«

»Wie viele alleinstehende Männer?«

»Mehr als fünf, aber das weiß ich wirklich nicht.«

»Wie viele Rauschgiftabhängige?«

»Ich weiß nicht. Junge, Junge, die Volkszählung hat sich aber ganz schön verändert, seit ich ein Kind war.«

»New York auch«, sagte er grinsend. »Aber das können Sie nicht wissen. Sie sind ja nicht von hier.«

»Okay, ich muß wieder«, sagte sie.

Sie schloß die Tür. Genau in diesem Moment klingelte es. Aber diesmal klingelte es zweimal.

13 MOLLY

Und so kamen sie wieder zusammen. Jede vertrat ihre Meinung und trug ihren Standpunkt vor. Dann diskutierten sie eine Weile hin und her. Dann umarmten sie sich.

»Ich empfinde in erster Linie nur zwei Dinge«, sagte Molly. »Zorn und sexuelles Verlangen. In zweiter Linie empfinde ich noch Zuneigung und Wehmut.«

»Und was davon bezieht sich auf mich?«

»Kate, dir gegenüber spüre ich Zorn und sexuelles Verlangen, Zuneigung und Wehmut.«

Sie erlaubten einander, sich zu berühren und sich in den Körper der jeweils anderen zu verwandeln, dann stritten sie ein bißchen, und schließlich entspannten sie sich. Das war der Übergang vom Leben zur Liebe.

Sie zogen sich aus und taumelten im Stehen nackt gegeneinander und lehnten sich an die Wand, die die Farbe von Sternenlicht hatte. Nachdem sie verschiedene Bereiche ihrer Körper erforscht und verschiedenste Hitzegrade durchlaufen hatten, hielt Kate inne. Sie hatte das Gefühl, daß es an der Zeit sei. Ihr gewohnter Rhythmus wollte es so.

67

»Ich will mehr«, sagte Molly. »Es macht mich geil, mit dir zu schlafen. Denk dir etwas aus, was wir jetzt tun können, etwas, das richtig sexy ist.«

»Gut«, sagte Kate und führte sie zu ihrem Kleiderschrank. »Such mir was zum Anziehen aus.«

»Du hast ja deinen eigenen Kostümverleih«, sagte Molly, als sie die Kleiderstange voller Theaterkostüme sah. Da gab es Ballkleider aus den fünfziger Jahren, weite, unförmige Paisley-Hosen, wie sie Cher zu tragen pflegte. Da gab es hellgrüne Krinolinen, scharlachrote Seide, schwarzen Taft.

»Ich bin der totale Junkie, wenn es darum geht, Schönheit zu ertasten«, sagte Kate. »Soll ich etwas aussuchen, Molly? Wie wär's damit?«

Sie zog einen hautengen, lilafarbenen Catsuit aus den Sechzigern hervor, zu dem perfekt weiße Go-Go-Stiefel aus Vinyl gepaßt hätten.

»Ist das ein Original?« fragte Molly.

»O ja«, antwortete Kate. »Ich habe eine Vergangenheit, vor der ich nicht weglaufen kann. Bevor ich Peter kennenlernte, ging ich immer ins 'Max's Kansas City', weißt du. Also, möchtest du, daß ich das anziehe?«

»Nein.«

Dann nahm Kate einen weißen Lederminirock mit einem riesigen schwarzen Vinylgürtel vom Kleiderbügel.

»Mod-Stil?«

»Nein. Das erinnert mich zu sehr an *Life Magazine*.«

Es waren genügend Requisiten vorhanden, um eine Zweigstelle der Heilsarmee aufzumachen. Dies war ganz klar das Ergebnis davon, daß Kate ihr Leben lang regelmäßig und systematisch in Second-Hand-Läden gestöbert und tolle Sachen gefunden hatte, die sie dann gut pflegte.

»Und das hier?«

Es war ein handgenähtes schwarzes Kleid aus schwerer Spitze, das dafür gemacht war, sich gitterartig über einen nackten Körper zu legen. Es würde über Kates Brüsten natürlich unwahrscheinlich gut aussehen.

»Ja.«

Es gab Musik. Die Jalousien waren heruntergezogen, und es gab Kerzen, eine simulierte Nacht für diese Frauen, die sich am späten Nachmittag liebten. Molly lehnte sich in einem Sessel zurück, betrachtete Kate und dachte, wie erregend es doch in jeder Situation war, sie anzuschauen, weil sie immer in so vielen Farben schillerte, egal was sie tat. Dann sah sie ihr beim Tanzen zu.

Zuerst schien Kate nervös, befangen, nicht frei in ihrem Körper. Doch ermutigt davon, wie sehr es Molly genoß, entspannte sie sich und wurde großzügiger mit dem Vergnügen, das sie ihrer Geliebten schenkte.

Molly lehnte sich gegen das Bett. Sie hörte die Tagesgeräusche, die heraufdrangen, und saß doch in einer künstlichen Abendstimmung.

Wenn eine Frau für ihre Geliebte tanzt, dachte Molly, *dann will sie vielleicht erotisch und in ihrer Nähe tanzen, oder sie will sich einfach nur bewegen. Beides ist toll. Für keins von beiden braucht sie eine Erlaubnis.*

In diesem Moment klingelte das Telefon.

Die beiden Frauen sahen sich in die Augen, ganz still, während sich der Anrufbeantworter einschaltete und die Nachricht vom Band ablief. Dann kam die Stimme. Kate ging zum Anrufbeantworter.

»Hallo, Peter?«

Sie drehte Molly den Rücken zu, nicht so sehr deshalb, weil sie eine Privatsphäre wollte, sondern um sich besser konzentrieren zu können. Molly wußte in dem winzigen Atelier nicht, wo sie hingehen sollte, also setzte sie sich ganz still mit geschlossenen Augen in den Sessel. Kate würde sich Zeit nehmen, um Peter nicht auf irgendwelche Gedanken zu bringen. Es würde eine normale Unterhaltung werden. Sie redeten über Einzelheiten. Alle möglichen Einzelheiten. Darüber, was an diesem Tag in der *Times* gestanden hatte, insbesondere, welche Fluggesellschaften fusionieren wollten. Das Elend der amerikanischen Farmer. Etwas, das mit Prozentpunkten zu tun hatte. Kate und Peter glaubten offenbar beide an den Wert von Statistiken. Molly ging zum Bett hinüber, es war so sauber und weich.

Ich sollte mein Leben wirklich so weit durchorganisieren, daß ich sauberes und weiches Bettzeug in passenden Farben habe, dachte sie. Sie sah die Bücher auf Kates Regal durch. Irgendeine Ablenkung.

Gott sei Dank, dachte Molly, als Kate und Peter schließlich auf der Seite mit den Leserbriefen angekommen waren. *Es ist*

*mir doch viel lieber, die Geliebte zu sein und schweigend hier
zu sitzen, als der Ehemann, der am Telefon angelogen wird.*

Als sie aufgelegt hatte, zog Kate ihr Kleid aus und hängte es
sorgfältig auf einen Bügel. Dann legte sie sich neben Molly und
nahm ihre Brüste in ihre Hände.

»Was ist denn das hier?« fragte Kate, als sie eine besondere
Hautfalte zwischen Mollys Beinen entdeckte.

»Schau es dir an.«

Molly beobachtete Kates Gesicht, von Mollys Beinen einge-
rahmt, eine Wange gegen einen Oberschenkel gelegt, als sie die
Schichten ihrer Möse betrachtete und erkannte, wie einzigartig
sie waren.

Als die Zeit kam, für die Kate rechenschaftspflichtig war,
trennten sie sich. Etwas von der Vertrautheit ihrer Liebe und
der Intimität ihres Zusammenseins ging für Molly verloren, als
sie sich anzog. Während sich Kate für das nächste Ereignis des
Tages fertigmachte, ließ Molly etwas von sich zurück, wie jemand, die den Beginn einer Erfahrung mit einer anderen Person
zusammen erlebt und am Ende immer allein ist.

14 PETER

Peter betrachtete sich im Schaufenster von Tiffany's. Er hatte es nicht eilig. Es war noch viel Zeit, bis er um fünf im Theater sein mußte. Bis dahin konnte er ins Villenviertel und wieder zurück in die Innenstadt joggen und hatte doch noch eine Stunde, um nach dem Rechten zu sehen. Er mußte ständig ein Auge auf die Techniker haben, um sicherzugehen, daß das Bühnenbild sorgfältig und präzise ausgeleuchtet wurde. Jedes Gerät mußte genau eingestellt werden, wenn die Beleuchtung nicht seelenlos sein sollte. Sie würde sonst trübe wirken, nicht klar. Manchmal ist trübes Licht natürlich am besten, aber es muß gewollt sein. Immer wenn er — wie diesmal — an einem Stück mit fragwürdigem Aufbau arbeitete, konnte er es formal verbessern, ohne daß es irgend jemandem aufgefallen wäre. Wenn ein Schauspieler ohne Sinn und Zweck über die Bühne ging, konnte ihm Peter ein Spotlight verschaffen, in das er sich hineinstellen konnte, und so wenigstens eine Illusion von Bedeutsamkeit hervorrufen. Darin bestand seine Aufgabe — eine Form aufzubauen. Die Bühnentechniker waren meistens mürrisch. Wenn sie gekonnt hätten, wären sie Künstler geworden. Deshalb gaben sie sich nicht so viel Mühe, wie man es sich gewünscht hätte, und verdarben durch ihre Nachlässigkeit oft das Bühnenbild. Peter war nie nachlässig. Er war sorgfältig.

Er lief weiter die Fifth Avenue entlang und hielt plötzlich vor einem sehr ungewöhnlichen Objekt an. Ausgerechnet am Rokkefeller Center war eine Plakatwand angebracht. Sie zeigte Ronald Hornes schwer einzuschätzendes Gesicht, etwa zwei Stockwerke hoch, und unter seinen Nasenlöchern stand in Rot, Weiß und Blau:

Horne: Für ein besseres Amerika.

Danach schlenderte Peter noch eine Minute weiter und beschloß dann, auf einen Sprung in die Saint-Pat's-Kathedrale zu gehen. Peter besuchte häufig Kirchen, aber er kniete niemals nieder. Er zündete niemals Kerzen an. Er lehnte sich einfach zurück und betrachtete das Schauspiel. Sonntags waren eine Menge Touristen in der Kathedrale. Es waren nicht nur Amerikaner, die mit einer Horde flachshaariger Kinder gerade vom Hotelfrühstück kamen, sondern auch reiche Besucher aus Lateinamerika in guten Anzügen. Es gab vereinzelt ein paar afrikanische Studenten, denen die Instamatik-Kamera lässig vom Handgelenk baumelte. Asiatische Familien, vor irgendeinem Schutzheiligen fürs Foto aufgereiht. Überall waren Stadtstreicher, die sich einfach mal ausruhen mußten und versuchten, in den Bankreihen nicht aufzufallen. Peter kam es in der Tat so vor, als wären immer, wenn er irgendwo in der Stadt eine Kirche, einen Park oder Warteraum betrat, sehr müde wirkende Stadtstreicher da. Jeder Quadratzentimeter öffentlicher Fläche wurde von jemandem eingenommen, der bettelte oder nicht mehr in der Lage war zu betteln. Doch in der Kathedrale saßen sie direkt neben den kleinen, braven, katholischen alten Damen mit winzigen Hüten und Handschuhen und kunstledergebundenen Gesangbüchern und mit Beinen, die ganz leicht brechen konnten. Am Rande der Menge waren Nonnen auf der Durchreise, die in Gruppen oder zu zweit unterwegs waren. Peter war nicht katholisch, aber er fand sich oft in katholischen Kirchen wieder. Sie waren überall, wie Sheraton-Hotels. Man konnte auf der Welt hingehen, wo man wollte, und da waren sie. Peters Vater hatte keiner Kirche angehört. Seine Mutter ging hin, wenn sie mußte. Sie hatte ihren Sohn oft genug mitgeschleppt, um sicherzugehen, daß er alles Notwendige wußte, um an einem Gottesdienst teilzunehmen. Doch die tiefere Bedeutung hinter den Ritualen sollte Peter stets verborgen bleiben. Der Geistliche kam herein. Alle standen auf. Eine Orgel spielte. Es gab ein Gemurmel in verschiedenen Sprachen und eine ständige Bewegung, wenn Leute sich in die Bänke setzten und sie wieder verließen. Schließlich war diese Kathedrale eine große Touristenattraktion. Das hier war keine ruhige Kirche in der Nachbarschaft.

Peter wünschte sich etwas. Er wünschte sich immer das gleiche, in der gleichen Reihenfolge. Er hatte sich diese Wünsche in dieser Reihenfolge über viele Jahre hinweg bewahrt. Er wollte gute Arbeit leisten, dafür Anerkennung finden und gesund bleiben. Auch Kate sollte gesund bleiben. Das schienen keine unverschämten Forderungen zu sein. Und er wollte geliebt werden. Als er gerade seine eigene private Liturgie aufsagte, erhoben sich ringsum etwa vierzig Männer gleichzeitig aus den Reihen der Gottesdienstbesucher und wandten sich um. Diese vierzig Männer blieben während des Gottesdienstes mit dem Rücken zur Kanzel stehen. Peters Blick fiel zufällig auf das Gesicht eines Mannes, der ihm irgendwie bekannt vorkam. Wahrscheinlich wohnte er im selben Viertel. Der Mann war dünn und unsicher in dem, was er tat. Er war schlaksig und schon älter, mit grauem Schnurrbart und buschigem grauem Haar. Er fühlte sich unbehaglich. Der Mann trug ein schwarzes T-Shirt mit einem rosa Dreieck und dem Wort *Justice* quer über der Brust. Er sah damit nicht wie Superman aus. Er war ein ganz normaler, ängstlicher Typ. Die Männer hatten alle die gleichen T-Shirts an. Manche waren robust und wirkten weiblich. Manche waren schüchtern. Sie alle waren willensstark und sehr ernst. Die Männer standen mit dem Rücken zu dem Geistlichen, der seinen Gottesdienst fortsetzte, als sei nichts geschehen. Einer von ihnen hielt ein Schild hoch, auf dem stand: »Zwei Jahre und fünf Monate mit AIDS leben — keine Zeit für Bürokratie.«

Das sind Männer mit AIDS, stellte Peter fest. *Vierzig von ihnen. Aber der da sieht nicht so aus, als ob er es hätte. Er sieht aus, als würde er Sport treiben. Der Dünne hat es auf jeden Fall.*

Er warf noch einen Blick auf den Mann, der ihm bekannt vorkam, und kam zu dem Schluß, daß er ihn ganz bestimmt schon mal irgendwo gesehen hatte und daß dieser Kerl wahrscheinlich nicht krank war.

Dieser Schwarze, dachte Peter. *Ich frage mich, ob er schwul ist oder ob er's von den Drogen hat.*

Dann fing der Schwarze an zu sprechen.

»Die Kirche ist die mächtigste Heuchlerin auf der Welt«, sagte er. Peter fiel auf, daß die Stimme und die Gesten des Mannes tuntenhaft waren.

Den hätten sie nicht zum Wortführer machen solln, dachte Peter. *Sie hätten einen aussuchen sollen, der männlicher ist, dann hätten die Leute mehr Mitgefühl.*

Der Mann sprach weiter.

»Warum gebt ihr schwulen Priester und lesbischen Nonnen euch nicht zu erkennen und nehmt die Last der Kirche von den Schultern eurer Brüder und Schwestern? Hört auf, das Geld der Armen für den Versuch auszugeben, allen ihre Sexualität zu nehmen. Gebt es dafür aus, Menschen mit AIDS den Rücken zu stärken und für sie zu sorgen.«

Die Menge benahm sich anständig. Der ganze monatelange Wirbel in den Medien hatte die Menschen gewissermaßen auf diesen Moment vorbereitet. Das hektische Simultandolmetschen in die verschiedensten Sprachen ließ nach, sobald die Zuhörer darüber informiert waren, was genau dieser Mann sagte. Manche der Besucher murmelten mißbilligend vor sich hin, andere voller Mitleid. Manche sahen aus, als wünschten sie sich, sie hätten ihre Kinder nicht mitgebracht. Manche Touristen taten es als eine dieser »typischen New-York-Erfahrungen« ab, von denen sie schon so viel gehört hatten, und waren hinterher stolz darauf, daß sie tatsächlich dabeigewesen waren. Manche fotografierten mit Blitzlicht. Die Männer standen ruhig da, die Gottesdienstbesucher saßen ruhig da, und man hörte nichts außer der Stimme des Geistlichen, der über Lautsprecher seinen Text herunterleierte, als wären diese Männer gar nichts, als wären sie nicht vorhanden. Dann war die Messe zu Ende, und die Männer gingen nacheinander hinaus. Peter beschloß, sich ganz unbefangen zu verhalten; er ging zur Vordertreppe und versuchte, durch seinen Gesichtsausdruck niemandem, der ihn anschaute, etwas über seine Einstellung zu verraten. Es war auf einmal ein windiger Tag, der erste in dieser Jahreszeit. Manche der Männer froren, weil sie nicht daran gedacht hatten, sich Pullover mitzubringen. Sie standen herum, ohne zu wissen, was sie mit dem Rest des Nachmittags anfangen sollten. Diejenigen unter ihnen, die es gewöhnt waren, krank zu sein, hatten immer Pullover dabei, die sie über ihre T-Shirts zogen. Dann zerstreute sich die Menge rasch. Manche gingen Kaffee trinken, andere gingen heim, um sich auszuruhen. Sobald die T-Shirts bedeckt waren, sahen sie nicht mehr wie Schwule mit AIDS aus. Sie sahen genauso aus wie alle anderen.

Das, dachte Peter, *ist ihr wirkungsvollster Trick.*

15 PETER

Das Stück, dessen Bühnenbild er in dieser Woche gestaltete, hieß *Grenzüberquerung* und handelte von der Liebesbeziehung zwischen einer mexikanischen Wanderarbeiterin und einem aus Rußland emigrierten Kernphysiker. Es war ein Musical. Peter wußte, daß er nicht ständig mit dem besten Material arbeiten konnte und daß seine anspruchsvollste Arbeit wohl noch vor ihm lag. Er hatte schon immer davon geträumt, Bühnenbilder für die Großen zu entwerfen, für Richard Foreman oder Bob Wilson oder die Wooster-Gruppe. Doch diese Jobs riß sich eine Elite-Clique unter den Nagel. Also entwickelte er in der Zwischenzeit eine generell positive Einstellung zu der Arbeit, die es für ihn gab, und nahm sie so, wie sie kam.

Peters neuer Praktikant wartete im Theater auf ihn. Der Praktikant hatte den ganzen Tag gearbeitet, trug aber Anzug und Krawatte. Jedes Mal, wenn er die Leiter hinaufkletterte, zog er sorgfältig sein Jackett aus, öffnete seine Manschettenknöpfe, krempelte seine Ärmel zweimal über den Unterarmen auf und stieg dann hinauf. Wenn er wieder herunterkam, brachte er seine Kleidung sofort wieder in Ordnung. Er war ein kleiner Schwarzer namens Robert, hatte gerade in Yale seinen Abschluß in Theaterwissenschaften gemacht und war Peter vom Autor des Stückes zugewiesen worden, der mit Roberts Vater zusammen studiert hatte. Irgend etwas an ihm ärgerte Peter zutiefst. Er arbeitete zwar systematisch, aber er war zu geschäftsmäßig, das war sein Problem. Er sah aus wie ein Börsenmakler, nicht wie ein Künstler. Robert trug einen Aktenkoffer mit sich herum. Er öffnete ihn nie, wenn er nur auf einem Knie auflag. Er stellte ihn immer ganz bewußt auf eine ebene Oberfläche und ließ die Metallverschlüsse aufschnappen, so daß sie gleichzeitig klickten und mit einem »plop« aufgingen. Er war bei den College-Einführungskursen einer von fünf schwarzen Schülern gewesen und einer von fünf schwarzen Studenten in seinem Fachbereich in Yale.

Er bewegte sich ähnlich wie Peter, wie ein Mann, der wußte, daß er im Finanzgeschäft tätig sein könnte, der aber etwas gewählt hatte, das gefährlicher und schwerer zu durchschauen war. Doch sein Aktenkoffer spiegelte diese anderen Optionen für Peters Geschmack etwas zu deutlich wider. Der Koffer hatte innen kleine Fächer für Schreibgeräte und ein Maßband. Er enthielt kleinere Schachteln mit Roberts niegelnagelneuen Zeichenschablonen für Leikos und Fresnels. In Yale hatte er den allerneusten technischen Stand für die verschiedenen Anwendungsbereiche der Beleuchtungsmechanik kennengelernt.

»Ich habe die Inputs überwacht«, sagte er. »Und ich habe die Einsätze programmiert.«

»Ich hasse Computer«, meinte Peter, der versuchte, etwas Persönliches zu sagen. »Ich habe mich geweigert zu lernen, wie man sie benutzt. Es ist viel interessanter zu versuchen, ein Stück mit einer Kerze oder einer Taschenlampe zu beleuchten, als auf einen Knopf zu drücken und alles vom Computer machen zu lassen.«

Robert spitzte seinen Bleistift.

»Okay«, sagte er, ohne irgend etwas zu meinen. »Lassen Sie uns die Einsätze durchgehen.«

Dann zog er sorgfältig sein Jackett aus, drapierte es über seine Stuhllehne und krempelte seine Ärmel über seine braunen Unterarme hoch. Er war offenbar einer von den Jungs gewesen, die im Anzug an die Uni gehen. Ein Junge, der sich im Jackett am wohlsten fühlte.

»Okay«, sagte Peter. »Die Zuschauer sind reingekommen und haben sich auf ihre Plätze gesetzt. Also, machen Sie den Dimmer für das Licht im Zuschauerraum an und lassen Sie es langsam ausgehen.«

»Es läßt sich nicht dimmen«, sagte Robert. »Es ist nicht für einen Dimmer programmiert. Es läßt sich hell oder dunkel stellen, an oder aus, aber nicht beides.«

Peter wußte nicht, was er sagen sollte. Er fühlte sich plötzlich sehr müde. Er fühlte sich älter als je zuvor in seinem ganzen Leben. Seine Rolle war veraltet. Er wurde von jemandem ersetzt, dessen Informationsstand und Fähigkeiten nicht besser waren als seine.

»Wissen Sie, wie man aus Kaffeebüchsen Scheinwerfer macht«, fragte er und hörte sich dabei knarren wie ein hinterwäldlerischer Großvater bei der Frage 'Weißt du, wie man eine Angelrute macht?'.

»Nein«, sagte Robert.

»Nein«, gab Peter zurück, der darauf überhaupt nicht vorbereitet gewesen war.

»Nein«, sagte Robert. »Warum sollte ich das wissen wollen?«

Das, dachte Peter, *ist der Unterschied zwischen Theater und Wissenschaft.*

Als sie die Einsätze durchgespielt hatten, taute Peter ein bißchen auf, denn Robert hatte alles perfekt gemacht. Er lehnte sich zurück und sah zu, wie der junge Mann seine Ärmel herunterkrempelte.

»Kennen Sie jemanden mit AIDS?« fragte Peter plötzlich. Eine Sekunde lang geriet er in Panik, denn vielleicht hatte Robert AIDS, aber dann sah er ihn noch einmal an und kam zu dem Schluß, daß Robert kein Homosexueller war. Er war wahrscheinlich noch Jungfrau oder hatte seit der High School dieselbe Freundin, von der er eine Menge verlangte.

»Ja«, sagte Robert. »Natürlich.« Dann sagte er: »Haben Sie AIDS? Ich habe keine Angst vor Leuten mit AIDS. Ich kann trotzdem mit Ihnen arbeiten, auch wenn Sie AIDS haben.«

»Nein, ich bin heterosexuell.«

Peter beobachtete Roberts Gesichtsmuskeln. Während ihres ganzen Zusammenseins hatte sich sein Ausdruck nicht verändert. Er wäre auch ruhig geblieben, wenn Peter ja gesagt hätte, denn Robert wuchs damit auf und war daran gewöhnt, sterbende Menschen um sich zu haben.

»Der Lebensgefährte meines Vaters hat AIDS. Er phantasierte schon, als sie ihm AZT gaben. Er ging am Stock wie ein uralter Mann. Das AZT brachte ihn zurück. Ihm ist oft übel und er hat Durchfall, aber er ist noch da. Man kann mit ihm reden und ausgehen. Er ist Schauspieler. In den Sechzigern war er bekannt.«

»Ich habe früher im schwarzen Theater gearbeitet«, sagte Peter. Gleich darauf fiel ihm ein, daß der Mann, um den es ging, vielleicht gar nicht schwarz war, und er fügte hinzu: »In den Sechzigern«, um so zu tun, als sei das die Gedankenverbindung.

»Ich interessiere mich nicht fürs schwarze Theater«, sagte Robert. »Ich mache mir nichts daraus, wenn eine Frau im schwarzen Trikot Jazz-Monologe hält. Ich finde, schwarze Schauspieler sollten jede Rolle spielen können, die sie wollen, anstatt immer nur die Schwarzen spielen zu müssen.«

»Naja«, sagte Peter und nahm entspannt die distanzierte Haltung ein, die ihm so gefiel: ein Diskurs über die Rolle des Theaters im Alltagsleben. »Natürlich sollten Schauspieler ein breites Spektrum an Charakteren darstellen können, aber Theater innerhalb einer Bevölkerungsgruppe ist ein wichtiges Übungsgelände.«

»Sie wissen gar nichts über Schwarze«, sagte Robert im gleichen Ton, in dem er gefragt hatte: »Haben Sie AIDS?« »Wissen Sie, welche Musik junge Schwarze hören? Sie hören keinen Soul oder Rhythm-and-Blues. Wußten Sie das? Wissen Sie überhaupt, was heutzutage angesagt ist?«

»Nein«, sagte Peter, »ich bin out.«

»Das sollten Sie ändern«, sagte Robert. »Dann wissen Sie wenigstens, worüber Sie sich erhaben fühlen.«

»Ich bin völlig out«, sagte Peter. »Ich habe keine Ahnung, was läuft.«

»Hören Sie«, sagte Robert, schwang sein Jackett über seine Schulter und ließ es von einem Finger herabhängen wie die Männer in der Werbung für Harvey's Bristol Cream. »Sie brauchen bloß zwei Stunden in der Woche fernzusehen, dann wissen Sie's.«

Er ließ die beiden Metallverschlüsse seines Aktenkoffers zuschnappen, schwang den Koffer an seinem Griff vom Tisch und lächelte Peter an, als wäre er der älteste Mann auf der Welt. Als hätte er, Robert, jetzt das Kommando übernommen.

»Ich möchte einen Job bei dem neuen Horne-Musical, das am Broadway rauskommt, *Ronalds Traum*. Sie haben Laser. Kennen Sie da jemanden?«

»Nein.«

»Oder Stephen Sondheim. Kennen Sie ihn?«

»Wir waren mal auf derselben Party.«

»Na dann.«

Peter sah dem Jungen nach, als er zur Tür hinausging. Dann ging er ins Hausmeisterbüro und holte sich den tragbaren Fernseher. Er schloß ihn an und wartete. Es lief eine Sendung mit dem Titel *Der Lebensstil der Reichen und Berühmten*. Irgend so ein Kerl lief herum und machte Interviews mit Filmstars in ihren luxuriösen Häusern, und die Zuschauer sahen sie beim Tennisspielen und Kochen. Das Erstaunlichste am Leben dieser Berühmtheiten war, daß sie so berühmt sein konnten und Peter gleichzeitig noch nie von ihnen gehört hatte, auch nicht von ihren Shows oder den Filmen, in denen sie mitgespielt hatten. Dann griff Peter hinüber, schaltete das Büroradio ein und ging alle Sender durch, von den Top Forty bis zur Country-Musik. Er kannte keinen einzigen Song. Er hatte noch nie von einer der Gruppen gehört. Er legte die flache Hand an seine rechte Gesichtshälfte und dachte eine flüchtige Sekunde lang, daß er ein sehr lächerlicher Mann geworden war. Er stellte den Jazz-Sender ein und hörte eine Weile zu. Dann ging er heim.

Als Kate abends aus dem Atelier nach Hause kam, fragte sie, was er den ganzen Tag gemacht hätte.

»Ich habe Jazz gehört und an einer Aufführung gearbeitet«, sagte er. 'An einer Aufführung arbeiten' war eine Formulierung, mit der man für jede beliebige Zeitspanne eine wunderbare Erklärung parat hatte. Dann schaute er zu ihr auf und stellte fest, daß man es ihr ansah. Sie trug ihre Sonnenbrille und ihren Schal und zu viel Lippenstift und ein breites Lächeln mit jeder Menge »Ja«s. Daran merkte er, daß auch sie ein Geheimnis hatte, denn sie war viel zu höflich.

16 KATE

Ende Oktober wurde Kate bewußt, daß es ihr zur Gewohnheit geworden war, ein- oder zweimal in der Woche die gleiche Straße entlangzugehen. Nur das Wetter änderte sich. Das Stadtviertel war jedoch noch immer quirlig. Die Leute bemühten sich, vor der Isolation durch die kalte Witterung ihre letzte Party im Freien zu feiern, ihre letzte Unterhaltung an der Straßenecke zu führen. Es waren so viele Menschen unterwegs, die um Geld baten.

Während all der Monate, in denen sie spätabends zu Fuß von Mollys Wohnung nach Hause gegangen war, hatte Kate sich oft gefragt: *Sind es schon immer so viele gewesen?*

Jeden Abend ab elf gab es auf der Second Avenue zwischen Saint Mark's Place und Siebter Straße einen riesigen Markt mit heißer Ware. Da waren Leute, die heiße Zehn-Gang-Räder für dreißig Dollar und heiße Drei-Gang-Räder für fünfzehn verkauften. Es gab Kisten voller brandneuer Cassettenrecorder und Cassetten und CDs, die noch in der Zellophanhülle steckten. Doch da lag auch der gesamte Inhalt verschiedener ausgeraubter Häuser, auseinandergepflückt und auf dem Gehsteig verstreut. Die Leute konnten angebrochene Tuben mit Ölfarbe kaufen, halbvolle Gläser mit Erdnußbutter, Pflanzen, getragene Hausschuhe und schmutzige Handtücher. Es gab endlos viele Anrufbeantworter, auf denen noch die Nachrichten waren, die jemand hinterlassen hatte, und endlos viele Lederjacken.

Es war irgendwie ganz anders, wenn Kate allein ging, als wenn sie — wie so oft — spätabends mit Pete unterwegs war. Auf dem Heimweg von irgendeiner Veranstaltung pflegte sie neben ihm herzugehen, ihn anzuschauen, mit ihm zu reden und nicht viel anderes zu sehen. Doch wenn sie jetzt allein von der Wohnung ihrer Geliebten nach Hause ging, war alles anders. Ständig wurde sie von Männern angesprochen, weil Peter nicht da war. Sie sagten zu ihr, was sie gerade wollten. Sie fiel mit ihrer Haarfarbe natürlich auf, vor allem spätabends, wenn sie nach Sex roch. Statt Peters breite Masse wie eine Mauer oder ein Schild neben sich zu haben, war sie in einem Windkanal, völlig allein und schutzlos. Kate zog ihr Umhängetuch um ihre Brust. Von Molly zurückzukommen, das war das erste nächtliche Ritual, das sie erlebte, ohne daß Peter an ihrer Seite war, und sie sah jetzt andere Dinge, wenn sie die Straße entlangging.

An manchen Abenden wollte sie so schnell wie möglich nach Hause kommen, denn sie war müde von der Liebe und hätte sich am liebsten einfach auf Mollys rauhen Laken zum Schlafen ausgestreckt. Aber sie konnte nicht. Oder manchmal wurde sie so erregt davon, mit ihr zu schlafen, daß sie das am liebsten stundenlang getan hätte, aber sie konnte nicht. Es würde Peter so wehtun. Also stolperte sie statt dessen nach Hause und schlüpfte leise ins Bett. Oder sie wurde auf dem Heimweg erregt, dachte an das, was sie getan hatte, und schlief mit Peter, sobald sie heimkam.

Wenn eine eine Freundin hat, wird der Sex mit dem eigenen Mann besser, dachte sie.

Oder manchmal, wenn er noch wach war, saßen sie bei einem Bier oder einer Tasse Tee am Küchentisch, und sie dachte sich etwas aus, das im Atelier passiert war. Etwas Spektakuläres, mit vielen Details. Oder sie kam heim, und er war noch bei der Arbeit, so daß es ihr leid tat, so früh von Molly weggegangen zu sein, oder sie genoß es, einen Augenblick für sich allein zu haben, oder sie fühlte sich einsam ohne Peter und wünschte, er käme nach Hause. Doch an manchen Abenden ging Kate ganz langsam heim, denn sie schwamm im Sex und spürte eine besondere Kraft und eine Erklärung dafür, daß sie die Dinge genauer betrachtete. Eine Straße allein entlangzugehen, bedeutet, viel mehr zu sehen. Deshalb geben sich die Leute so große Mühe, nicht allzu oft allein zu Fuß unterwegs sein zu müssen. Was sie sehen, wenn sie allein sind, kann sie verrückt machen.

Als Kate und Molly zum ersten Mal miteinander geschlafen hatten, war es einfach gewesen, weil Kate entschieden hatte, nichts zu entscheiden. Sie machte sich keinerlei Gedanken über die Konsequenzen.

»Ich liebe deine Brüste«, hatte sie gesagt; sie hatte sie mit ihren Händen hochgeschoben, über ihr Gesicht fallen lassen und zusammengedrückt, damit sie gleichzeitig an beiden Brustwarzen saugen konnte. »Ich liebe deine Karamel-Augen und deinen Schnurrbart und deine Brüste und deinen Hintern und deine Klit.«

Sie lag in Mollys Armen und fühlte sich nervös und offen und albern, weil sie sich so von einer Frau umarmen ließ. Obwohl Kate sehr lang war, war sie auch sehr leicht und konnte durchs Liebesspiel getragen werden.

»Was für ein Tier bist du?« fragte Molly. »Du bist schlank wie ein Nerz, aber so groß wie ein Panther. Nur daß es die Farbe ist, die alles bestimmt. Es wäre eine Lüge, dich in einen schwarzen Pelz zu stecken. Gibt es einen Rotfuchs, der wie ein Schwan ist, aber warm, der knurrt, der sich in einen Baum verwandeln kann, um angeschaut zu werden, und der erst dann beschließt, sich zu biegen? Was halte ich heute nacht in meinen Armen?«

»Laß mich deinen Atem riechen«, sagte Kate. »Mmmm, so süß.«

»Das kommt daher, daß ich dich die letzte halbe Stunde lang geleckt habe. Weißt du, warum ich dich so gern lecke? Weil ich es mag, wenn mein ganzes Gesicht voll mit deinem Saft ist.«

»Kein Wunder, daß Männer große Brüste mögen«, sagte Kate. »Wer würde das nicht? Das ist mein liebster Körperteil.«

Sie ließ ihre Hand über der Beugung von Mollys Taille hin- und hergleiten. »Diese Form, was ist das? Wie läßt sich sagen, was das wirklich ist, dieser verborgene Einschnitt?«

»Das kommt einfach daher, daß ich eine Frau bin.«

»Die Männer werden weiblicher«, sagte Kate daraufhin und

wurde redselig und nachdenklich, als hätte sie gerade ihre Brille aufgesetzt. »Zumindest in New York City.«

Das war vor mehr als einem Jahr, dachte Kate jetzt. Sie stopfte ihre Hände in ihre Taschen und zog ihr Tuch enger um die Schultern. *Das würde ich heute nie mehr sagen, jetzt, wo ich weiß, wie sehr sie die Männer haßt. Kaum vorstellbar, daß ich in einem solchen Moment das Gespräch auf die Männer gebracht habe. Zeigt wohl, wie tief meine Zuneigung zu Peter ist. Ich denke immer an ihn.*

Nur eine bestimmte Art von Leuten ist spätabends regelmäßig allein draußen. Einige gehen irgendwohin, und der Rest ist bereits dort. In dieser Nacht blieben vier Leute stehen und baten Kate um Geld. Und weil sie etwas brauchte, womit sie sich in diesem Übergangsstadium zwischen Molly und Peter identifizieren konnte, nahm sie sich jedesmal einen Augenblick Zeit, zog ihre Geldbörse hervor und gab ihnen etwas ab. Eine Ausnahme stellte ein weißer Penner dar, der auf einer Treppe saß und zu sehr heruntergekommen war, um aufzustehen und das Geld entgegenzunehmen. Er erwartete, daß sie herüberkam und es ablieferte, und das war etwas, wozu sie nicht bereit war. Schon deshalb nicht, weil das Geld auf direktem Wege zu Alkohol werden und keinem akzeptableren Laster zufließen würde wie etwa Nahrungsmitteln. Aber einem desorientierten Schwarzen, der zu viele Mäntel trug, gab sie etwas. Er hielt einen Pappbecher in die Höhe und murmelte vor sich hin, ohne ihre Gabe zur Kenntnis zu nehmen. Er sah sie nicht einmal.

So viele Menschen lebten auf der Straße, es war nicht zu fassen. Ganz sicher waren es heute mehr als je zuvor. Kate war warm und feucht zwischen den Beinen. Sie hielt ihre Hände vor ihr Gesicht, um Mollys Geruch einzuatmen, den sie noch an ihren Fingern hatte.

»Haben Sie ein bißchen Kleingeld übrig?« fragte eine müde, grau gekleidete Frau. Eigentlich war es ihre Haut, die grau war, ihre Kleider waren undefinierbar. »Danke, daß Sie stehengeblieben sind«, sagte sie langsam und deutlich. »Und Gott segne Sie. Es sind Leute wie Sie, die mich im Geschäft halten. Aus diesem einen Job werde ich nie gefeuert werden.«

Sagen sie zu jedem das gleiche, dreißigmal in der Stunde, zwölfmal am Tag? Warum randalieren sie nicht? Warum stehen sie so höflich an den Straßenecken?

Kate ging an einer Graffiti-Wand vorbei, auf der stand: Bewaffnet die Obdachlosen.

Sie schauderte. Wenn die Obdachlosen bewaffnet würden, würden Leute wie sie und Peter sofort getötet werden. Sie würden allen die Kehle aufschlitzen, die eine hübsche Wohnung hatten und nur fünfzig Cents gaben.

Wohin gehen sie, wenn es so kalt wird?

»Du gehst nie mit Männern, oder?« hatte Kate an jenem ersten Abend gefragt.

»Ich interessiere mich einfach nicht so sehr für Männer.«

Natürlich, dachte Kate. *Es war recht diplomatisch von Molly, so zurückhaltend zu antworten.*

»Sie haben gewöhnlich nichts zu den Dingen zu sagen, die mich interessieren, also reden wir am Ende über das, was sie interessiert, und mir wird langweilig.«

Sie hatten auf einer Matratze auf dem Fußboden gesessen, umgeben von Kerzen und Trockenblumen. Auf ihren Gesichtern lag der süße Geruch und der Geschmack von Sex.

»Ich werde dich mit nach Ibiza nehmen«, sagte Kate. Dann sagte sie: »Jemand sollte dich in rote Seide kleiden, mit so einem tiefen Schlitz, um deinen mädchenhaften Rücken zur Geltung zu bringen.«

Fünf Monate später hatte sie beobachtet, wie sich Molly bei einer Sternschnuppe etwas wünschte.

»Was hast du dir gewünscht?«

»Eine Reise nach Ibiza.«

Da wurde Kate klar, daß Molly von ihr erwartete, daß sie ihren Wunsch erfüllte.

»Ich habe ein gutes Gedächtnis für Worte«, sagte Molly zu ihr. »Also sei vorsichtig mit dem, was du zu mir sagst. Ich habe monatelang darauf gewartet, daß du ein rotes Kleid hervorholst oder zumindest vorschlägst, daß wir in ein Geschäft gehen und ich eins anprobiere. Ich habe allein ein paar anprobiert, aber ich wußte nie, ob es das Richtige war.«

Was hätte ich dazu wohl sagen können? dachte Kate verärgert. Es tat ihr ein wenig leid, und sie fühlte sich etwas ausgenutzt. Molly beschrieb eine Frau, die Kate niemals werden würde. Sie würde ihr niemals so viel Aufmerksamkeit schenken, und das war gut so. Peter wollte diese Art von Aufmerksamkeit nicht.

Eines Tages wird sie so wütend werden, daß sie mir eine runterhaut.

Dann fühlte sich Kate etwas schuldig, ein bißchen unbehaglich. Ihre Unterarme taten weh.

»Es ist einfach, mit dir zusammenzusein«, hatte Molly damals beim ersten Mal gesagt und Kates Körper an sich gezogen, so daß ihr braunes und rotes Schamhaar aufeinandertraf wie auf einem Werbeplakat zur Woche der Brüderlichkeit.

»Wie spät ist es?«

»Ein Uhr. Ich glaube, es ist Zeit für dich zu gehen.«

»Das war gemütlicher, als ich erwartet hatte«, hatte Kate zu ihr gesagt. »Ich wünschte, ich könnte die ganze Nacht bleiben. Wirklich. Aber ich kann nicht. Es würde Peter zu sehr weh tun. Bist du böse?«

»Nein.«

Kate wußte nicht, was sie noch sagen sollte. Sie zog sich an, während Molly nackt dasaß und ihr zusah. Das wurde für die beiden zu einem Ritual. Kate hielt ihre Augen auf Mollys Augen gerichtet, bis ihre eigenen Brüste und Genitalien bedeckt waren, dann richtete sie ihren Blick zur Tür.

»Rote Seide«, hatte sie gesagt, während sie hinausging. »Dein Rücken ist so weiß.«

Kate kam vor ihrem Apartmenthaus an und schaute nach oben. Das Licht war aus. Peter schlief. Da fühlte sie sich voller Energie. Sie wollte überall hinrennen. Sie wollte nicht nach oben gehen und in einem schwarzen Haus stilliegen. Einer Eingebung folgend drehte sie sich unvermittelt um und wäre beinahe in Richtung Atelier losgerannt. Dann bedauerte sie den Entschluß. Dann akzeptierte sie ihn und ging los.

Jetzt wird er denken, ich wäre endlich die ganze Nacht bei ihr geblieben, und er wird mir nicht glauben, wenn ich sage, daß ich gearbeitet habe. Aber es wird völlig der Wahrheit entsprechen.

Dies war ein so kompliziertes Spiel um Wahrheit, oder Risiko. Peter zwang sie teilweise, ihn anzulügen, und ließ sie in anderen Dingen die Wahrheit sagen. In mancher Hinsicht wollte er belogen werden, zum Beispiel in der Frage, wie oft sich die beiden Frauen sahen und wie wichtig alles geworden war. Aber er wollte die Wahrheit wissen, wenn es darum ging, ob Molly wirklich existierte. Er wollte etwas von einer unbedeutenden Affäre mit einer unbekannten Frau hören. Komischerweise machte die Tatsache, daß es eine Frau war, beide anfangs unvorsichtig. Sie geriet nicht in Panik und er auch nicht, weil sie beide nicht erwarteten, daß es von Bedeutung sein würde. Allmählich dämmerte es ihnen. Wäre es ein Mann gewesen, wäre es nie so weit gekommen. Weder Pete noch Kate hätten zugelassen, daß es passierte. Nun wollte Peter alles darüber wissen und nichts davon merken. Kate war allein dafür verantwortlich, eine akrobatische Technik zu finden, mit der sich diese unausgesprochene Forderung erfüllen ließ.

In der ersten Nacht, die Kate und Molly miteinander verbracht hatten, hatte sie sich auf dem Heimweg ernsthaft gefragt, wie sich Peter bloß darauf festlegen konnte, ein Leben lang Sex mit einer Frau mit so kleinen Brüsten zu haben. Als sie das nächste Mal mit Peter schlief, platzte sie fast vor Neugier zu erfahren, wie ein Mann darüber und über viele andere Dinge dachte. Sie hatte mit ihren Brustwarzen über sein Gesicht gestrichen, wie Molly es bei ihr getan hatte. Sie tat es mit einer ruckartigen Schulterbewegung, die sie noch nie gemacht hatte.

»Hey, du bist ja gut drauf«, sagte er. Er war offensichtlich überrascht, daß sie so sexy war, obwohl es nur ein ganz normaler Abend war, an dem er gar nicht damit gerechnet hatte, mit ihr zu schlafen.

Aber Kate bekam plötzlich Angst, weil sich etwas ganz Neues ankündigte. Sie bemerkte sofort, daß sie und Peter sich sexuell so gut kannten, daß jede neue Idee oder Handlung, jedes neue Wort, jede neue Reaktion, Phantasie oder Richtung, die einer von ihnen beim Sex oder in einem anderen Bereich einführen wollte, so störend wirken würde, daß es ihnen beiden auffallen mußte, denn diese Gefühle mußten ja irgendwoher kommen. Sie mußte ihm entweder die Wahrheit sagen oder es auf einen Kinofilm schieben.

Also hatte sie es ihm gleich in der ersten Nacht gesagt. Sie sagte, daß sie eine Geliebte hätte, eine Frau namens Molly, und daß sie jünger sei. Es sollte ein halbes Jahr vergehen, ehe Molly behauptete, Peter wisse, wie sie aussehe. Doch in jener ersten Nacht sagte Kate ihm, daß sie ihn liebe. Daß sie mit ihm alt werden und sterben wolle. Daß er ihr bester Freund und ihr bester Liebhaber sei und daß nichts auf der Welt für sie so wichtig oder aufregend sei wie er. Seit damals hatte sie zu wenig Schlaf und ging in Kälte und Hitze zu Fuß nach Hause und hatte nicht genug Zeit für sich selbst, weil sie versuchte, dafür zu sorgen, daß all das wahr blieb. Aber letztlich waren es allein diese Worte, die ihn davon überzeugten, daß er diese groteske Situation akzeptieren mußte.

17 MOLLY

Und wieder starb einer von Mollys Freunden.

»Das ist das Problem, wenn du Freunde hast«, sagte sie. »Du mußt mit ansehen, wie sie leiden und sterben.«

Jeffrey Rechtschaffen 1960–1988. Sie schäumte vor Wut. Sie war so zornig. Sie knirschte mit den Zähnen und warf mit Flüchen um sich. Sie sprach sie mit solcher Vehemenz aus, daß morgens zwischen ihren Augen eine Falte erschien, die sich am Nachmittag bereits tief eingegraben hatte. Sie wußte nicht, welcher Wochentag es war. Sie sah nicht nach links und rechts, wenn sie über die Straße ging. Sie dachte nicht daran, ihre Jacke gegen den Dezemberwind zuzuknöpfen. Alles, was sie kannte, war Wut. Abwechselnd explodierte sie und verkapselte sie sich auf dem Weg zum Busbahnhof, wo sie Pearl abholen wollte, die zur Beerdigung in die Stadt kam. Gott sei Dank war Pearl da. Pearl gab ihr das Gefühl, zu jemandem zu gehören.

Sie konnte Kate nicht anrufen, denn sie hatten sich gerade erst gesehen und verabredet, daß sie warten sollte, bis Kate sie anrief. Genauer gesagt, Molly konnte ein erneutes ›Es ist jemand hier, ich kann nicht reden‹ einfach nicht ertragen. Ihr

Kopf begann wehzutun. Sie sah, daß ihr merkwürdiges Benehmen den anderen auffiel, also versuchte sie, an etwas anderes, etwas Beruhigendes, zu denken. Aber es gab nichts anderes. Es ließ sich nicht einfach auf ein anderes Fernsehprogramm umschalten, denn AIDS war auf allen Kanälen, aber nur auf idiotischste Art und Weise. Jeder, der im Fernsehen an AIDS starb, hatte es von einer Bluttransfusion. Oder es war ein schöner junger Weißer in einem gehobenen Beruf, der 'allen Grund hatte, weiterleben zu wollen', und selbst dann standen seine Eltern im Mittelpunkt des Films, und nicht er.

Warum können sie's nicht einfach sagen? Warum können sie auf Kanal Vier nicht einfach »Arschficken« sagen?

Jeffrey war Journalist bei einer Schwulenzeitung in Washington D.C., gewesen. Er kannte jeden Politiker auf dem Capitol Hill, der Schwänze lutschte. Wenn ein Senator an einer »Bluttransfusion« starb, wußte Jeffrey, daß er schon seit Jahren mit seinem Freund zusammengelebt hatte.

»So machen sie es«, sagte er. »Sie lassen die Frau und die fünf Kinder in ihrem Haus in Shaker Heights, und der Freund sitzt in der Stadtvilla in Georgetown.«

Als die Krankheit damals bei Jeffrey festgestellt wurde, entschloß er sich, wieder nach New York City zu ziehen, und arbeitete, wann immer er sich gesund genug fühlte, bei der telefonischen AIDS-Beratung. Manchmal traf sich Molly mit ihm zum Lunch, ganz in der Nähe des Büros. Er aß streng makrobiotisch. Jeffrey hatte sich sorgfältig die verschiedenen Behandlungsmethoden angeschaut, und er wählte als Therapie die Kreative Selbstvergewisserung in Verbindung mit verschiedenen Medikamenten. Er trug Kristalle um den Hals. Er hatte immer einen Teddybären bei sich und ging täglich zur Massage. Er machte Yoga und sagte jeden Morgen und jeden Abend »ich liebe dich« zu seinem Spiegelbild. Dadurch blieb er noch vier Jahre und drei Wochen lang am Leben, dabei sollte er eigentlich innerhalb von achtzehn Monaten sterben. Er hielt lange genug durch, um beim Gay March, dem Sternmarsch der Schwulen und Lesben nach Washington, an der Spitze des Zuges im Rollstuhl geschoben zu werden, so daß er miterleben konnte, wie sechshunderttausend Homosexuelle lächelnd und hurrarufend vor dem Weißen Haus standen. Er trug ein T-Shirt, auf dem stand: Ich habe AIDS – nimm mich in den Arm.

Jeffrey sagte, er habe deshalb so viel länger gelebt, als man ihm vorausgesagt hatte, weil er, während er das Leben in vollen Zügen genoß, gleichzeitig den Tod akzeptierte. »Sonst stirbst du wütend, und wer wütend ist, stirbt schneller.« Aber als es zu Ende ging, änderte er seine Meinung und wurde wirklich wütend. Er sagte, wenn er seiner Wut freien Lauf ließe, würde ihm das helfen, länger zu leben. Molly überlegte, daß das wahrscheinlich hieß, jedes beliebige Gefühl, das er irgendwann hatte, führe generell dazu, daß er sich besser fühlte.

Am Tag, an dem er starb, meldete die *New York Post*, daß zwei Männer in schwarzen T-Shirts, auf denen rosa Dreiecke mit dem Schriftzug *Justice* waren, in der Nähe der Innenstadt eine Bank überfallen hatten. Sie waren nicht maskiert. Sie hatten keine Waffen bei sich. Nach Aussage von Cordelia Williams, einer von der *New York Post* interviewten Kassiererin, schoben sie ihr einen Zettel zu, auf dem stand: »Wir haben AIDS. Wir haben nichts mehr zu verlieren. Dieses Geld geht an Kranke, die nicht krankenversichert sind.« Sie gab ihnen fünfzehntausend Dollar, ohne den Alarmknopf zu drücken.

»Mein Bruder ist an AIDS gestorben«, erzählte sie den Reportern, als sie in Handschellen abgeführt wurde. »Warum sollte ich diesen armen, mutigen Männern die Polizei auf den Hals schicken?«

»Weißt du, was wirklich unglaublich ist?« hatte Jeffrey bei einem der makrobiotischen Mittagessen gesagt, bei denen es gedämpften braunen Reis, gedämpften Tofu, gedämpfte Adzuki-Bohnen und Hijiki mit Pilzen und Zwiebeln gab. »Es verblüfft mich, wenn ich aus erster Hand mitbekomme, wie sehr sich die Leute, die bei der Telefonberatung anrufen, bemühen, ihre Homosexualität zu verleugnen. Es gibt so viele Fälle, in denen sie nicht damit herausrücken, selbst wenn sie am Telefon anonym mit einem Fremden reden.«

Jeffrey war ein langbeiniger jüdischer Schwuler mit Schnurrbart; ein gesellschaftliches Stereotyp. Er las immer drei Bücher gleichzeitig, zum Beispiel Walter Benjamin, *Das Tao der Physik* und *Ich hatte einen Herrn.*

»Heute ruft so ein Typ an, mit der reinsten Macho-Panik in der Stimme. Er glaubt, daß er AIDS hat, weil er einmal, vor zwei Jahren, mit einer Prostituierten geschlafen und kein Kondom benutzt hat. Also sagte ich ihm, er brauche sich keine Sorgen zu machen. 'Wahrscheinlich kann man sich bei Frauen nicht mit AIDS anstecken', sagte ich zu ihm. 'Es sei denn, Sie haben ihr Menstruationsblut geschluckt. Haben Sie ihr Menstruationsblut geschluckt?' Ich wußte, das hatte er nicht, natürlich nicht. Viel zu macho. Also sagt er: 'Aber im Fernsehen heißt es, man kann es von Prostituierten kriegen. Das haben sie im Film der Woche gesagt.' 'Glauben Sie nicht, was Sie im Fernsehen sehen', rate ich ihm. Und dann versuchte ich dem Typ zu erklären, daß die Zahl der Männer, die behaupten, AIDS von Frauen bekommen zu haben, so gering ist, daß es wahrscheinlich einfach nur Typen sind, die nicht zugeben wollen, daß sie sich haben in den Arsch ficken lassen oder daß sie sich Drogen gespritzt haben, und dann sagen sie, sie hätten es von Prostituierten. Ich sagte ihm, daß es wahrscheinlich unmöglich ist, und daß viele glauben, daß man, um sich beim Sex mit AIDS anzustecken, dem Virus mehrmals ausgesetzt sein muß, so daß er wahrscheinlich keinen Grund zur Sorge hätte.«

Jeffreys Haar war sehr schütter geworden. Er schlürfte Boncha-Tee. Alle seine Kleider waren ihm zu groß.

»Aber der Typ wollte nicht auflegen. Er druckste weiter herum und sagte: 'Sind Sie sicher? Sind Sie sicher?' Und schließlich verstand ich und gab ihm, was er wollte. 'Haben Sie Verkehr mit Männern?' fragte ich. 'Nein, nein, nein, ich doch nicht', sagt er. 'Sind Sie sicher?' sage ich. 'Sind Sie sicher, daß Sie es kein einziges Mal getan haben? Nur um zu sehen, wie es ist? Nur weil Sie so richtig geil waren? Nur weil Sie so betrunken waren, daß Sie nicht mehr merkten, was Sie taten, und bevor Sie es merkten, hatte schon so ein Schwuler ...' 'Wissen Sie', sagt er. 'Jetzt, wo Sie es erwähnen, fällt mir was ein. Jaja, ich glaube, ich war wirklich voll. Sturzbetrunken.' Genau so.«

Jeffrey seufzte und bestellte ein Stück Orangen-Tofu-Kuchen.

»Man muß ihnen alle möglichen Ausflüchte an die Hand geben, damit sie einem erzählen können, was sie gemacht haben, ohne zuzugeben, daß sie schwul sind. Ich glaube, wir sollten den Namen dieses Landes in 'Vereinigte Staaten des Vertuschens' umändern. Diese Epidemie werden wir niemals richtig in den Griff kriegen, solange die Leute in Sachen Sex nicht ehrlich sind. Nicht mal so sehr in dem, was sie sich wünschen, nur in dem, was sie tun. Und weißt du, Molly, die Welt wird sich auf den Kopf stellen müssen, bevor die Leute, die in ihr leben, ehrlich sind, wenn es um ihr sexuelles Empfinden geht.«

Jeffreys Wohnung war voller frischer Schnittblumen, und er hatte immer beruhigende Musik laufen. Sogar als er zum letzten Mal ins Krankenhaus kam, schleppte sein Kumpel aus der Schwulen-Gesundheitsgruppe Jeffs Cassettenrecorder mit. So konnte er sich auf den Weg machen und dabei Gamelan-Musik hören. Gamelan und frische Blumen. Doch am Ende bekam er natürlich Panik, er war ja auch nur ein Mensch. Jeffrey war sauer auf seinen Kumpel, als sie ihn auf die Intensivstation verlegten. Dann weigerte er sich, das Entlastungsformular zu unterschreiben, und sagte, er brauche keine lebensverlängernden Maßnahmen.

»Ich werde es nicht brauchen«, sagte er.

Drei Tage bevor er starb, bekam Jeffrey einen Brief von irgendwelchen Leuten in San Francisco, die eine Anthologie von Journalisten mit AIDS vorbereiteten. Ob er einen Text einreichen wollte?

»Nein«, sagte er, bereits völlig ausgezehrt. »Das wäre nicht fair. Ich meine, ich werde der einzige in dem ganzen Buch sein, der noch am Leben ist, und ich werde für den Rest meiner Karriere versuchen müssen, dieses Stigma abzuschütteln — Sie wissen schon, diese AIDS-Geschichte.«

18 MOLLY

Molly, ist dir klar, wie leicht *ich* das hätte sein können?« sagte Pearl, kaum daß sie aus dem Greyhound-Bus ausgestiegen war.

»Ich weiß, daran habe ich auch schon gedacht. Wenn Frauen sich untereinander genauso leicht anstecken könnten wie Männer, dann wären wir es, wir und unsere Geliebten, die die Welt betrauern oder ignorieren würde. Statt dessen sind es nur unsere engsten Freunde.«

Dann berührten sie sich.

»Ein paar Jahre lang hatte ich Schwierigkeiten mit Jeff«, sagte Pearl auf dem Rückweg in die Innenstadt. »Wenn wir ausgingen, schaute er sich dauernd überall um. Ich meine, ich bin froh, daß ich diese Zeit damals miterlebt habe, mit Disco und Glitzer und LSD und diesem ganzen, na du weißt schon, diesem ganzen 'Ich muß das haben, ich muß mehr davon haben'-Zeugs. Aber manchmal konnte ich kein Gespräch mit ihm führen, wenn wir die Straße entlanggingen, weil er sich dauernd nach Männern umschaute und nicht zuhörte oder antwortete. Ich weiß noch, daß das 'Saint' keine Frauen reinlassen wollte. Es war ungeheuerlich. Aber als AIDS kam, brauchten die Männer mehr Freunde und Freundinnen. Die Hinterzimmer wurden zugemacht und die Bars brauchten mehr Geld und fingen an, gemischtes Publikum reinzulassen. Heutzutage ist es leichter, einander nahe zu sein, aber ich achte immer heimlich auf ihr Körpergewicht.«

Pearl war eine dieser großen, überwältigend schönen Frauen, die sich unauffällig kleiden müssen, um sich die Männer vom Leibe zu halten. Molly empfand ihr gegenüber das, was sie der eigenen Familie gegenüber empfinden sollte — sie war eine, von der sie sich hätte Geld leihen können, wenn sie sich hätte operieren lassen müssen.

»Junge, bin ich froh, daß ich hier nicht mehr wohne. Die Stadt sieht furchtbar aus.«

»Mir gefällt sie immer noch.«

»Du bist zu loyal«, sagte Pearl.

»Naja, sie ist nie langweilig. Wir mußten in Mietstreik treten, wegen Frankie in Apartment zwanzig. Der abgewrackte Typ mit dem komischen Bein.«

»Der, der seit dem Zweiten Weltkrieg eine Kriegsneurose hat und mit seiner Mutter zusammenlebte?«

»Ja, Pearl, genau der. Er bat also eine Nachbarin, ihm zu helfen, das Formular für Schwerbeschädigte auszufüllen, und die stellte dabei fest, daß er von dreihundert Dollar im Monat lebt und davon hundertfünfzig Miete zahlt. Er kann sich keinen Strom leisten und ißt immer im Ukrainischen Seniorenzentrum, wo ein warmes Essen einen Dollar kostet. Dann erzählt er ihr, daß ihn der Vermieter nach dem Tod seiner Mutter aufgefordert hat, er solle ausziehen, weil sein Name nicht im Mietvertrag steht. Also gingen wir in Mietstreik, und als wir gewonnen hatten, gab er für alle im Haus zwei Sixpacks Budweiser aus. Das sind acht warme Mahlzeiten im Seniorenzentrum. Dann passierte die Sache mit meinem Fahrrad. Hab' ich dir das schon erzählt? Warum lachst du?«

»Nein, das hast du mir noch nicht erzählt«, sagte Pearl lächelnd. »Genau das will ich hören. Erzähl mir von deinem Fahrrad.«

»Also, Pearl, jeden Tag schließe ich mein Rad unter der Treppe an. Dann, eines Tages, waren die Reifen aufgeschlitzt. Ich fand mich damit ab, denn das Rad war gestohlen, und ich hatte es für zwanzig Dollar gekauft, und so mußte ich natürlich mit einem gewissen Maß an schlechtem Karma rechnen.«

»Natürlich.«

»Aber ich war mir sicher, daß das erste Mal Aufschlitzen es neutralisieren würde. Also zog ich neue Reifen auf, und sie wurden wieder aufgeschlitzt.«

»Natürlich.«

»Also hängte ich im Hausflur ein Schild auf, auf dem stand: 'Das hier ist das Haus, in dem wir wohnen. Es sollte kein Haus sein, in dem Reifen aufgeschlitzt werden.' Und meine Reifen wurden wieder aufgeschlitzt.«

»Ich muß sagen, das überrascht mich nicht.« Pearls Nase war rot von der Dezemberkälte.

»Aber ich wollte mich nicht mit der Vorstellung abfinden«, fuhr Molly fort, »daß jemand bis in alle Ewigkeit ständig meine Reifen aufschlitzt, also zog ich immer wieder neue auf.«

»Molly, du wirst dich nie ändern«, sagte Pearl. »Nie im Leben. Du gibst niemals auf. Ich kenne keine, die so ein Wunschdenken verfolgt wie du. Du gibst also dein schwerverdientes Geld für den Zerstörungsfetisch von irgendwem aus, weil du das Rad nicht ein paar Treppen hoch in deine sichere Wohnung tragen willst.«

»Schau, ich weiß, daß das symbolisch für etwas in meinem Inneren steht, das verkehrte und neurotische Instinkte hat, aber ich konnte mich nicht damit zufriedengeben, daß das Haus, in dem ich wohne, ein Ort ist, an dem sich keine Fahrräder abstellen lassen.«

»Und was hat Kate zu alldem gesagt?«

»Ich hab's ihr nicht erzählt«, sagte Molly und versuchte, nicht zu betreten auszusehen, aber schließlich gab sie doch einer gewissen Verlegenheit nach. »Es ist zu typisch.«

»Diese Geschichte mit Kate tut dir immer noch weh, nicht wahr?«

»Ja.«

»Molly, hör mir mal zu. Ich bin deine beste Freundin, und ich muß schon zu lange mit ansehen, wie du dich wegen dieser verheirateten Frau zugrunde richtest.« Sie führten eins dieser intensiven Gespräche, wie es New Yorker und New Yorkerinnen in der Öffentlichkeit führen und dabei doch eine Privatsphäre haben, denn alle um sie herum haben das alles schon mal gehört.

»Molly, du bist eine Lesbe. Hörst du? Du bist schon immer eine Lesbe gewesen. Du hast doch noch nie was mit diesen Hetero-Pärchen aus dem Kino am Hut gehabt. Mal realistisch betrachtet, wie willst du jemals mit einer Hetero-Frau klarkommen?«

»Aber ich liebe sie.«

»Dann kannst du auch eine andere lieben, die dir nicht das Gefühl gibt, abnormal zu sein. Such dir eine Geliebte, die gern lesbisch ist, und du wirst viel glücklicher sein.«

»Was ist denn das hier, die *West Side Story*? Ich fühl' mich so, als würdest du mir sagen, ich sollte nicht mit einem von den Sharks ausgehen. Sie liebt mich.«

»Das glaube ich gern.«

Sie gingen weiter, mußten aber an einer Ampel warten, während ein Demonstrationszug von militanten Tierschützern vorbeizog. Es schienen tausend Leute in Vinylschuhen zu sein, die mit schwerfälligem New Yorker Akzent brüllten: »Pelz ist Mooord! Pelz ist Mooord!«

»Also«, sagte Pearl wesentlich sanfter, »wer hat denn nun die Reifen zerschnitten?«

»Ach ja.« Molly erwachte und kam wieder in Fahrt. »Ja, und so fingen alle im Haus an, über den Aufschlitzer zu reden. Tony, der Schwarze aus dem fünften Stock, der Alte, fragte, ob ich ihn schon geschnappt hätte. Der Yuppie in Nummer zehn, der fünfzehnhundert pro Monat zahlt, fragte, ob ich die Polizei gerufen hätte. Ralph, der Junkie in Apartment acht, fragte, ob es Verdächtige gäbe. Maritza, die Pförtnerin, fragte, warum zur Hölle ich mein Rad nicht wegstellte. Und Kyle, das Arschloch in Apartment eins, fragte mich, wer es meiner Meinung nach gewesen war. Also kam ich zu dem Schluß, daß die Leute, die gefragt hatten, ob es Verdächtige gäbe, Verdächtige *waren*.«

»Wieso?«

»Das hier ist New York, warum sollte sich irgend jemand so sehr dafür interessieren, es sei denn, der- oder diejenige ist schuldig?«

»Ich folge deiner Logik.«

»Also, Pearl, ich erzählte Ralph und Kyle, daß nur noch sie beide als Schuldige in Frage kämen, und daß folglich nur sie wüßten, wer es wirklich getan hatte. Da war Schluß mit dem Aufschlitzen.«

»Was für ein Fortschritt für den strategischen Idealismus.«
Pearl lachte.

»Das ist der Triumph des Guten über das Böse«, sagte
Molly. »Nicht wahr? Ich nehme an, das kann schon mal vor-
kommen.«

»Oh, Molly«, sagte Pearl. »Ich bin so froh, daß es dich gibt.«

19 KATE

Kate zog sich nackt aus und stellte sich vor den Spiegel. Sie bewegte ihren Kopf, bis sie die beste Haltung gefunden hatte: Kinn gesenkt, weitaufgerissene Augen, etwas engelhaft. Dann schob sie die lockere Haut um ihre Augen etwas zurück und öffnete das Fenster. An ihrem Hals begannen die Adern hervorzutreten. Entweder das oder der leichte zusätzliche Fettansatz um ihre Taille. Sie trat einen Schritt zurück und betrachtete sich ganz im Spiegel. Dieser Körper war zum Palast ihrer Lust geworden, jede seiner Aktionen. Sie tat etwas Machtvolles. Sie erlebte die Erfüllung ihrer Sexualität. Ihre Liebe zu Männern war noch immer intakt, aber dann gab es da noch diese andere Form der Beziehung.

Kate wanderte im Atelier umher und berührte die Gegenstände, die ihr gehörten. Sie schraubte den Klebstoff zu, legte ihre Kohlestifte ans Fenster. Sie sammelte ihre Schwämme ein und warf sie ins Waschbecken. Dann, noch immer nackt, wusch sie sich die Hände und nahm das Magazin, das Molly ihr gegeben hatte. Sie warf wieder einen Blick auf ihr Spiegelbild und schlug dann das Magazin auf. Molly hatte es ihr ein-

99

mal spätabends gegeben, nachdem sie sie auf einer Tour durch alle Lesben-Kneipen unterhalb der Vierzehnten Straße geführt hatte.

»Das hier ist das 'Cubbyhole', das Kabuff«, hatte Molly gesagt, als sie ihren Rundgang auf der Hudson Street in einer lauten Kneipe mit überhöhten Preisen und Holztäfelung begannen. »Es sollte eigentlich 'Glove Compartment' heißen, Handschuhfach. Es zieht vor allem Malerinnen und Luppies an. Das sind lesbische Yuppies, falls du's noch nicht wußtest.«

Es gab dort eine Video-Musicbox, in die die Besucherinnen fünfzig Cents einwerfen konnten, um ein Video ihrer Wahl zu sehen. Einige der Namen sagten ihr etwas, mit anderen konnte sie nicht so viel anfangen. Sie schauten Madonna zu, wie sie »Material Girl« sang. Molly hatte das Lied einen Klassiker genannt.

»Oh, Molly.«

»Was ist los? Weißt du, was an diesem Laden merkwürdig ist? Es gibt zu viele Aquarien.«

»Schau mal«, sagte Kate und zeigte zum Eingang. »Die Frau da, die kenne ich. Das ist Susan Hoffman. Ihr Mann ist Bildhauer. Susan! Hey Susan!«

»Kate, was machst du denn hier?«

»Ich wollte nur kurz was trinken.«

Sie konnte spüren, daß Molly direkt neben ihr stand, aber Kate wollte sie Susan einfach nicht vorstellen. Sie fühlte sich unter Druck gesetzt.

»Ich auch.«

»Ist das nicht komisch«, sagte Kate. »Wie auffällig sich all diese Frauen zurechtgemacht haben. Ich meine, es ist nett.«

»Ja«, sagte Susan. »Nett.«

Da merkte Kate, daß auch Susan auffällig zurechtgemacht war.

»Wie geht's Dan?«

»Prima.«

»Peter geht's auch prima.«

»Das ist gut. Oh, da ist meine Freundin. Bis später.«

»Sehe ich dich und Dan am Samstagabend auf Jacks Party?«

»Ja, wir werden da sein.«

»Pete und ich auch.«

»Also bis dann.«

»Bis dann.«

Kate war verwirrt, während sie zusah, wie sich Susan zur Bar durchkämpfte.

»Ist das nicht toll?« sagte sie zu Molly.

»Was?«

»Daß eine Hetera wie Susan nach Lust und Laune in eine Kneipe wie diese kommen kann.«

»Warum hast du sie mir nicht vorgestellt? Sie ist übrigens keine Hetera.«

»Natürlich ist sie das. Ich kenne ihren Mann.«

»Und sie kennt deinen. Kate, schau doch mal, wie sie sich durch die Menge bewegt. Schau, wie sie die Frauen im Vorbeigehen berührt und wie nett sie lächelt. Paß auf. Ich wette mit dir, daß das ihre Liebste ist.«

»Welche?«

»Die Frau mit den großen Ohrringen, die als *femme* zurechtgemacht ist. Schau, warte, jawohl, sieh dir das Geknutsche an. Sie ist hierhergekommen, um sich mit ihrer Liebsten zu treffen.«

Kate starrte einen Moment zur Tür und trank dann in einem Zug ihr Vier-Dollar-Bier aus.

»Aber ich kenne ihren Mann.«

»Denkst du, du bist die einzige verheiratete Frau in New York City, die insgeheim eine Lesbe ist?«

»Ich bin nicht insgeheim eine Lesbe.«

»Okay.«

»Wie komisch, das mit Susan«, sagte Kate. »Ich habe dabei das Gefühl, daß ich sie gar nicht richtig kenne. Als hätte ich nicht die geringste Ahnung, wer sie ist.«

Molly sagte kein Wort.

»Das hier ist das 'Kelly's'«, sagte Molly und schleppte sie in eine frisch renovierte Kneipe mit überhöhten Preisen auf der anderen Seite der Seventh Avenue. »Früher war das hier nur für Typen. Aber seit dem Umbau ist die Kneipe in der Hand von kleinen College-Lesben. Jede hier ist *femme*.«

»Woran merkst du, welche *femme* sind?«

»Das ist die große Frage. Nach einer Weile weißt du es einfach. Normalerweise ist es die, die der anderen Frau beim Tanzen die Arme um die Schultern legt.«

»Welche von uns ist *femme*?«

101

»Keine. Nein, das war nur ein Witz. Es ist zu früh, so was zu sagen, weil du dich immer noch wie eine Hetera verhältst. Du mußt schon ein bißchen länger dabei sein, bevor diese feinen Nuancen herauskommen.«

»Warum erzählst du mir immer, was ich sein und was ich denken werde? Woher weißt du das?«

»Du kannst jetzt ruhig über mich meckern, aber später wirst du's schon sehen.«

Diesmal schwieg Kate.

»Das hier ist das 'Duchess'«, sagte Molly und zog Kate hinter sich her, vorbei an der israelischen Rausschmeißerin mit dem kantigen Gesicht, die an der Tür Eintritt kassierte.

»Siehst du die schwarz angemalten Fenster?« plauderte Molly. »Das ist die nostalgische Reminiszenz an den Dreck.«

Sie mußten fünf Dollar Eintritt zahlen, obwohl es Mittwochabend war und außer der Rausschmeißerin in der ganzen Kneipe nur drei Leute waren.

»Dieser Laden ist weltbekannt für seine überhöhten Preise und dafür, daß in den Klos das Wasser steht. Meistens ist da eine Frau vom Typ schwarze Schönheit, die am Telefon mit ihrer Freundin Schluß macht. Es passiert so oft, daß ich früher immer dachte, es wäre ein und dieselbe Frau und sie würde dafür bezahlt, daß sie hier Atmosphäre verbreitet.«

»Also, was kommt als nächstes?« fragte Kate, die wirklich gespannt war.

Schließlich kamen sie zum 'Tracks', einem Vergnügungszentrum für Lesben auf drei Etagen, unten am Fluß, mitten im Nichts. Am Eingang hing ein Schild, auf dem es unzweideutig hieß: Diese Bar machen Lesben für Lesben.

»Die Frauen, denen diese Kneipe gehört, sind Lesben«, sagte Molly. »Anders als bei einigen von den Bars, in denen wir vorher waren. Das hier ist eine Kette. Sie haben eine Bar in Washington, D.C. Ich glaube, sie haben irgendwo anders noch eine, in Texas oder so. Es ist ein bißchen wie ein 'Howard Johnson's' für Lesben. Aber es hat eine Sache mit all den anderen Spelunken und Mafia-Kneipen gemein.«

»Was?«

»Überhöhte Preise.«

Aber als sie drin waren, fand Kate noch einen anderen Unterschied.

»Hier gibt es so viele schwarze Frauen«, sagte sie, nachdem sie zehn Minuten lang fasziniert geschwiegen hatte. »Und sie sind so unglaublich schick herausgeputzt. Ich würde nie auf die Idee kommen, daß auch nur die Hälfte dieser Frauen lesbisch sein könnte, wenn ich sie auf der Straße sehen würde.«

»Warum nicht?«

»Naja, sie sind halt so elegant.«

»Du meinst, sie sind *femme*. Du findest, daß die *Butches* lesbisch aussehen und die *Femmes* nicht.«

»Ich kann immer noch nicht unterscheiden, welche Frau was ist.«

»Das ist so wie damals, als die Leute zum ersten Mal impressionistische Bilder betrachteten und die Wasserlilien nicht erkennen konnten. Du wirst dich dran gewöhnen. Ich erklär's dir im Schnellverfahren. Zu welchen fühlst du dich am meisten hingezogen?«

»Zu der da drüben«, sagte Kate. »Die Frau ist wirklich schön. Schau sie dir an. Schau dir ihren Mund an. Und die da mit den Lederohrringen. Oh, sieh mal, die Große mit den langen Beinen und dem rotkarierten Faltenrock. Die ist Wahnsinn.«

»Die sind alle butch.«

»Auch die im Rock?«

»Jawohl, jetzt kannst du es unterscheiden.«

Sie tanzten eine Weile, aber hauptsächlich standen sie herum.

»Die Frau da drüben«, sagte Kate. »Die Frau ist so schön, ich kann's kaum glauben.«

»Dann frag sie doch, ob sie tanzen will.«

»Das kann ich nicht machen.«

»Natürlich kannst du, Katie. Das hier ist eine Lesben-Bar. Deshalb sind wir doch alle hier.«

»Bist du sicher?«

»Ja!«

Doch statt dessen kam in diesem Moment eine junge Rotblonde in einem Ledermini und einem seidenen cremefarbenen Top herüber und fragte Molly, ob sie tanzen wolle.

Kate sah ihnen eine Weile zu, wie sie gegenseitig ihren Rhythmus aufnahmen und zu einer gemeinsamen Bewegung fanden. Das ging ziemlich schnell.

Was weißt du denn schon? dachte sie. *Molly tanzt mit jeder so heiß. Nicht bloß mit mir. Das ist ihre Art zu tanzen.*

Und zum allerersten Mal war Kate eifersüchtig.

»Verzeihung«, sagte sie und unterbrach die beiden abrupt, »aber ich muß mit meiner Freundin tanzen.« Sie führte sie auf die Tanzfläche und spürte sofort, wie sich Mollys Arme um ihren Hals legten.

Dann verkündete Molly, daß sie zu guter Letzt noch woanders hingehen würden.

»Wo können wir denn wohl jetzt noch hingehen?«

»Einkaufen.«

»Um halb zwei Uhr morgens?«

»Du weißt doch, daß diese Stadt niemals schläft. Wie auch immer, es ist ein *ganz vorzüglicher* Sex-Shop für Schwule und Lesben. Du weißt doch, daß Geschäfte, die lebensnotwendige Waren führen, länger geöffnet haben als jene, die der frivolen Genußsucht frönen.«

Kate mußte sich eine Sekunde lang überwinden, bevor sie durch die Ladentür ging.

»Das ist ganz okay hier«, sagte sie, ohne nachzudenken.

»Wie bitte?«

»Ich hab' wahrscheinlich erwartet, daß sich schäbige alte Männer in irgendwelchen Telefonzellen einen runterholen.«

Da merkte sie, daß sie von Schwänzen umgeben war. Hauptsächlich von großen. Die meisten davon an gutaussehenden jungen Männern. Sie begann, in einigen der Pornohefte herumzublättern.

»Darum weiß ich, daß ich keine Lesbe bin«, sagte Kate. »Weil mich Schwänze anmachen. Ich mag Schwänze.«

»Schon gut, Kate«, sagte Molly.

»Ich kann gar nicht glauben, daß das bei dir nicht so ist.«

»Du kannst in der heutigen Zeit nicht leben, ohne Sex mit dicken Schwänzen zu assoziieren«, sagte Molly.

»Ich steh' eben drauf.«

»Wie schön für dich. Muß sich Peter anhören, wie du sagst: 'Ich steh' auf Mösen'? Könnte wetten, daß er das nicht muß.«

»Na, ich steh' eben auf Schwänze.« Kate sagte es noch einmal. Es machte ihr Spaß, das zu sagen. Sie klang dabei verdorben und schillernd polymorph pervers.

»Hast du jemals zu Peter gesagt: 'Ich steh' auf Mösen'?«

»Nein, hab' ich nicht«, sagte sie. »Es ist mir noch nie in den Sinn gekommen, das zu sagen. Es wäre nicht passend.«

Dann fühlte sie sich unbehaglich.

»Wo ist das Zeug für Frauen?« fragte sie.

»Frag doch den Typ hinterm Ladentisch.«

Das erste, was ihr an dem Typ hinterm Ladentisch auffiel, war, daß er Kaposi-Male im Gesicht hatte. Sie kannte diese Flecken von Bildern, die sie angeschaut hatte, und von flüchtigen Seitenblicken auf ausgezehrte Männer auf der Straße, aber sie hatte sie noch nie im Gesicht von jemandem gesehen, mit dem sie unmittelbar Kontakt hatte. *Wie toll*, dachte sie. *Wie toll von diesem Laden, daß sie ihn so weiterarbeiten lassen.* Dann fiel ihr wieder ein, daß dies ein Laden für Schwule und Lesben war, so daß diese Art von Solidarität ja wohl zu erwarten war. Sie fragte sich, wie viele andere Leute in dem Geschäft wohl AIDS hatten.

»Verzeihung«, sagte sie und und umsah die Flecken, um das wahre Gesicht des Mannes zu sehen. »Wo ist denn die Abteilung für Lesben?«

»Naja«, sagte er und lächelte, als sei alles in Ordnung, in allerschönster Ordnung. »Unglücklicherweise sind die meisten der sogenannten Lesben-Pornos von Männern für Männer gemacht. Aber wenn du dich mal bei dem richtig alten Zeug aus den Fünfzigern und Sechzigern umschaust, da ist einiges dabei, was Spaß macht.«

Er kam hinter dem Ladentisch hervor und führte sie zu einem Kasten, der einsam und verlassen hinter den Videos stand.

»Hier ist zum Beispiel ein Bildband von 1962, der als gesellschaftskritisches Exposé getarnt ist. Schau, hier ist ein klassisches Schwarzweißfoto von zwei Frauen, die sich lecken.«

Er drückte es ihr in die Hand und ging weg.

Die Bildunterschrift lautete: »Lesbierinnen sind beim Cunnilingus oft besser als Männer.«

Das stimmt, dachte sie unvermittelt und war erstaunt.

Als der Laden schließlich zumachte, sah Kate, daß Molly mit aller Kraft versuchte, guter Laune zu sein, denn sie hatten nur noch eine Stunde Zeit, um nach Hause zu kommen und miteinander zu schlafen, bevor Kate wieder gehen mußte. Auf dem Weg nach draußen gab ihr Molly ein Magazin, das sie gekauft und in eine Papiertüte gewickelt hatte, und Kate mußte ihr versprechen, es erst zu öffnen, wenn sie nach Hause kam. Das war vor einer Woche gewesen. Seitdem hatte sie es dutzendmal aufgeschlagen. Es waren Bilder von Transsexuellen in verschiedenen Posen.

»Das hier hab' ich hier gefunden, während du dir die Mösenleckerinnen angeschaut hast, und sofort an dich gedacht«, hatte Molly gesagt.

Es war vollgepackt mit Fotos von euphorischen, glücklichen Männern in schmieriger, mädchenhafter Sexy-Aufmachung, mit harten Schwänzen und großen Titten. Sie sahen so geil aus. Sie machten Kate geil mit ihren Pimmeln und dickem Busen; wie erregt sie waren.

Kate sah sich selbst vor dem Spiegel beim Masturbieren zu. Ihr Gesicht verriet grenzenlose Lust. Sie konnte sich in den Hüften wiegen und vor- und zurückstoßen, bis sie leise stöhnte. Sie konnte, von ihrer eigenen Hand geführt, durch ihr Atelier tanzen. Als sie vor der weißen Wand masturbierte, war ihre Haut so weiß, daß ein Voyeur keinen Unterschied gesehen hätte, bis auf die Augen. Als sie die blauviolette Wand entlangtanzte, die Wand, die die Farbe von Reineclauden hatte, war sie ein Körper, der über einen Ozean taumelt wie die fliegenden Musiker auf den Bildern von Chagall. Sie masturbierte. Sie konnte spüren, wie ihr Orgon in ihrem Inneren rauschte wie ein Wasserfall, wie Scharen von jungen Mädchen, die von den Beatles ferngehalten werden und plötzlich tränenüberströmt in Raserei verfallen, sich von den Polizisten losreißen und die Kontrolle über sich verlieren. Sie war in jeder Hinsicht offen. Es gab keine Hindernisse. Sie strömte. Liebesströme.

20 MOLLY

Pearl und Molly waren auf dem Weg zu der Kirche in Chelsea, wo für so viele Männer, die an AIDS gestorben waren, die Trauerfeiern abgehalten wurden. Es war eine der ersten Kirchen, die sich Menschen mit AIDS und ihren Geliebten geöffnet hatte. So war sie zu einem Ort geworden, an dem die Hinterbliebenen geborgen waren und wo sie sich zu dieser ganz privaten Feier treffen konnten.

Die beiden Frauen redeten nicht über Jeffrey, und sie redeten nicht über AIDS. Sie hatten alles gesagt, was es zu sagen gab. Alles andere wäre Wiederholung gewesen. Ab einem gewissen Punkt war es eben nicht mehr möglich, irgend etwas zu ändern. Sie hatten miteinander geschlafen und geweint und waren zusammen aufgewacht, hatten herumgelegen und gefrühstückt und über Jeffrey geredet und sich schließlich angezogen.

Als sie aus der Haustür kamen, sah Molly, daß ein kleiner, stämmiger schwarzer Mann auf dem Gehsteig auf sie wartete. Er lehnte sich nicht gegen die Mauer und saß auch nicht auf der Treppe. Er hüpfte statt dessen auf und ab und versuchte, sich warmzuhalten.

»Molly, hey, hast du ein paar Gutscheine für mich?«

107

»Charlie, ich hab' deinen Namen von meinem Briefkasten gestrichen. Das ist meine Freundin Pearl.«

Er gab Pearl förmlich die Hand.

»Nett, Sie kennenzulernen.« Dann sagte er: »Molly, ich muß einen Moment mit dir reden.«

»Okay, aber nur einen Moment. Ich muß auf eine Beerdigung.«

Die beiden gingen zusammen weiter, zu einer privaten Besprechung am Briefkasten, die Hände in die Taschen gestopft, in unterschiedlichen Rhythmen mit den Füßen stampfend, einfach um warm zu bleiben.

»Charlie, ich hab's aufgegeben mit dir. Wir haben uns immer wieder verabredet, aber du hast dich nie blicken lassen.«

»Ich hatte was zu erledigen, weißt du. Ich mußte meine Mutter besuchen gehen.«

»Wie geht's deiner Mutter?«

»Gut.«

Er sah sich dauernd um, als könnte jeden Augenblick jemand auftauchen, der ihn haßte.

»Sieh mal, Molly, ich brauche ein beglaubigtes Schreiben für die Heizkostenbeihilfe. Das kann mir zweihundertfünfzig Dollar bringen. Ich bin ins Obdachlosenheim gegangen, und da ist es verrückt. Sie lassen die ganze Nacht das Licht an, und die Verrückten hören nicht auf zu schreien. Ich brauche einen Brief, in dem steht, daß ich bei dir wohne und Gas und Strom zahle, damit ich Heizkostenbeihilfe kriege. So einen, wie du mir schon mal gegeben hast, beglaubigt.«

»Okay«, sagte Molly, »aber ich kann es nicht jetzt tun. Ein Freund von mir ist gestorben, ich muß zur Beerdigung. Ich treff' dich hier morgen früh um neun, und wir lassen den Brief vom Notar beglaubigen.«

»Okay.«

»Charlie?«

»Ja.«

»Daß du mir aber auch auftauchst, okay?«

Er war sehr schnell verschwunden.

Molly holte einen Stift hervor und schrieb seinen Namen wieder auf den Briefkasten.

»Wird er auftauchen?« fragte Pearl.

»Nein«, sagte Molly. »Hast du gewußt, daß du eine Adresse

haben mußt, um Sozialhilfe zu kriegen? Ich weiß das erst seit diesem Jahr.«

Dann machten sie sich auf den Weg zur Kirche.

»Und, wie steht's mit der Arbeit?« fragte Pearl.

»Ich gehe hin und seh' mir die Filme an. Es gibt jeden Tag neue. Mein einziges Problem ist, wie ich auch weiterhin glücklich sein kann.«

»Na, hör mal.«

»Manchmal hab' ich es satt, mich entscheiden zu müssen, ob ich mit der U-Bahn fahren oder Kaffeetrinken gehen will, aber es gefällt mir, relaxed zu sein.«

»Molly, irgendwann mußt du etwas Richtiges machen.«

»Was schlägst du vor?«

»Äh... wieder an die Uni gehen?«

»Und was studieren, Informatik?«

»Ich weiß nicht... Sozialpädagogik? Du machst bereits Sozialarbeit, dann kannst du's dir auch bezahlen lassen.«

»Pearl, falls ich jemals Sozialarbeiterin werde, dann erschieß mich bitte und setz meinem Elend ein Ende. Das hier ist die Ich-Generation, erinnerst du dich? Es gibt keine sozialen Dienste mehr zu leisten. Ich würde warten müssen, bis der Wohlfahrtsstaat wieder eingeführt wird, bevor es irgendwelche Jobs gäbe, die ich dann doch nicht kriegen würde.«

»Kann ich dir mal eine persönliche Frage zu einem heiklen Thema stellen?«

»Klar.«

»Wie kann Kate bloß mit ihrem Mann schlafen, nachdem sie mit dir geschlafen hat?«

»Was ist das, ein Kompliment?«

Pearl holte ein Päckchen Drum-Tabak hervor und begann sich eine Zigarette zu drehen.

»Ja, ich rauche immer noch. Kein Kommentar, bitte. Na jedenfalls, ich bin auf dieses kitzlige Thema gekommen, weil — ist das nicht deine teure Geliebte, die da auf der anderen Straßenseite steht?«

»Wo?«

»Na, da drüben. Du sagst, daß sie in der Öffentlichkeit nicht damit herausrückt, daß sie lesbisch ist, aber sieh dir das mal an.«

Als Molly sich umdrehte, blieb Pearl stehen, und beide starrten durch den Verkehr hindurch zu Kate hinüber, die am Union Square Park entlangging. Sie schien die beiden überhaupt nicht zu sehen. Ihr Haar war orange in der grünen, bewölkten Kühle, und sie war als Mann gekleidet.

»Zieht sie sich oft wie ein Mann an?« fragte Pearl etwas skeptisch.

»Nie, ich hab' das noch nie gesehen.«

»Nun, da tut sich etwas.«

Kate war ein Mann. Alle Leute auf der Straße mußten das denken. Doch sie war ein besserer Mann als die meisten anderen, denn sie sah in ihrem schwarzen Anzug verblüffend gut aus. Sie machte große, energische Schritte und hielt sich aufrecht, wie ein charmanter Mann aus gutem Hause. Vielleicht ein Dressman. Ein Filmstar. Sie trug kein weißes Oberhemd. Dafür war sie viel zu gut durchgestylt. Kate, der Mann, trug ein zartblaues T-Shirt, das als Freizeitkleidung für einen starken Mann mit Sex-Appeal gedacht war. Es war so geschnitten, daß es seinen Hals und seine Muskeln umspielte. Kate war hinreißend. Von allen Männern auf der Straße sah sie am besten aus.

»Molly?« fragte Pearl, ohne sich zu bewegen.

»Was?«

»Blickst du durch, was hier abläuft?«

»Nein«, sagte Molly. Sie ging weiter und blieb dann noch einmal stehen, um ein letztes Mal angestrengt hinüberzublikken. »Ich habe nicht die geringste Ahnung.«

110

21 MOLLY

Wenn ein Freund schließlich an AIDS stirbt, ist das für alle, die mit ihm zu tun hatten, meistens keine große Überraschung, und oft sind sie irgendwie erleichtert, weil der Mann, den sie liebten, zu viel gelitten hat. Und für die Menschen um ihn herum muß es ja auch weitergehen. Diese Beerdigungen waren häufig wiederkehrende, gespenstische Ereignisse, die nach und nach zur Gewohnheit wurden und sich heimlich einen festen Platz im Privatleben aller eroberten. Tatsächlich gab es unter Mollys Bekannten jetzt einige, die sie nur oder hauptsächlich bei Beerdigungen traf.

»Sieh mal«, sagte Pearl. »Da ist Jeffs Familie aus Rochester.«

Steif und dicht aneinandergekauert, deplaziert, saß das Grüppchen von Verwandten in einer stillen Ecke und durchlebte die verschiedensten Emotionen, die vom Gefühl eines schweren Verlustes bis hin zur reinsten Peinlichkeit reichten. Sie schienen sich in dieser Umgebung ebenso miserabel und unbehaglich zu fühlen wie in ihrer Beziehung zueinander.

Molly hatte Bob Catmull seit Ronnies Beerdigung nicht mehr gesehen, aber sie hatte ab und zu an ihn gedacht. Er hatte eine ganz besondere Persönlichkeit, die andere Leute immer an irgend etwas erinnerte. Als er mit warmem Lächeln auf sie zukam, stellte sie mit Erleichterung fest, daß er kerngesund aussah.

»Bob«, sagte sie und streckte ihm die Hände entgegen. »Es ist schön, dich zu sehen.«

»Ja«, sagte er langsam, ein großer Mann mit geschmeidigem Körper, einer Mähne aus grauem Haar und einem langgezogenen Westküsten-Tonfall. »Ich bin gesund und glücklich, Gott sei Dank.« Der Dialekt war zur Hälfte aufgesetzt, zur Hälfte entsprang er tiefen Cowboy-Wurzeln. Bob hatte so eine Stimme, wie sie in Nebraska im Radio Werbung für Viehfutter machte. »In letzter Zeit hatte ich Ärger wegen meiner Wohnung, aber geht uns das nicht allen so?«

Etwas an seiner Redeweise brachte seine Gesprächspartner dazu, daß sie auch so klingen wollten. Und so gab es nach fünf Minuten immer einen ganzen Raum voller Brooklyn-Cowboys und einem echten McCoy.

»Irgendwann«, sagte Pearl, »wird es in dieser Stadt nichts anderes mehr geben als Eigentumswohnungen und Mietskasernen.«

»Wie in *Clockwork Orange*«, sagte Bob. »Und wir werden die Droogies sein, die Hurensöhne.«

Alle hörten eine Weile auf zu reden und sahen sich um. Die verschiedenen Leute reagierten unterschiedlich auf Beerdigungen, und dann kam es auch noch darauf an, wer gestorben war. Manche waren wie immer betäubt. Manche waren resolut. Manche dachten an etwas anderes. Die meisten weinten sich die Augen aus.

»Hast du mal wieder was von Mario gehört?« fragte Molly.

»Weißt du«, sagte Bob, senkte die Stimme und dann den Kopf. Er war etwa einsfünfundneunzig groß und mußte sich tief herunterbeugen, um ein Geheimnis zu erzählen. So merkten immer alle um ihn herum, wenn er etwas zu verbergen hatte. Außerdem war sein Gesichtsausdruck immer zu erkennen, weil sich sein Kopf hoch über den Köpfen aller anderen befand.

»Ich möchte es einfach nicht noch einmal erleben, einen alten Freund anzurufen und von dem verdammten Tonband erzählt zu bekommen, daß seine Telefonnummer nicht mehr existiert. Und ich kann den Gedanken nicht ertragen, Mario zu schreiben und den Brief mit dem Stempel 'verstorben' zurückzubekommen. Das ist mir letzten Juli passiert, und es war furchtbar. Ich habe beschlossen zu warten, bis sich Mario bei mir meldet, und ich weiß und ich bete, daß er es tut.«

»Hör zu, Bob«, sagte Molly. »Wir müssen uns mal treffen. Es gibt viele angenehmere Orte als eine Kirche, um zusammenzukommen.«

»Ich bin ganz deiner Meinung.«

Sie wandten sich wieder einen Augenblick voneinander ab und ließen den Blick noch einmal über die Gesichter in der Menge wandern, nur um zu sehen, ob Mario da war.

»Hey, Bob«, fragte sie und zupfte an seinem perlenverzierten Gürtel, der sich auf Höhe ihres Kinns befand. »Wer ist denn der Typ, der da drüben in der Ecke steht?«

Es war derselbe Mann, den sie bei der Totenwache im Frühherbst gesehen hatte, als er Flugblätter verteilte. Und er war immer noch genauso weiblich. Seine braune Haut hob sich glänzend von einer pinkfarbenen Wollkombination ab, und an seinem linken Ohr sah sie mindestens sechs Ohrringe. Er diskutierte ernsthaft und leise mit drei anderen Männern, von denen einer der Surfer mit dem braunen Pferdeschwanz war, der ruhig und gelassen die Hand des schwarzen Mannes hielt.

»Das ist James Carroll. Der gutaussehende Kerl links neben ihm ist sein Geliebter, Scott. Sie sind schon sehr lange befreundet. Kennst du sie? Sie sind was ganz Außergewöhnliches. Besonders James ist ein sehr heller Kopf und ein leidenschaftlicher Mann.«

Bob sagte 'leidenschaftlich' mit einer Betonung auf dem L, die seine baptistischen Wurzeln zum Vorschein brachte und die ihn klingen ließ wie den Prediger in einer winzigen weißen Kirche mitten im Nichts, nur umgeben von Weideland.

»Ich hab' bei der AIDS-Totenwache ein Flugblatt von ihm bekommen. Was ist das für eine Gruppe, in der er arbeitet?«

»Das will ich dir sagen, Mollyschatz. Im Moment stehen uns nicht viele Möglichkeiten offen. Wenn du diskret bist, wirst du genau wissen, was ich dir jetzt sage. Es gibt eine Reihe von wunderbaren Männern, die absolut nichts zu verlieren haben. James schnappt sich 'ne Schweinegalle voll Bitterkeit und verwandelt sie in ein seidenes Portemonnaie.«

Da setzte die Musik ein und die Menschen, die sich versammelt hatten, zogen in einer langen Reihe in die Kirche.

Jeffrey hatte den Ablauf seiner eigenen Beerdigung geplant, und so begann sie mit Nina Simone, die wissen wollte, was für ein Gefühl es ist, frei zu sein. Der ganze Gottesdienst war genau wie Jeff, sentimental, wohldurchdacht und albern. Über seinen Sarg war eine Fahne der Rainbow Gay Liberation drapiert, und es gab für alle frische Erdbeeren und Feigen zu essen. An den Wänden hingen alberne Bilder von ihm, so daß die Leute herumschlendern und sich an das eine oder andere erinnern konnten. Dann sprachen verschiedene seiner Freunde über Kleinigkeiten — sein Rezept für Strudel, den Tag, an dem er sich das Haar blau gefärbt hatte, wie schlecht er Klarinette spielte. Sie lasen aus einigen seiner frühen Zeitungsartikel gegen die Schließung der Bäder vor. Er hatte geschrieben, daß die Stadt den Sex mit der Schließung der Bäder nicht beseitigen, sondern einfach nur weiter in den Untergrund treiben würde und daß die Informationen spärlicher fließen würden. Bei diesen Worten erwachten in der Kirche viele verschiedene Gefühle bei den Zuhörenden. Jemand redete darüber, wie Jeffrey damals einen Mann, der kein Geld hatte, bei sich aufnahm und ihm half zu sterben; damals, damals. Jeffreys Leben war kurz, voller Liebenswürdigkeit und voller Fehler. Auch er war ein menschliches Wesen, das ohne jeden Grund gestorben war. Ein ganz normaler, und doch außergewöhnlicher Mensch. Dann wurde ein Band abgespielt, auf dem Billie Holiday »These Foolish Things« sang, und Molly dachte: *Das erinnert mich an dich, Jeff.* Dann ging die Familie nach vorn und brachte einen Rabbi mit, der sich schließlich hinstellte und sagte: »Yiskadol veh yiskadosh shemay rabah«, das schien der einzige Teil der Trauerfeier zu sein, mit dem sie etwas anfangen konnten. Und dann heulten sie.

Hier und da weinten auch die meisten von Jeffreys Freunden und Freundinnen, aber im großen und ganzen waren sie von dem gefesselt, was es zu sehen und zu hören gab. Erst am Schluß, als alle die Kirche verlassen hatten und im leichten Schneegestöber auf dem Friedhof standen, war Zeit für stille Gedanken. Sie hielten sich schweigend bei den Händen und ließen sich den Schnee aufs Gesicht fallen. Er blieb an manchen Bärten und einigen langen Augenwimpern hängen und gab allen Gelegenheit, nach oben in das endlose Wirbeln der Schneeflocken zu schauen, die auf die Menschen herabrieselten, ohne daß erkennbar war, woher sie kamen. Da weinte Molly endlich. Und dann war es vorbei.

Auf dem Weg nach draußen, auf dem Gang, der zur Straße hinausführte, sah Molly Bob wieder, diesmal im Gespräch mit James Carroll. Sie sagten etwas zueinander, und beide schauten in ihre Richtung und lächelten. Sie lächelte zurück. Sie winkten ihr zu. Sie winkte zurück. Es war inzwischen später Nachmittag. Die Menge zerstreute sich, und alle kehrten zurück in ihren anderen Lebensbereich. Doch Molly machte beim Hinausgehen plötzlich kehrt und ging zu den beiden Männern hinüber.

»Worüber habt ihr geredet?« fragte Pearl auf dem Heimweg nach West Village.

»Er möchte, daß ich ihm einen Gefallen tue.«

»Wer ist er?«

»Ich bin mir nicht ganz sicher. Ein alter Freund von Bob? Ich weiß nur, daß er der einzige Mensch auf der Welt ist, der angesichts all dieser Beerdigungen zu mir gekommen ist und eine handfeste Aufgabe für mich hat. Ich hab' es satt, mich in Krankenzimmern hilflos zu fühlen.«

»Worum hat er dich gebeten?«

Beide klappten ihre Kragen hoch. Sie sahen aus wie zwei ganz normale Lesben an einem kalten Tag. Nur mit dem Unterschied, daß Pearl sehr schön aussah, während Molly nur schön war, wenn sie geliebt wurde. Vor jedem Häuserblock gab es Männer und Frauen, die nirgends hingehen konnten; sie kauerten unter Zeitungen und alten Kleidungsstücken oder lagen auf den Lüftungsschächten, um die Wärme der U-Bahn abzubekommen.

»Er hat mich gefragt, ob ich am Mittwoch Papiere für ihn in Empfang nehmen würde. Er sagte, ich muß einfach nur im Cinema Village im Kassenschalter bleiben, und dann kommen Männer und bringen mir die Papiere vorbei.«

»Was denn für Papiere? Klingt das nicht ein bißchen sehr nach Null-Null-Sieben?«

»Ich weiß nicht, Pearl. Dann soll ich später am Abend zu einer Adresse gehen, die er mir auf sein Streichholzbriefchen geschrieben hat.«

»Und die Sachen abgeben?«

Pearls Stimme klang gedämpft, wie in *Unheimliche Schattenlichter* oder *Die Unberührbaren*.

»Ja.«

»Wo ist das, Molly, in irgendeinem verlassenen Lagerhaus in Red Hook?«

Molly wühlte in den Tiefen ihrer Tasche.

»Jesses!«

»Was ist los?«

»Es ist im selben Haus wie Kates Atelier.«

22 KATE

Spiros hatte einen morbiden Geschmack, wenn es darum ging, ein Restaurant auszuwählen. Im letzten Jahr hatten sie im Exterminator Chili, im Pasta Death und im Saigon zu Mittag oder zu Abend gegessen. Dieses neue Lokal hieß Embalming Fluid und gehörte zu einer Kette von Weinstuben, die die Horne-Immobiliengesellschaft überall in der Stadt eröffnet hatte. Kate hätte sich dieses Restaurant nicht ausgesucht, aber Spiros mußte zu allen Trends des Stadtlebens eine Meinung parat haben.

Er hatte bereits eine halbe Flasche Wein getrunken, als Kate das Lokal betrat. Sie wußte, daß zwei weitere halbe Flaschen nötig sein würden, bevor die Verhandlungen richtig beginnen konnten.

»Wie geht's dir, meine Liebe? Meine liebe Kate, wie geht's?«

Er war ihr Kunsthändler, deshalb mußte sie ihm vertrauen. Andererseits konnte sie sich genau das absolut nicht leisten, schließlich war er kein Künstler. Das Beruhigendste — was sie stets im Hinterkopf behielt — war die Tatsache, daß er nur dann Geld verdienen konnte, wenn sie es auch tat. Ansonsten war es so, als wäre sie wieder bei Papa — unsichere Vertrautheit.

117

So widersprüchlich Spiros auch sein mochte, der alte Säufer, der in dem neuen Land Millionen verdient und dem alten Hunderttausende gestohlen hatte, er hatte doch ihr Leben verändert. Kate hatte sich seine Welt zu eigen gemacht und sich damit das Prestige und das Geld verschafft, das sie brauchte, um so zu leben, wie sie wollte. Keine Bühnenmalerei mehr für schlechte Stücke. Keine ernsthaften Kunststudentinnen und Studenten mehr. Und kein kommerzielles Design. Sie war von alldem befreit, dank Spiros, dem Mann, der sich für ihre Arbeit und ihre Karriere mehr Zeit genommen hatte als irgend jemand sonst, einschließlich Peter. Spiros nahm sich die Zeit, jedes Detail zu verstehen, weil davon in gewissem Maße sein Einkommen abhing.

Sie plauderten. Er wußte zu allem etwas zu sagen. Sie begannen mit dem Wetter, redeten beiläufig über Kates Anzug und ihre Krawatte und landeten schließlich bei persönlicheren Themen. Diese neue Künstlerin. Jener alte Künstler. Zwei Männer waren gestorben. Die Whitney-Biennale. Seine Tochter fuhr nach Griechenland.

»Bestell dir, was du willst«, sagte er immer.

Diese gelegentliche Schwelgerei machte das Leben um einiges angenehmer. Die Schwelgerei war in diesem Fall einerseits eine Investition und andererseits ein Anlaß für Investitionen.

Spiros war alt und sanft und weiß. Er hatte weiche Hände und benahm sich einer Künstlerin gegenüber nie unpassend. Allerdings hatte er die Angewohnheit, sich ab und zu, wenn er betrunken war, plumpvertraulich an eine Kellnerin heranzumachen. Seine Künstlerinnen, wie auch Kate, vertrauten ihm, weil er ihr Leben veränderte. Sie konnte gar nicht anders, als ihm die Wahrheit zu sagen.

»Ich habe Molly von der anderen Straßenseite ausspioniert und gesehen, daß sie zu einer Beerdigung ging. Die Trauernden begrüßten sich sehr herzlich. Peter hat recht gehabt, das sind außergewöhnliche Beerdigungen. Es herrscht da eine aufrichtige, freundschaftliche Trauer. Sie haben Übung darin.«

»Willst du etwa damit sagen, daß ihr beiden, du und Peter, bei AIDS-Beerdigungen Voyeure spielt?«

»Ja, wir sind wie diese Rechtsanwälte, die hinter den Unfallopfern her sind, um sie als Klienten zu gewinnen.«

»Wäre das nicht ein gutes Thema für ein Bild, Kate?«

»Was für ein Gedanke. Nein.« Sie schauderte. »Nein. Ich mache mir vor allem darüber Sorgen, daß Molly schon wieder zu so einer Beerdigung geht und mich noch nicht mal anruft, um mir davon zu erzählen, und mir in keiner Weise zu verstehen gibt, daß sie vielleicht etwas mehr Liebe braucht. Es gefällt ihr, neben Monstern zu stehen, um der Welt zu beweisen, was für ein guter Mensch sie ist. Sie ist mit voller Absicht gut.«

»Na, gibt es etwa noch eine andere ernst zu nehmende Rechtfertigung dafür, ein guter Mensch zu sein?«

Spiros legte seine dickliche Hand auf Kates schlanke. Ihre Finger waren länger, und ihre Fingernägel waren kürzer.

»Und Peter sitzt immer noch da und sieht manchmal lächerlich aus und älter, wenn er müde ist. Er redet in bedächtigem Ton, ist sich völlig sicher, daß er recht hat, will keine Zweifel zulassen. Wir reden über neue Skripts, neue Beleuchtungspläne, über das, was wir im Theater gesehen haben, über Socken und unser alltägliches stilvolles Interessengemisch.«

Sie lächelte.

»Wenn wir uns mit Bekannten treffen, diskutiert er über Baudrillard und Jack DeJohnette und wiederholt seine Betrachtungen Abend für Abend, bis er etwas Neues findet.«

»Das sind doch schöne Gesprächsthemen«, sagte Spiros sanft.

»Ich weiß. Wir haben beide einen so guten Geschmack und sind so intellektuell.«

»Und doch«, sagte Spiros und sah zu, wie sich die letzten Tropfen in sein Glas leerten. »Wie Thomas Mann sagte: 'Nur ein Anfänger glaubt, daß schöpferische Menschen Gefühle haben.' Und dem füge ich hinzu: *notwendigerweise.*«

Kate erhob ihr Weinglas wie ein Mann.

Spiros beobachtete, wie sie ihren Arm bewegte. Sie sah es.

»Kate, ich verstehe genau, was du sagst. Ihr seid über viele alte Themen einer Meinung, ihr habt mit den gleichen Dingen zu kämpfen und bittet euch gegenseitig, Besorgungen zu machen. Nun erzähl mir von deinem neuen Projekt.«

Spiros lehnte sich zurück und beobachtete sie, während sie sprach. Kate konnte sehen, daß er zuhörte. Sie spürte, daß sie klar und ungekünstelt reden konnte. Sie probierte, ihre Hände zur Bekräftigung in die Taschen ihres Jacketts zu stecken und sie wieder herauszuziehen, und auch das klappte gut. Dann entdeckte sie, daß es ihre Autorität unterstrich, wenn sie ab und zu ihr Jackett glattstrich. In dieser Kleidung hatte Kate das Gefühl, daß sie jeden beliebigen Vorschlag machen konnte, und zwar so, daß er vernünftig klang. Dann war sie fertig.

»Kate, was du da vorschlägst, ist ein Objekt. Ich bin Kunsthändler. Ich verkaufe nur Bilder, die die Leute mit einem Scheck bezahlen und im Taxi mit nach Hause nehmen können.«

Waren ihre Wangen gerötet? Sie hatte sich blamiert. Es lohnte sich nicht, zu versuchen, einen Galeriebesitzer von einer Sache zu überzeugen, mit der er kein Geld verdienen konnte. Warum war sie so naiv gewesen?

»Aber ich stelle einen neuen Ernst an dir fest, eine höhere Bereitschaft, den Dingen auf den Grund zu gehen, und das will ich unterstützen, so sehr ich nur kann. Letzte Woche hat sich ein prominenter Geschäftsmann mit mir in Verbindung gesetzt, oder besser gesagt, sein Beauftragter für kulturelle Angelegenheiten.«

»Was will er denn, ein Wandgemälde für sein Arzneischränkchen?«

»Nein, nein, eigentlich ganz im Gegenteil. Ich erfuhr bei dieser Gelegenheit, daß die Stadt im Rahmen der Vorbereitungen zur Bürgermeisterwahl eine symbolische Geste zugunsten der Kunst machen will. Sie haben den Immobilien-Investoren Steuererleichterungen in Millionenhöhe versprochen, wenn diese Mittel zur Verfügung stellen, damit für die Öffentlichkeit zugängliche Kunstwerke auf ihrem Grund und Boden entstehen können. Es laufen schon einige Projekte, bei denen frühere öffentliche Gebäude, die seit langem baufällig sind, renoviert und samt Grundstücken in Privateigentum umgewandelt werden. Die öffentlichen Einrichtungen werden auf Containerschiffe ausgelagert. Das Büro des Bürgermeisters will für diese Kampagne mit einer Busfahrkarten-Aktion unter dem Motto »Privatsphäre ist Gold« werben, um die Öffentlichkeit günstig zu stimmen. Und ich weiß, daß es unter anderem um große Park- und Gehwegflächen geht, die für das Projekt, das du im Kopf hast, geeignet wären. Ich denke, daß ich dir helfen kann, in dieses Zuschußprogramm aufgenommen zu werden. Ehrlich gesagt, das ist die einzige finanzielle Möglichkeit für dich im Moment, und dein Kunstwerk würde von den Leuten auf der Straße auf dem Weg

zur Arbeit gesehen werden, et cetera. Es würde nicht in irgendeiner exklusiven, abgelegenen Galerie verschwinden.«

Sie trank ihr Glas Wein in einem Zug aus.

»Interessiert?«

»Warum bin ich so mißtrauisch, Spiros? Ich hab' noch nie
was mit Geschäftsleuten oder großen Firmen zu tun gehabt.«

»Nun, deine Arbeit wird allmählich größer. Sie muß in grö-
ßerem Umfang finanziell unterstützt werden. Diese Männer
sind die Mäzene der heutigen Zeit. Es ist besser, wenn sie ihre
freien Gelder für die Kunst ausgeben als für die Contras.«

»Aber was ist, wenn sie sie für beides ausgeben?«

»Sieh mal, Kate«, sagte er und nahm wieder ihre Hand. »Es
wird nicht in ihren privaten Büros versteckt. Es wird von den
Leuten in New York City gesehen werden.« Er ließ die Hand
sinken. »Und das ist das Beste, was ich tun kann.«

Kate wollte eigentlich direkt von dem Restaurant aus nach
Hause, aber dann beschloß sie, ins Atelier zu gehen, und
landete statt dessen schließlich auf der Beerdigung. Sie stand
auf der anderen Straßenseite und sah zu. Der Gottesdienst
schien zu Ende zu sein. Da vorn waren Molly und Pearl, um-
ringt von vielen Schwulen. *Diese Leute auf der Beerdigung, das
ist es*, dieser Gedanke kam über sie wie eine Urteilsverkündung.
Die Verwandten stachen sofort heraus. Sie sahen bedauerns-
wert aus, wie sie sich dicht aneinanderdrängten und vor der
Gemeinschaft der trauernden Freunde und Freundinnen zu-
rückwichen. Sie hatten für all das kein Verständnis. Sie versag-
ten sich selbst den Trost, der doch in greifbarer Nähe war. Sie
hatten nicht genügend Fragen gestellt, um nützlich zu sein.

Kates eigene Eltern hatten sie zu einem bequemen Leben erzogen. Sie hatten sie gelehrt, ein Ziel zu verfolgen, aber sie waren verschiedener Meinung darüber, worin dieses Ziel bestehen
sollte. Kate konnte noch immer nicht unbefangen mit ihrer
Mutter umgehen, obwohl sie über siebzig war. Ihr Vater war
stiller und stiller geworden und schließlich gestorben. Peter
würde genauso werden. Sie dachte voller Liebe an sie alle.

Sie hatte verschwommene, schemenhafte Erinnerungen, bei
denen sie das Gefühl bekam, es seien eher einzelne Begebenhei-
ten gewesen als Beziehungen. Etwas Verbotenes war mit einem
anderen Mädchen geschehen. Was war es? Ihre Cousine hatte
Schamhaar, dick, schwarz und glitschig. Es war geheimnisvoll

und voller sexueller Spannung, im Alter von sieben Jahren vom Haar einer älteren Cousine erregt zu werden. Wollte sie all diese Dinge wirklich wissen? Kate war sicher, daß es noch viele weitere Einzelheiten gab, aber welchen Schluß sollte sie daraus ziehen?

Sie ging durch die Tür zu ihrem Atelier. Diese Verwandten dort. Sie kamen nie dahinter, wer ihr Sohn eigentlich war, deshalb konnten sie, als er starb, seine Beerdigung nicht begreifen. Sie standen abseits, konnten bei seinen Freunden und Freundinnen, die als Gemeinschaft vor ihnen gestanden hatten, keinen Trost finden. Es lag ein Mangel in dieser Art von Ignoranz. Die Verwandten gingen ihr nicht mehr aus dem Kopf.

23 PETER

Was ist denn das?« sagte Peter und zog an ihrem Schlips. »Kommt der Annie-Hall-Look wieder in Mode?«

Sie antwortete nicht.

»Wie läuft's mit deinem neuen Projekt?«

»Ich hab' anfangs eine Menge Erdtöne verwendet, aber dann nahmen Lila, Synthetik- und Metallicfarben überhand, deshalb bin ich für eine Weile davon abgekommen.«

»Benutzt du die Zeitungsausschnitte noch? Ich möchte bald mal vorbeikommen und es mir ansehen.«

»Ja, ich hab' mit den Fotos eine Collage gemacht, eine Menge Farbe für den Untergrund genommen, und dann ging es nicht, und ich habe wie eine Verrückte mit einer Rasierklinge daran herumgekratzt.«

Peter überlegte, wie er sie zum Lachen bringen konnte. In letzter Zeit hatten zwischen ihnen solche Spannungen geherrscht. Er wußte, daß sie sich wieder mit dieser Frau traf, aber diesmal verhielt sich Kate merkwürdig. Es wurde immer schwerer, die Sache zu überschauen.

»Ich gehe spazieren.«

123

Sie sagte nichts. Weder »Kann ich mitkommen?« noch »Wohin gehst du?«

Wir schlafen noch miteinander, dachte er. *Also, wo ist das Problem? Ist Kate schon in dem Alter, wo sie in die Wechseljahre kommt?*

»Peter?«

»Mmhm?«

»Ich habe Träume am hellichten Tag.«

Na endlich, dachte er erleichtert. Peter ging zu Kate hinüber und setzte sich hinter sie auf die Couch. Sie saßen gern so zusammen. Er streckte sich dann hinter ihr aus und wurde zu einem der Polster, in das sie hineinsinken konnte.

»Menschenmöbel«, sagte sie mit einem Seufzer der Erleichterung. Das sagte sie immer, wenn er das tat. Sie konnten sich normal benehmen. Er konnte sie auch jetzt, wie sonst immer, trösten. Daran würde sich nichts ändern.

»In meinem letzten Traum flog ich als Touristin nach Vietnam. Ich vergaß, meinen Reiseführer mitzunehmen. Ich saß im Flugzeug und bekam Panik. Ich dachte: *Das hast du nun davon. Wie dumm, dir wegen eines Reiseführers Sorgen zu machen, wenn die Leute nicht genug zu essen haben.* Es war nicht das vom Krieg erschütterte Vietnam, sondern das moderne kommunistische. *Den Menschen hier sind deine Dollars egal*, sagte ich mir. *Du dummes Ding, in einer Volksrepublik gibt es doch keine Touristenattraktionen.* Was wir als selbstverständlich hinnehmen, zum Beispiel die Tatsache, daß die Schilder auf dem Flughafen ins Englische übersetzt werden, sind nur einzelne Aspekte des Kapitalismus. Weißt du?«

Das hatte Peter nun nicht gerade erwartet. Er wollte etwas über Angst oder über ihre Familie hören. Er wollte, daß sie sagte: »Peter, ich liebe dich so sehr. Ich will nicht, daß jemals etwas zwischen uns steht.«

Er wollte etwas Zärtliches hören, etwas, bei dem er ihr seine starke Seite zeigen konnte, und keine Träume über Ho-Chi-Minh-Stadt. Jedesmal wenn er sie ansah, erschien sie ihm älter. Sie blieb nicht so gut in Form wie er. Sie schlief nicht genug und hatte zuwenig Bewegung. Kate würde auf keinen Fall durch den Winter kommen, ohne krank zu werden.

»Ißt du auch genug, Katie? Im Kühlschrank ist Hühnchen. Hast du schon was davon gegessen?«

»Ja«, log sie. Dann schien sie es zu bereuen. Er streckte seine Hand aus und berührte sie. Er begann ihr den Nacken zu massieren.

»Das tut gut.«

Alles war in Ordnung. Er sollte sich zusammennehmen und nicht zulassen, daß ihn so eine Lesbe paranoid machte.

»Ich nehme den Müll mit runter«, sagte er. »Ich habe diese neuen Müllbeutel gekauft, weil die anderen immer auf der Treppe kaputtgegangen sind. Hat der Hausmeister die Gegensprechanlage schon repariert?«

»Nein«, sagte Kate. »Noch nicht.«

»Ich hab' mit Don telefoniert«, sagte er, während er ihr die Schultern massierte. »Er wollte wissen, was er zu einem Vorstellungsgespräch beim Städtischen Theater anziehen sollte. Ich habe ihm geraten, nüchtern zu sein.«

»Ich hätte gesagt, er sollte sich genau wie Joe Papp anziehen, lässiges Jackett, weißes Hemd, keine Krawatte.«

Peter begann sich zu entspannen.

»Ich hab' für heute abend Karten bekommen«, sagte er. »Es fängt um neun an. Ich konnte mich nicht zwischen Pounds *Elektra* und diesem *Tango*-Ding von Borges entscheiden. Ich dachte mir, die Spielzeit der *Elektra* würde wahrscheinlich zuerst auslaufen. Außerdem können wir für den *Tango* sicherlich Freikarten fürs Wochenende bekommen, aber für den Pound konnte mir Carrie nur Freikarten für einen Wochentag versprechen. 'Seehund mutiert in der Gischt.' Ist das von Pound?«

»Ich weiß nicht.«

»Natürlich weißt du es. Laß es uns nachschlagen.«

»Mir ist im Moment nicht danach, dieses Spiel zu spielen«, sagte sie. Dann sagte sie: »Es tut mir leid, Peter, ich fühle mich überhaupt nicht wohl.«

»Das tust du immer. Du sagst immer etwas richtig Verletzendes, und gleich darauf entschuldigst du dich, damit ich mich nicht darüber ärgern kann und damit du nicht so ein schlechtes Gewissen haben mußt.«

»Ich habe kein schlechtes Gewissen.«

»Nun«, sagte er, stand abrupt auf und zog seine Jacke über. »Das solltest du aber.«

Dann wartete er darauf, daß sie etwas sagte. Er wartete darauf, daß sie sagte »Du hast recht« oder »Sei still«, um ihm irgendeinen Angriffspunkt zu bieten. Doch sie schloß nur die Augen und zog sich vor ihm zurück. Sie machte es sich am anderen Ende der Couch zu einem Nickerchen gemütlich.

»Ich werde um sieben zurück sein«, sagte er. »Willst du vor der Vorstellung was essen?«

»Ich muß mal sehen. Ich fühle mich nicht besonders wohl.«

»Was heißt das, 'nicht besonders wohl'?«

»Nicht richtig krank. Nur eine ganz normale Erkältung oder so was. Mach einen schönen Spaziergang. Bring mir ein paar Zeitschriften mit.«

Für dieses Kunstprojekt, dachte er. Sie schnitt mit Feuereifer Sachen aus allen möglichen Zeitschriften aus — *True Detective, People, National Geographic, Personal Management, Heavy Metal.*

»Peter?«

»Ja?«

Das taten sie immer, sich zurückzurufen. Sie steckten sich immer gegenseitig die Hände in die Taschen.

»Wenn du nicht dieses Leben leben würdest, was denkst du, was du jetzt tun würdest?«

»Ich wäre Vater«, sagte er ohne Zögern. »Vielleicht würde ich an einer Schule in New England unterrichten. Nach der Arbeit im Keller basteln. Eine Kinder-Baseballmannschaft trainieren. Wäre ein rechtschaffener Bürger.«

»Ich hätte Hausfrau werden können«, sagte sie, »eine alkoholabhängige. Oder eine frigide Karrierefrau. Wahrscheinlich wäre ich an einer Grundschule Kunstlehrerin geworden, hätte zwanzig Jahre lang ein Verhältnis mit dem verheirateten Physiklehrer gehabt, die Annäherungsversuche des Hausmeisters ignoriert und den zwölfjährigen Mädchen auf die Beine geschaut. Was sonst tun seltsame Frauen an normalen Orten? Ich hätte auf der Main Street die Kathleen-Connell-Tanzakademie eröffnen und jedes Jahr zu Weihnachten im Keller der Calvary-Kirche die *Nußknacker-Suite* aufführen können. Ich würde meine Lebensmittel in einem beigefarbenen Trikot und Ballettschuhen einkaufen. Oder ich hätte auch Nutte werden können, im Sly Fox Café in Covington, Kentucky. Aber bei all diesen Möglichkeiten würde ich am Ende doch mitten in der Nacht losziehen, um mir Alkohol zu kaufen, und nur das Einkaufszentrum würde noch offen haben.«

24 PETER

Warum mußte sie das über die zwölfjährigen Mädchen sagen?

Peter vergrub seine Hände in den Taschen, während er die Sixth Avenue entlangging. Er wußte, daß sie mit solchen Dingen um sich warf, nur um ihn zu verletzen. Sie mußte ihm zu verstehen geben, daß sie tun würde, was sie wollte, egal wie er sich dabei fühlte. Sie konnte ihn mal am Arsch lecken. Er konnte auch Affären haben, er tat es nur nicht. Da war diese Schauspielerin in *Die Neger* gewesen, Sandra King. Mit der hätte er eine Affäre haben können. Ihr Hautton war perfekt für das Rampenlicht. Sie hatte weiche, tiefbraune Haut, wie feines Leder. Er hatte noch nicht oft eine schwarze Besetzung ausgeleuchtet, und er konnte nicht aufhören, die Frau im Scheinwerferlicht anzuschauen. Ihr Haar war entkraust, und das war damals keine Mode. Sie trug es zurückgebunden, wobei ihr Haaransatz sichtbar wurde, der der Traum eines jeden Bühnenbildners war, er erinnerte an die mexikanische Küstenlinie, vom Flugzeug aus betrachtet. Er umrahmte ihr Gesicht perfekt. Kate malte damals noch Bühnenbilder, und oft wurde sie das schnell leid und ging früh, während Peter noch lange blieb und weiterarbeitete. Sandra besaß kräftige, knochige Züge, und ihre Haut war so straff gezogen wie ihr Haar, sie spannte sich über ihre Brust. Sie trug große Ohrringe und bewegte beim Sprechen ruckartig ihre Hände auf und ab, als zöge sie sich einen mit Dornengestrüpp bewachsenen Hügel hinauf. Er wollte sie am Meer sehen. Er erinnerte sich an eine lebhafte Phantasie, in der er nachts auf einer Klippe am Meer stand, die Arme um sie gelegt, und in der sie beide zusammen aufs Wasser hinaussahen, bis sich die ersten bernsteinfarbenen Strahlen der Morgendämmerung in die Stadt schlichen. Und so mischte er eines Tages eine Spur Bernsteingelb in die Rahmenbeleuchtung, und als sie sich zur rechten Seite der Bühne wandte, zog er das Blau hoch und gab dann langsam, während er vielleicht bis zwanzig zählte, das Bernsteingelb dazu. Es stand nur auf Stufe drei, aber es war da, und sie war am Meer. Peter erinnerte sich, daß die Nacht kalt war, ihr Körper aber war warm, und während das Wasser gurgelnd auf den Strand lief, wußte er, daß er in sie eindringen und mit ihr unter vielen Laken liegen würde.

In Wirklichkeit tranken sie einmal einen Kaffee zusammen. Sie war mit einem jüdischen Schauspieler verheiratet. Sie hatten ein Kind. Sie machte sich die üblichen Sorgen. Nachdem die Spielzeit zu Ende war, hörte und sah er jahrelang nichts von ihr, bis sie sich eines Morgens zufällig im Washington Square Park beim Joggen trafen. Sie sagte, sie sei geschieden und arbeite als Einkäuferin für Damen-Bademoden.

Peter trug eine neue schwarze Lederjacke. Sie war so weich und roch großartig, wie ein gemütlicher Stuhl oder wie das Land. Sie schenkte ihm an diesen dunklen, kalten, grauen Tagen in New York City ein Gefühl von Sinnlichkeit und Sicherheit. Der Winter ließ die Straßen für einen Augenblick still, fast nachdenklich werden und weckte die Illusion, daß die Stadt sicher und überschaubar sei. In solchen Momenten waren praktisch keine lauten Geräusche zu hören.

Er blieb am Kinocenter — Cineplex Odeon Horne Quad Movie Center (dem früheren Waverly Theater) — stehen, um zu sehen, was für Filme liefen. Es gab eine Action-Schmonzette mit jungen Schauspielern, die gerade in Mode waren, einen offensichtlich langweiligen England-Import und zwei Filme, in denen sich alles um einen Schauspieler beziehungsweise eine Schauspielerin drehte. Er konnte auf den Postern erkennen, daß in dem Film mit dem männlichen Star alle möglichen Formen des technisierten Todes vorkamen und daß der Film mit dem weiblichen Star von jeder Menge aufgesetzten ausländischen Akzenten lebte. Dann bemerkte er zwei Frauen, halb so alt wie er, die sich an ein Auto gelehnt küßten. Er starrte sie an. Sie waren wirklich schön, beide mit langem dunklem Haar, und er war fasziniert von ihrer völligen Selbstvergessenheit; wie sie sich in aller Öffentlichkeit mitten auf der Straße küßten. Ihre Latzhosen rieben sich aneinander. Die eine hatte ihre Finger in die Gürtelschlaufen der anderen geschoben. Als die andere sie auf den Nacken küßte, drehte sie den Kopf, und da, eigentlich durch Zufall, sah sie Peter direkt in die Augen. Ihr Gesicht war von Kälte und Lust gerötet. Kaum hatte sie diesen Mann dabei ertappt, wie er sie anstarrte, ließ sie ein Lachen wie ein Messer aufblitzen. Es war eine Waffe, ein Anstarren und ein eisiger Widerstand. Ihr Blick war eine ausdrückliche sexuelle Trotzreaktion auf ihn und seinen Blick. Doch dann blieben ihre und seine Augen in plötzlichem Erkennen aneinander hängen, und das veränderte die Miene der Frau. Sie fiel ihr buchstäblich aus dem Gesicht, rollte über den Gehweg und wurde sofort von einem schuldbewußten Gesichtsausdruck abgelöst. Die Veränderung war so deutlich, daß Peter mit einem Schlag bewußt wurde, daß er zu guter Letzt direkt mit Molly konfrontiert wurde und sie gleichzeitig dabei erwischt hatte, wie sie seine Frau mit einer anderen betrog; der Schock ließ ihm die Haut ans Leder anfrieren. Er spürte, daß Kates Ehre verletzt worden war, und schämte sich dann aus eigenem Ehrgefühl. Aber endlich hatte er dieses Gesicht einmal richtig gesehen.

Sie hat einen Damenbart, dachte er. *Und sie ist fett. Nicht direkt fett, aber eindeutig nicht in Form. Ihre Kleider passen ihr nicht richtig.*

Er war erstaunt. Kate verwendete so viel Sorgfalt auf ihr Aussehen, daß er sich vorstellte, eine Frau, die eine Beziehung mit ihr hatte, würde genauso sein. Eine Frau ist schließlich eine Frau. Sie sollte sich zu der Art von Frauen hingezogen fühlen, zu der sie selbst gern gehören würde. Doch diese hier trat betont forsch auf. Er hätte sofort gemerkt, daß sie lesbisch war. Sobald es eine echte Meinungsverschiedenheit gab, würde sie sich wie eine richtige blöde Ziege benehmen und einem Mann, rein aus Prinzip, keine Zugeständnisse machen. Dann würde er

Ausflüchte erfinden müssen, um wegzukommen, bevor sie ihn beschuldigte, ein Sexist zu sein. Sie waren alle so.

Molly wandte sich von ihm ab und sagte etwas zu ihrer Begleiterin, die zuerst aufblickte, sich dann aber auch abwandte. Sie gingen händchenhaltend die Straße entlang weiter und schauten sich kein einziges Mal um. Peter wußte das, weil er ihnen die ganze Zeit nachschaute. Dann zahlte er den Eintritt fürs Kino, ohne sich zu erinnern, welchen Film er sich ausgesucht hatte, und ging direkt auf die Herrentoilette. Dort stand er schwitzend in der Kabine, nahm seine Eier in die Hand und schaukelte vor und zurück. Es hinterließ einen Geruch auf seinen Händen, den er mochte. Seine Eier trieften. Peter dachte an etwas ganz Ungewöhnliches. Er erinnerte sich an einen Tag wie diesen in New England, eine langvergessene College-Erinnerung. John Craig hielt ihn in der Mensa an, um ihm zu sagen, er kenne ein Mädchen, die an diesem Abend in der Wohnung ihres Bruders fünf Typen ficken würde. Johnny würde dafür sorgen, daß Peter einer der Typen war.

Sie gingen alle hinüber und saßen auf der Wohnzimmercouch, zuerst kichernd und dann feierlich Scotch schlürfend, während einer nach dem anderen hinter der geschlossenen Schlafzimmertür verschwand. Fünfzehn Minuten später tauchten sie dann wieder auf, zerzaust, aufgewühlt und grinsend. Peter war als letzter dran. Er war nicht gewöhnt zu trinken und fühlte sich kribblig und leicht. Er hatte einen Harten, die ganze Stunde lang, in der er darauf wartete, an die Reihe zu kommen. Aber von dem Geruch in diesem Schlafzimmer wurde ihm irgendwie schwindelig, gleich als er hereinkam. Es roch streng, wie im Schlachthaus, und überall auf den Laken war Schleim. Er zog seine Hosen herunter, und sie formte mit ihren Händen und mit Speichel eine kleine, nasse Vertiefung auf ihrem Bauch, in die er hinein- und wieder herausglitt, bis er kam. Dann stand er auf, seine Hosen auf Kniehöhe, sah sie an und sagte: »Warum machst du das?«

Doch sie lachte nur. Ihr Gesichtsausdruck war so leer und beängstigend, daß er seine Eier festhielt und vor- und zurückschaukelte, vor und zurück, als klammere er sich an ein Schlepptau, das ihn wieder in Sicherheit bringen konnte.

25 MOLLY

Molly brachte Pearl am frühen Mittwochmorgen zur Bushaltestelle und verbrachte den Rest des Vormittags damit, bei einer Tasse schwarzem Tee aus dem Fenster zu starren. Mittags ging sie zur Arbeit und begrüßte als erstes Danny vom Süßwaren- und Getränkestand. Sie fingen den Tag immer damit an, daß sie Cola mit extra Sirup tranken, um sich für die Kinobesucher fit zu machen. Sie konnte von allem, was sich nicht zählen ließ, essen, soviel sie wollte, und das hieß, beliebig viel Limo und Popcorn, aber keine Schokoriegel, denn das würde bei der Inventur auffallen. Dann setzte sie sich in ihr Kassenhäuschen, legte neue bunte Rollen mit Eintrittskarten bereit, füllte den Kassenbericht aus und löste das Kreuzworträtsel.

Im Hauptprogramm liefen an diesem Tag die Filme *Sie sind verdammt* und *Nachtportier*, und das zog alle Nazi-Freaks und sogenannten dekadenten Typen an, außerdem eine Menge Männer, die zum Masturbieren kamen, und ein paar Studierende von der Filmakademie. Hin und wieder tauchte ein dünner, nervöser Mann vor der Scheibe auf, ohne eine Eintrittskarte zu verlangen. Er griff nicht nach seiner Brieftasche.

»Justice?« fragte Molly dann im gleichen Tonfall, in dem sie sagte: »*Nachtportier*?« Daraufhin schob der Mann ein gelbes Papier durch den Geldschlitz, und sie sagte: »Danke. Schönen Tag noch.«

Nicht alle Männer, die etwas bei ihr ablieferten, waren so geheimnisvoll. Ein paar von ihnen kamen mit Freunden herangeschlendert.

»Einen Moment, bitte. Ich soll das hier abliefern. Tag übrigens. Sind Sie von Justice?«

Dann lächelte sie, und der Mann lächelte und ging seiner Wege. Einer stieg voll ein und signalisierte seine kämpferische Stimmung mit den Worten »Danke, Schwester«, dazu ließ er zwei Finger seiner rechten Hand zum Victory-Zeichen hochschnellen und ballte dann zum Abschied die Faust. Entweder war er ein alter Radikaler, oder er wollte ihr die Handzeichen vorführen, die er im 'Mineshaft'* aufgeschnappt hatte.

Den ganzen Tag über nahm sie kleine gelbe Zettel in Empfang und sah sie sich kein einziges Mal näher an. Sie nahm ihren Auftrag als Kurierin sehr ernst. Dann kam Kate an den Schalter, mit weichem Filzhut und Nadelstreifen.

»*Nachtportier*?«

»*Sie sind verdammt*, bitte. Du fehlst mir. Wann können wir uns treffen? Ich bin geil. Wann hast du Feierabend?«

Jetzt, da Kate Männerkleidung trug, war sie viel direkter geworden, bemerkte Molly. Und hier kam sie nun und sagte ohne Umschweife, was sie wollte. Vielleicht würde es jetzt nicht mehr ganz so lange dauern wie früher, bis das Telefon klingelte. Andererseits ärgerte es Molly ein wenig, Kate sagen zu hören, sie sei geil, denn dafür war ihr Mann da, und wenn er seinen ehelichen Pflichten nicht in ausreichendem Maße nachkommen konnte, wieso war dieser Kerl dann immer noch im Rennen?

»Ich muß heute abend zu einer Versammlung. Sie findet in

---

* *Nachtrag der Autorin für die deutsche Ausgabe:*
Das 'Mineshaft' war der berühmteste schwule Sexclub New Yorks, in dem radikale Sexpraktiken gezeigt wurden. Der Club wurde in der ersten Welle der AIDS-Hysterie geschlossen – gegen das Bestreben der Führer der Schwulenbewegung, die Sexclubs als Möglichkeit nutzen wollten, Safer Sex zu propagieren und über AIDS aufzuklären. Durch die Schließung der Sexclubs wurde der schwule Sex von den Behörden in den Untergrund getrieben, so daß es keine zentralen Orte mehr gab, wo Aufklärungsarbeit geleistet werden konnte.

dem Haus statt, in dem du dein Atelier hast. Es hat was mit AIDS zu tun. Kennst du einen älteren Schwarzen namens James Carroll, der dort wohnt?«

»Weißt du, ich bin zu so komischen Zeiten unterwegs, daß ich nicht viel von den anderen Mietern mitbekomme, aber es kann sein, daß ich ihm irgendwann schon mal begegnet bin.«

»Er hat einen jüngeren Freund, der wie ein echter Denker aussieht.«

»Kann sein.«

»Warum kommst du nicht mit? Warum schleichst du dich nicht für einen Moment in dieses Kassenhäuschen und streichelst mir den Hintern, während der Boß damit beschäftigt ist, sich sein Crack reinzuziehen?«

Kate erschien wieder, als das Kino zumachte, und verfolgte mit großem Interesse, wie die letzten drei Zettel bei Molly abgegeben wurden. Sie blätterte beim Gehen in den Papieren.

»Es sind alles Wohnungskündigungen«, sagte sie.

»Das dachte ich mir.«

»Sie sind alle von meinem neuen Vermieter.«

»Wer ist das?«

»Die New York Realty-Immobiliengesellschaft. Eine Tochterfirma von Horne, glaube ich. Schau, hier steht, daß seine Gesellschaft als Klägerin auftritt... bei jedem dieser Fälle. Ich habe gerade vor zwei Wochen erfahren, daß er das Haus gekauft hat, in dem ich wohne, aber ich habe keine Kündigung bekommen. Siehst du, auf diesen drei Zetteln steht die gleiche Adresse wie meine.«

»Kennst du die Leute?« fragte Molly und blickte über Kates Arm. »Vielleicht sind es sogar noch mehr Kündigungen als diese hier. Ich glaube, heute sammeln noch drei oder vier andere Leute.«

»Wer sind diese Mieter?« fragte Kate, die noch immer in den gelben Zetteln blätterte. »Pablo Guzman. Das muß der Latino aus Apartment zwölf mit dem Diamantstecker im Ohr sein. Und Nummer fünf?«

»Ist das nicht der junge Typ mit dem punkigen Haarschnitt, der nachts eine Sonnenbrille trägt?«

»Kann schon sein. Und Nummer drei, O'Rourke. Über den hab' ich mich wirklich schon oft gewundert. Er ist jeden Abend ziemlich spät weggegangen und drei Stunden später wiederge-

133

kommen. Ich konnte hören, wie er seine Tür auf- und zuschloß. In letzter Zeit allerdings nicht mehr.«

»Das will ich auch nicht hoffen. Ich glaube, durch die Bars ziehen und Männer anmachen ist nicht mehr cool. Aber wer weiß. Na, es sieht jedenfalls so aus, als würden alle Schwulen aus deinem Haus rausfliegen. Steht da drin, mit welcher Begründung?«

»Haustiere. Sie werden alle rausgeworfen, weil sie Haustiere haben.«

»Hunde und Katzen und so?«

»Ja, es sieht so aus, als würde jedem Schwulen in der Nachbarschaft die Wohnung gekündigt. Woher wissen sie denn, wer einer ist und wer nicht?«

»Nun, das werden wir heute abend erfahren«, sagte Molly und glitt unter Kates Arm. Sie küßten sich.

»Haben Sie Kleingeld übrig?«

Sie blieben stehen und griffen beide in ihre Taschen.

»Tag, wie läuft's?«

»Miserabel. Es ist zu kalt. Das hier ist schwer, sehr schwer.«

»Rettet die Penner«, sagte ein Penner.

Sie blieben stehen, und Molly gab ihm fünfzehn Cents. Kate gab ihm zwanzig.

Sie warteten an der Ampel an der Ecke und küßten sich tief. Sie gingen an einem Mann vorbei, der eine Mülltonne durchsuchte, wobei er die Plastik-Müllbeutel an der Unterseite aufriß und mit den Fingern verdorbene Essensreste aß. Sie kamen an einer Frau mit einem Baby im Kinderwagen vorbei. Sie bat um etwas Geld. Kate und Molly gaben ihr je einen Dollar.

»Hey, Molly.«

Ein Schwarzer mit einer Wollmütze kam über die Straße. Er nickte Kate kurz zu, drehte sich dann um und sprach so leise, daß er Molly in ein privates Gespräch hineinzog, weil sie sich gezwungen sah, näher an ihn heranzugehen.

»Tut mir leid, daß ich dich neulich verpaßt hab.«

»Ich hab' nicht lange genug gewartet. Alles in Ordnung mit dir?«

Er sah furchtbar aus. Er wirkte fünfzehn Jahre älter.

»Gib mir zehn Dollar. Ich zahl' sie dir zurück.«

Er roch widerwärtig. Molly merkte, daß ihr schlecht wurde, weil sie so dicht neben ihm stand. Er stank.

»Nur zehn.«

Sie sah ihm direkt in seine blutunterlaufenen Augen, wie es alle New Yorkerinnen tun, wenn sie nein sagen wollen.

»Charlie, alle brauchen zehn Dollar, und du brauchst immer zehn Dollar, und sogar ich brauche zehn Dollar, und ich werd' dir kein Geld geben, damit du es verkoksen kannst. Willst du was essen?«

»Ja.«

»Was willst du, Pizza?« Sie hatte es eilig.

»Nein, davon kriege ich Bauchschmerzen. Wie wär's mit French Toast, Eiern und ein paar Würstchen?«

Sie griff in ihre Tasche und suchte darin herum.

»So viel kann ich dir nicht geben. Wie wär's mit Eiern und Kartoffeln und Kaffee?«

»Okay, aber da drüben«, sagte er und wies mit dem Kopf zu dem Coffee Shop auf der anderen Straßenseite, wo man sich hinsetzen konnte. »Der andere da«, sagte Charlie und meinte damit den Stehimbiß, »ist gräßlich.« Seine Hände waren zu kalt, um sie aus den Taschen zu nehmen. »Das Essen besteht nur aus heißem Fett.«

»Okay, warte einen Moment.«

Molly lief über die Straße und bahnte sich einen Weg durch die Leute, die vor großen Schüsseln mit dicker Suppe saßen und aufzutauen versuchten.

»Sehen Sie den Mann da drüben, mit der roten Mütze?« sagte sie zu einer polnischen Kellnerin ohne Arbeitserlaubnis. »Lassen Sie ihn für fünf Dollar Essen bestellen, und hier ist ein Dollar für Sie.«

»Wer ist das?« fragte Kate.

»Er war mal ein Freund von mir, aber jetzt ist er auf der Straße. Ich kann ihn nicht zu mir in die Wohnung lassen, er würde alles klauen und nie mehr weggehen.«

Sie küßten sich wieder und wurden wieder angehalten. Beide gaben ihr letztes Kleingeld.

»Da versuchen wir nun, eine stinknormale, heimliche lesbische Liebesbeziehung zu führen«, sagte Molly. »Und überall um uns herum sterben Menschen oder betteln um Geld.«

»Es ist absurd, jeden Tag Menschen leiden zu sehen.«

»Und es so wenig an sich heranzulassen«, sagte Molly. »Das ist das Beunruhigende daran.«

»Was meinst du damit, *'nicht an sich heranlassen'*? Wir sehen das doch ständig.«

»Okay, Kate, aber in unserer Stadt gibt es so viele Schichten, daß Menschen sich physisch an der gleichen Stelle befinden können und doch nie etwas miteinander zu tun haben. New York ist für Tausende von Menschen ein Todeslager, aber sie müssen gar nicht eingesperrt werden, damit wir ihnen nicht begegnen. Die gleichen Straßen, auf denen ich mich amüsiere, sind für jemand anders die Hölle.«

»Aber immer mehr Künstlerinnen und Künstler arbeiten an Werken zum Thema AIDS. Es gab bereits Ausstellungen im Whitney, im New Museum, im MOMA, im DIA ... ich kann sie gar nicht alle aufzählen.«

»Und was bringt das?«

»Molly, Kunst ist etwas sehr Politisches. Sie lehrt die Leute, die Dinge auf eine neue Art zu sehen. Meine Kunst ist meine politische Arbeit. Form ist Inhalt. Neue Formen sind revolutionär.«

»Ich glaube nicht, daß du dich mit dieser Erklärung zufriedengeben würdest, wenn es dir zustoßen würde.«

»Es könnte mir zustoßen«, sagte Kate. »Es könnte dir zustoßen.«

»Ich werde kein AIDS bekommen«, sagte Molly.

»Ja, aber du könntest obdachlos werden. Was wäre denn, wenn dein Haus abbrennen oder in Eigentumswohnungen umgewandelt würde?«

»Ich nehme an, ich müßte New York verlassen. Aber ich bin weiß und kann lesen, also kann ich immer einen Job kriegen, auch wenn er langweilig ist. Da gibt es immer noch McDonald's.«

»Was ist, wenn du krank wirst?« sagte Kate. »Du hast bestimmt keine Krankenversicherung.«

»Ich weiß nicht«, sagte Molly. »Ich habe viele Freundinnen und Freunde.«

»Was ist, wenn du alt wirst?«

»Okay, du hast gewonnen. Dann werd' ich wirklich in Schwierigkeiten geraten. Aber ich hab' vergessen, worum es dir überhaupt ging.«

»Es ging darum, daß so etwas auch dir oder mir zustoßen könnte, und in diesem Fall wäre meine Reaktion die gleiche. Ich bin Künstlerin. Das ist politisch. Form ist Inhalt.«

»Okay.« Molly verstummte.

Da streckte Kate die Hand nach ihr aus und berührte sie. Sie war versöhnlich gestimmt, nachdem Molly aufgegeben hatte.

»Molly?«

»Ja?«

»Ich will mich nicht mit dir streiten. Ich will dich einfach nur küssen.«

Als Kate auf der Straße ihre Arme um Molly legte, fielen die beiden sehr auf. Sie gingen nicht in der Menge unter wie Molly und Pearl. Sie stachen heraus. Wer sie beobachtete, würde eine Frau mit selbstbewußtem Auftreten sehen, die einen Herrenmantel trug und eine erheblich jüngere, verdutzt wirkende Frau beinahe leidenschaftlich umarmte.

»Komm, wir gehen uns mal diese Versammlung anschauen«, sagte Molly.

Als sie auf dem menschenbevölkerten Gehsteig weitergingen, konnte Molly sehen, daß es winzige Juwelen und ausgeprägte menschliche Schätze überall am Wegesrand gab, aber sie alle wurden von etwas umgeben, das sehr schwierig und erschreckend war. Während Molly so deutlich wahrnahm, was ihren Weg schmückte, verspürte sie zugleich eine persönliche Befriedigung. Sie war gerade geküßt worden und hatte ein Ziel vor Augen. Ihr Inneres war in Sicherheit, äußerlich war sie gefährdet. Warum war sie so abgeschirmt?

»Warum sind wir so abgeschirmt?«

»Ich bin nicht abgeschirmt«, sagte Kate. »Ich bin eine arme Künstlerin. Ich bin keine einflußreiche Persönlichkeit in dieser Gesellschaft. Setz dich nicht selbst so herab, das ist unerträglich anmaßend.«

»Du bist nicht arm. Und ich auch nicht.«

»Hör mal, Molly, als ich so alt war wie du, war ich viel radikaler als du, also mach mir das nicht zum Vorwurf. Das ist dein Trip.«

»Laß uns zu der Versammlung gehen«, sagte Molly. »Laß uns jetzt sofort hingehen.«

26 KATE

James und Scott wohnten nebeneinander in zwei Apartments im Erdgeschoß von Kates Haus. Sie hatten einen Mauerdurchbruch zum Keller gemacht und einen großen, gemütlichen Raum ausgebaut, der eine Kreuzung zwischen einem Versammlungssaal des Kiwanis-Clubs und einem unterirdischen Bunker war.

Als Kate und Molly ankamen, standen zwei Männer vor der Kellertür Wache. Lässig in Pose geworfen paßten sie auf, daß es keinen Ärger gab. Niemand konnte sich lässiger in Pose werfen als ein Schwuler. Fast dreihundert Leute quetschten sich in den fensterlosen Raum. Sie standen dichtgedrängt an den Wänden. Jeder Quadratzentimeter war besetzt. Nur für die Schwerkranken waren Stühle reserviert, und Kate sah ein paar junge Männer in verschiedenen Stadien der Krankheit. Sie bemerkte auch viele Gesichter, die sie seit Jahren jeden Tag in ihrer Nachbarschaft sah, zu denen sie aber keinen näheren Kontakt hatte. Die meisten wirkten jedoch robust und energiegeladen. Frischgepreßter Saft und zusätzliche Decken wurden angeboten und gelassen herumgereicht. Tatsächlich war alles von gemeinsamer Bedeutung und persönlicher Zuwendung erfüllt, wobei die verschiedensten Stilrichtungen aufeinandertrafen. Sogar bei dieser riesigen Menschenmenge kamen alle dazu, ihren Namen zu sagen.

»John, Jack, Raphael — hi!, Mary, Mary, Bill, Bill, Bill, Sam, Joey — ich freue mich, hier zu sein, Dave, Bill, Jean-Yves, Mike, Roberto, El Topo vom BMT, Spin, Wolfman, Bill, Bill, Frank, Pat, Kate, Molly, Bob, Elvis, Cardinal Spellman...«

Zu Beginn der Versammlung verlas Scott eine Reihe von Bekanntmachungen. Während er seine Notizen durchging, spielte er unbewußt mit seinem Pferdeschwanz. Er wickelte das Haar um den Zeigefinger seiner rechten Hand. Er strahlte eine Mischung aus Enthusiasmus und ernsthafter Entschlossenheit aus: wie ein Junge aus der Mittelschicht, der eines Tages entdeckt, daß die Welt ungerecht ist, und sich vornimmt, etwas dagegen zu tun, fest entschlossen und mit der Arroganz seiner Klasse, die ihm das Gefühl gibt, alles werde so kommen, wie er es sich vorstellt.

»Okay, als erstes: das Buch *Surviving and Thriving with AIDS* ist ab sofort erhältlich beim Verband der Menschen mit AIDS, Neunzehnte Straße West 263 A, Zimmer 125, New York, New York 10011. Und, wir versuchen, die Supermärkte und Woolworth davon zu überzeugen, das Buch ins Sortiment zu nehmen, also marschiert geradewegs in euer nächstgelegenes Billig-Kaufhaus und sagt den Leuten dort, daß ihr keine Klistierspritzen und keinen Nagellack mehr kauft, solange sie das Buch nicht führen.«

Immer wenn er etwas voller Engagement gesagt hatte, blickte Scott scheu auf, und ein breites Lächeln huschte über sein Gesicht. Dann kehrte er beruhigt zu seiner Liste zurück. Außerdem wackelte er oft mit den Hüften, weil er, wie alle anderen im Raum auch, ziemlich aufgeregt und voller Hoffnung war.

»Und jetzt zu den AL721-Fans. Dieses Medikament geht dank der Idioten im Gesundheitsministerium immer noch nicht über den Ladentisch. Aber wir haben eine Sendung Lezithin, das ihr bei uns oder in einigen Naturkostläden bekommt. Wenn ihr erst mal Lezithin habt, könnt ihr euch euer eigenes selbstgemachtes AL721 zusammenmixen, mit Hilfe dieses praktischen Rezepts, das wir gerade herumgehen lassen. Erzählt euren Freunden davon. Ihr könnt es morgens zu eurem Toast einnehmen, und es hilft, diese gräßlichen Retroviren zu bekämpfen.«

Er lächelte wieder.

»Was wollte ich als nächstes sagen? Ach ja, für die von euch, die illegal im Land sind und keine Aufenthaltsgenehmigung haben, haben wir eine neue Ladung gefälschter Geburtsurkunden und Pässe, damit ihr die Krankenversicherung dazu kriegt, eure Medikamente gegen AIDS zu bezahlen, so wie es sein sollte, und ihr könnt Sozialhilfe kriegen, wenn ihr zu krank seid, um zu arbeiten. Denkt daran, die einzigen Industrienationen, die kein staatlich finanziertes Gesundheitswesen haben, sind die USA und Südafrika. Wer nähere Informationen über falsche Papiere braucht, soll sich bitte nach der Versammlung mit Fabian in Verbindung setzen. Fabian, heb mal deine entzückende Faust, damit die Brüder und Schwestern wissen, wer du bist.«

Fabian war vor langer Zeit eine Leder-Queen gewesen und sah aus, als fühle er sich in seinen Khakihosen etwas unbehaglich, doch im Gedenken an die alten Zeiten trug er immer noch eine Ledermütze und ein Sklavenhalsband.

»Denkt daran«, sagte Fabian und grinste durch seinen Schnurrbart hindurch, »Sado-Maso ist Safer Sex.«

Das forderte den besonderen Beifall der leidenschaftlich Verbrüderten geradezu heraus.

»Das wär's von meiner Seite«, sagte Scott. »Gibt's noch irgendwelche anderen Bekanntmachungen?«

Mollys Freund Bob sprang auf und strich sich sein langes graues Haar zurück. Kate erkannte ihn sofort wieder. Er war einer aus der alten Lebensmittel-Kooperative.

»Ja, Silberfuchs? Was hast du heute abend für uns?«

Bob nahm sich Zeit, um durch den Raum nach vorn zu gehen, und tänzelte dabei wie ein rotes Blatt oder eine alte Zeitung, die von einem leichten Wind ab und zu hochgewirbelt wird.

»Ich habe eine Bekanntmachung vom Komitee für Realitätsbewältigung«, sagte er. »Für diejenigen unter euch, die neu sind: das Komitee für Realitätsbewältigung wurde gebildet, um den Tatsachen ins Auge zu sehen, wenn alle anderen es vorziehen, das nicht zu tun. Wir haben mit dem Gefängnispersonal von Riker's Island Kontakt aufgenommen, und wir planen, für die Jungs und Mädels da drin jeden Tag gratis Kondome und saubere Nadeln hinzuschicken. Vergeßt nicht, das sind alles inoffizielle Aktionen, wenn ihr also Freunde oder Freundinnen dort habt, Gefangene oder Wachpersonal, bitte gebt mir ihre Namen, dann können wir sie miteinbeziehen. Ich danke euch — ihr seid wunderbar.«

»Danke, Bruder Bob. Jetzt wird Bruder James ein paar Worte über Justice sagen, und dann kommen wir zu unserer aktuellen Aktion.«

James erhob sich sehr langsam und ging in die Mitte des Raumes. Er trug ein langes wollenes Strickkleid und eine weiße Pelzkappe.

»So geht's, wenn Tunten aufeinandertreffen«, flüsterte Bob. »Wir erleben hier einen neuen Höhepunkt in perfektem Modestyling.«

»Du solltest ihm deine alten Femme-Klamotten schenken«, tuschelte Molly Kate ins Ohr.

Er war eigentlich ein kleiner Mann, auch wenn er eine starke Ausstrahlung besaß. Doch er war kein Prediger, und er war kein Rockstar, und er war kein Heiratsschwindler, er war auch nicht Prince oder der nächste amerikanische Präsident. Er verstand es einfach, sich anzuziehen, und von ihm ging Klarheit aus.

»Wir Schwulen«, sagte James, »bilden eine einzigartige Gemeinschaft, denn wir sind eine Familie, die sich auf Liebe gründet. Jeder von uns läßt sein Leben von Liebe und Sexualität bestimmen — den beiden großen Möglichkeiten, die der Mensch hat. Wir alle haben diese Wahrheiten anerkannt, obwohl wir auf starke Ablehnung stoßen. Und jetzt müssen wir dieses Verständnis dazu benutzen, die Heuchelei zu bekämpfen, die die AIDS-Krise umgibt.«

Die Leute saßen ganz still da. Sie waren nicht unbedingt fasziniert, aber auf jeden Fall war ihr Interesse geweckt.

»Wenn bei euch AIDS oder ARC festgestellt wird, oder wenn ihr herausfindet, daß ihr HIV-positiv seid, dann stellt ihr euch normalerweise die Frage: Wie lange habe ich noch zu leben? Denkt daran, niemand auf der Welt kennt die Antwort auf diese Frage, *ob sie nun AIDS haben oder nicht.* An der Tatsache, daß ihr AIDS habt, daß Scott, mein Geliebter, AIDS hat, ist nichts zu ändern.«

Kate spürte, wie ihre Augen zu Scott hinüberwanderten.

Dann fing eine Armbanduhr an zu piepsen.

»Und jetzt«, fuhr James fort, »wollen wir uns unsere Ziele

anschauen.« Er wischte sich mit einem spitzenbesetzten Taschentuch über die Stirn.

»Wir wollen Vorbeugung, Pflege und Heilung. Aber Amerika wird nie gesund werden, solange es sich in einem Stadium fortgeschrittener Heuchelei befindet. Und das Schicksal hat uns dazu bestimmt, diesen Mißstand zu beseitigen.«

Kate sah wieder zu Scott hinüber.

»In dieser Woche haben viele von euch von Ronald Hornes Baugesellschaft die Wohnung gekündigt bekommen. Das ist der Mann, der Tausende leerer Wohnungen hortet, während neunzigtausend Menschen in den U-Bahn-Schächten, Treppenaufgängen und öffentlichen Toiletten dieser Stadt leben. Jetzt haben wir erfahren, daß er mit voller Absicht Häuser gekauft hat, in denen zu mehr als fünfzig Prozent Schwule wohnen, in der Hoffnung, daß sie wegsterben und ihm leere Wohnungen hinterlassen. Er hat diese Kündigungen ausgesprochen und dabei erwartet, daß manche von uns zu krank sein werden, um sie anzufechten. Nun frage ich euch, was sollen wir, *Justice,* tun, um uns Gerechtigkeit zu verschaffen?«

Als er das gesagt hatte, herrschte intensives, dampfendes Schweigen, beinahe wie ein *subito piano* in der Musik. Die Ruhe nach einem Crescendo, wie ein Sturz von einer Klippe.

Männerstimmen erfüllten den Raum. Manche hatten konstruktive Ideen. Manche wollten einfach nur reden. Manche machten unbrauchbare Vorschläge oder schwache wie 'wir sollten einen Anwalt rufen'. Doch fast jeder wollte bei dieser Gelegenheit etwas sagen.

»Ich meine, Auge um Auge«, rief Cardinal Spellman, ein kleiner, kahlköpfiger Mann mit einem winzigen Schnurrbart. »Wir nehmen ihm sein Haus weg.«

»Ich hab' eine bessere Idee«, rief Bob. »Wir nehmen ihm sein 'Castle' weg.«

Das war der Funke, der alle in ihrer Wut vereinte und einen relativ ruhigen Raum zum Leben erweckte. In einer hoffnungslosen Situation sind die Menschen dann am zornigsten, wenn sie etwas tun können. Sie arbeiten auf Veränderungen hin, wenn sie eine Chance sehen, daß sie damit Erfolg haben könnten. Ist das nicht der Fall, sagen sie: »Warum soll ich mir die Mühe machen?«

Ronald Hornes 'Castle' war das größte, luxuriöseste, protzigste und teuerste Hotel zwischen Ostküste und Rodeo Drive. Und es stand mitten im Sanierungsviertel der Innenstadt, so daß die Gäste vom Hotel aus sehr schön sehen konnten, was ihre Macht und ihr Reichtum bewirkten. Es war berühmt, nicht nur wegen seiner Luxusausstattung, sondern auch wegen des tropischen Regenwaldes, der in die Eingangshalle verpflanzt worden war und als symbolischer Burggraben mit echten Krokodilen dienen sollte. Die Gäste konnten sich als hochkarätige Aristokraten fühlen statt als die Räuberbarone, die sie eigentlich waren. Schon an der Rezeption wurden sie behandelt wie Mitglieder eines mittelalterlichen Königshauses. Das durchgängige Motiv war frühes Kolonialzeitalter, und das Personal mußte Lendenschurze tragen und Ketten, die von den Hand- und Fußgelenken hingen. An der Tür zur Herrentoilette stand nicht etwa »Männer«. Da stand »Bwana«. Die Toiletten waren Diamantminen nachgebildet, mit schwarzen Toilettenfrauen, die Laternen trugen und die Papierhandtücher mit der Spitzhacke herauszogen. Geflügelsalat auf Roggenbrot kostete zwölf Dollar.

»Wir sollten jetzt gleich hingehen«, sagte James. »Jetzt sind wir wütend, also sollten wir auch jetzt hingehen.«

»Aber wie sollen wir denn für dreihundert Leute Taxis kriegen?« fragte ein glattrasierter junger Mann in einer schwarzen Lederjacke, der aussah, als habe er jede Menge Geld in der Tasche.

»U-Bahn«, begann hinten im Raum ein gleichförmiger Sprechchor. »U-Bahn.«

»Ich glaube, ich gehe mit ihnen«, sagte Kate. »Ich habe so etwas seit dem Vietnamkrieg nicht mehr getan.«

»Ich bleibe hier«, sagte Molly. »Fabian und ich machen Telefondienst, für den Fall, daß etwas schiefläuft. Viel Glück. Ich hoffe, die Züge sind einigermaßen pünktlich.«

Kate stellte sich in die lange Reihe von Männern, die nacheinander hinausgingen. Erst als sie zur Haltestelle Astor Place kamen, wurde ihr bewußt, daß sie als einzige einen Anzug trug.

143

27 PETER

Peter konnte nicht schlafen. Er bekam kein Auge zu. Wo war Kate? Sie wurde immer überspannter, was diese Geschichte anging. Die Dinge gerieten außer Kontrolle. Da war diese eine Nacht gewesen, in der sie gar nicht nach Hause gekommen war. Nun tat sie das schon wieder. Wie konnte er ihr am nächsten Morgen gegenübertreten, wenn sie mit fremden Schamhaaren zwischen den Zähnen hereinspaziert kam? Er beschloß, etwas trinken zu gehen. Als er die Treppe hinunterstieg, hoffte er, er würde ihr in die Arme laufen, während sie sich heraufschlich. Dann würde sie merken, wie sehr sie ihn verletzt hatte. Er würde so tun, als hätte er eine geheimnisvolle Liaison, und dann wäre sie es, die sich Sorgen machen müßte. Dann wären die Rollen mal vertauscht. Er lungerte sogar noch ein bißchen auf dem Treppenabsatz über dem Erdgeschoß herum, um ihr noch eine letzte Chance zu geben, ihn im Weggehen anzutreffen.

Peter ging die Second Avenue hinunter, vorbei an endlosen Reihen von Leuten, die auf der Straße ihr Zeug verkauften. Über die Jahre hatte die Qualität der Waren nachgelassen. Kate hatte erzählt, sie habe spätabends auf dem Heimweg vom Atelier ein paar gute Sachen gesehen, aber er sah nur Ramsch. Sogar um diese Uhrzeit waren noch so viele Leute draußen, die etwas verkaufen wollten. Die meisten von ihnen standen herum und versuchten, sich warmzuhalten. Die Glücklichen unter ihnen tranken Wein aus Halbliterflaschen.

Vielleicht würde er in einer Bar eine Frau treffen, die auch einsam war. Vielleicht würde er mit einer Whiskey-Fahne nach Hause torkeln und Kate erzählen, er habe bis spätabends gearbeitet. Der Gedanke brachte ihn fast zum Weinen. Aber als er sich dann mit einem Drink in der Hand in der Bar niederließ, erschienen ihm diese beiden Szenarien gleichermaßen unwahrscheinlich. Nachdem er sich nun tatsächlich einen Drink geholt hatte, fiel ihm nichts mehr ein, was er tun konnte, und so lehnte er sich über den hölzernen Tresen und sah fern.

»Wollen Sie eine Goldkette kaufen?« wisperte ein Mann dicht an seinem Ohr. »Vierzehn Karat.«

»Nein danke«, murmelte Peter und sank noch mehr in sich zusammen.

Im Fernsehen redete ein Mann. Hätte Peter nicht genau hingehört, was er sagte, hätte er keine Ahnung gehabt, was ihm der Mann mitzuteilen versuchte, denn er veränderte seinen Gesichtsausdruck nicht und modulierte alle Sätze in absolut identischem Tonfall. »Wer ist das?« fragte er den Barkeeper, einen kleinen Polen, der Barclay's rauchte. »Ist das der Präsident?«

»Nee«, sagte der Mann und saugte an seiner Zigarette, so fest er konnte, um mehr Geschmack aus ihr herauszuholen, als in ihr steckte. »Das ist der Nachrichtensprecher.«

Der Nachrichtensprecher hatte einen bedauernswerten gelben Schimmer auf seiner wächsernen Haut.

»Seit wann gibt es denn um halb zwei Uhr morgens Nachrichten im Fernsehen?« fragte Peter in dem Bemühen, eine Art Kameradschaft zu dem Barkeeper aufzubauen, der sich weiter dagegen sträubte.

»Das ist Kabelfernsehen, Kumpel. Leben Sie hinterm Mond? Die bringen jetzt vierundzwanzig Stunden am Tag Nachrichten. Es gibt da einen Sender, auf dem nichts als Sport läuft, und einen für die Börse und einen nur für Musikvideos. Man braucht nicht mehr umzuschalten und sich rauszusuchen, was man sehen will. Jetzt weiß man, was wo die ganze Nacht lang läuft.«

»Fernsehen ist so schockierend«, sagte Peter, »wenn man es sich eine Weile nicht angeschaut hat. Warum sollte irgend jemand einem Typ glauben wollen, der so aussieht? Er ist überhaupt nicht in Form, furchtbar, und er hat eine zu dicke Wampe. Sehen Sie ihn doch mal an: seine Haut hat die Beschaffenheit von abgestandenem Teig.«

Die Werbung jedoch war beeindruckender. Sie war wirklich gut gemacht. »Nicht schlecht«, mußte Peter zugeben. »Gar nicht schlecht.«

»Heute abend in den Nachrichten«, sagte der Sprecher, »AIDS.«

»Oooh, AIDS hängt mir so zum Hals raus«, stöhnte Peter. Er konnte sich nicht beherrschen.

»Scheißtyp«, sagte der Schwule, der mit einer Flasche Bier neben ihm saß. »Tut mir leid, daß ich Ihr Weltbild zerstöre, aber die Leute leiden, wissen Sie.«

»Ich weiß. Sie haben recht. Tut mir leid. Es ist nur so, daß meine Frau gerade lesbisch wird, verstehen Sie? Und alles, was ich heutzutage höre ist Schwule hier, Lesben da. Aber Sie haben völlig recht. Ich entschuldige mich.«

Er bestellte sich noch einen Drink. Erst als er kam, merkte Peter, wie übel ihm war.

»Hunderte von AIDS-Opfern haben das Restaurant und die Lobby von Ronald Hornes Hotel 'Castle' in Manhattan besetzt. Sie fordern, der Superstar der Immobilienbranche solle die Wohnungskündigungen zurückziehen, die er homosexuellen Mietern in Häusern, die sich in Hornes Besitz befinden, zugestellt hat. Viele der Hotelgäste sind in panischer Angst geflohen, vor allem die aus den Staaten im Südwesten der USA. Manche sind verärgert, wollen ihr Geld zurück und verlangen sofortige AIDS-Tests. Mr. Horne hat in seinem Urlaubsort auf Hawaii noch immer keinen Kommentar zu den Vorfällen abgegeben. Er und seine reizende Frau Lucretia verbringen dort zusammen mit Imelda und Ferdinand Marcos ihren Urlaub. Doch Bill Smith, Sprecher des 'Castle', hat sich bereits am frühen Abend Kanal Z gegenüber geäußert.«

Die Kamera zeigte in Großaufnahme einen geräuschvollen, rotgesichtigen Herrn in einem Baströckchen, mit einer Kette aus fuchsienfarbenen Blüten um den Hals und einer ein Meter achtzig langen Kutscherpeitsche in der Hand.

»Sagen Sie uns, Mr. Smith, ist dies Ihre normale Kleidung?«

»Aber ja. Mr. Horne ist es lieber, wenn alle im Management als Tropen-Aufseher gekleidet sind, damit sich die Gäste wohler und sicherer fühlen können.«

»Mr. Smith, können Sie, als Repräsentant der Horne-Dynastie, unseren Fernsehzuschauern sagen, in welcher Weise diese Demonstration Ihrer Meinung nach die zukünftige Geschäftstätigkeit im 'Castle' beeinflussen wird?«

»Ich möchte allen zukünftigen Gästen versichern«, sagte Smith und fuchtelte zur Bekräftigung mit der Peitsche herum, »daß alle Gläser, das Eßgeschirr und das Besteck ausgetauscht werden, sobald wir die Lobby leer haben. Wir erwarten jeden Moment die New Yorker Polizei.«

Die Kamera schwenkte kurz über die Menge und nahm dann den Schwarzen ins Bild, den Peter in der Kirche gesehen hatte, als er mit Zwischenrufen den Gottesdienst unterbrach.

»Sagen Sie uns, Sir«, sagte der penetrante Plastik-Reporter, »wer wird für all die Schäden aufkommen?«

»Der Bau des ganzen Hotels ist aus Steuerbegünstigungen finanziert«, sagte James hinter einem breiten Grinsen. Im Hintergrund konnte Peter Gruppen von Schwulen sehen, die lachten, tanzten und Champagnerkorken knallen ließen. »Wir haben bereits bezahlt.«

Die Kamera richtete sich wieder auf die Menschenmenge. Es sah aus wie im Umkleideraum einer Fußballmannschaft, die gerade die Weltmeisterschaft gewonnen hat. Die Männer waren mehr oder weniger ausgelassen beim Feiern, tranken miteinander an der Bar, sangen im Klaviersalon Musical-Melodien, sahen sich auf der riesigen Video-Leinwand alte Filme an und unterhielten sich angeregt im Raucherzimmer. Und sie alle löffelten hier und da ein wenig Kaviar und schlürften ein paar geräucherte Austern.

»O nein«, sagte Peter laut. Er konnte nicht an sich halten.

»Was ist denn nun los, du Arschloch?« schrie der Schwule an der Bar. »Ich bin fertig mit euch Heteros. Ihr denkt nur an euch selbst.«

»Nein, es hat nichts mit Ihnen zu tun«, sagte Peter, kaum fähig, die Worte hervorzubringen. »Da ist meine Frau.«

»Was wollen Sie damit sagen?« fragte der Barkeeper, dessen Interesse erwacht war. »Das sind doch alles Kerle.«

»Nein, da ist sie. Die Rothaarige mit dem Bürstenschnitt, in Anzug und Krawatte. Das ist meine Frau.«

»Was für eine verrückte Welt«, sagte der Barkeeper. »Aber man muß leben und leben lassen. Verdammte Schwuchteln.«

Da war sie. Sie war nicht zu übersehen. Das orangefarbene Haar leuchtete auf dem verschwommenen Farbfernsehschirm noch stärker. Sie führte ein ernstes Gespräch mit einem großen Mann, der seine Silbermähne ausbürstete und sich Zöpfe flocht.

»Noch 'ne Runde?« Der Barkeeper fragte und goß Peter ein, ohne seine Zustimmung abzuwarten.

»Sie mögen sich fragen«, fuhr der Reporter in der klassischen Frontalhaltung des elektronischen Journalismus fort und starrte sein Publikum ernsthaft an, »wo bleibt die Polizei? Nun, nach Angaben des Einsatzleiters Ed Ramsey von der Polizeiwache Manhattan Süd sind seine Beamten nicht entsprechend ausgerüstet, um mit einer großen Zahl von AIDS-Opfern in Berührung zu kommen.«

»Nicht *Opfer*, du Zuchtbulle«, brüllte der Schwule an der Bar, der es offenbar nicht mehr ertragen konnte, »*Menschen mit AIDS*, so heißt das.« Er ließ seinen Kopf auf die Theke fallen und schloß die Augen.

Der Reporter jedoch fuhr fort, als würde er jeden Moment sagen: »Doch nun zum Sport.«

»Die Polizei hat dringend Gummihandschuhe angefordert und wartet geduldig darauf, daß die Ausrüstung eintrifft. Ich bin Roland Johnson, für Kanal Z. Später mehr, doch nun zum Sport.«

Als das Bild zu Mike Tyson und Robin Givens umgeschaltet wurde, holte der Schwule neben Peter seinen Walkman heraus.

»Moment, Leute, ich kriege BAI rein.«

Er hörte angestrengt zu und gab dann alle Informationen an die Betrunkenen in der Bar weiter.

»Es hat ewig gedauert, bis die Polizei Gummihandschuhe bekam«, rief er, während er unentwegt am Einstellknopf herumspielte. »Sie hatten sie ursprünglich vom Veteranenkrankenhaus angefordert, und der Radioreporter hat jemanden vom Veteranenverband interviewt, der sagte, sie hätten nicht mal Bettlaken und Kopfkissen, wie könnte die Polizei da erwarten, eine Schiffsladung überschüssiger Gummihandschuhe vorzufinden, die da einfach so herumliegen... O Scheiße.«

»Was ist denn jetzt los?«

»Es ist Marathon-Woche. Sie stellen die Nachrichten solange ein, bis weitere fünfzehn Leute dem Sender Geld spenden. Macht den Fernseher an.«

Alle nahmen wieder ihre Plätze an der Bar ein, bestellten eine neue Runde und richteten die Augen starr auf die Mattscheibe.

28 MOLLY

Molly und Fabian verbrachten die ganze Nacht damit, Radio zu hören. Nachdem über BAI ihre Nummer als Kommandozentrale bekanntgegeben worden war, erhielten sie von überallher Anrufe. Es waren hauptsächlich Schwule aus den fünf Stadtbezirken Manhattans, die wissen wollten, mit welcher U-Bahn sie fahren mußten und ob es neue Entwicklungen gab.

Als die Polizisten ihre Gummihandschuhe nicht bekamen, schien die Aktion für eine Weile ins Stocken zu geraten, aber schließlich beauftragte Aufseher Smith persönlich drei Sklaven damit, ein paar Drugstores abzuklappern, die die ganze Nacht geöffnet hatten, und fünfzig Paar Handschuhe »Playtex griffsicher« zu kaufen, die, wie sich herausstellte, leider zitronengelb waren. Die übergewichtigen Polizisten sahen damit noch dümmlicher aus als nötig, meldete Bob von einer Telefonzelle in der Hotellobby aus.

»Sie erinnern an Spülmittelwerbung, oder — noch besser — an Enten.«

Die Demonstrierenden, die in Topform waren, nutzten die neue Situation sofort zu ihrem Vorteil und riefen im Chor

»Eure Handschuh' passen nicht zu euren Schuh'n, cha, cha, cha!« während sie zur Eingangstür hinausmarschierten, so daß überhaupt niemand verhaftet wurde. Die Polizei mußte darüber eigentlich erleichtert sein, dachte Bob, denn sie hatten offenbar sowieso keine Ahnung, wo sie dreihundert Gefangene mit AIDS hinbringen sollten. Kaum draußen, stellten sie sich in einer Reihe auf und brachten Mr. Smith ein Ständchen, der zur Sicherheit auf eine Kokospalme geklettert war. Dann verließen sie den Ort, an dem keine einzige geröstete Erdnuß und kein Tropfen Courvoisier VSOP mehr übrig war. Justice war landauf, landab in aller Munde, und Kate kam zurück und ging mit Molly ins Bett.

»Das ist eine sehr wichtige Nacht für mich gewesen«, sagte sie. »Sie hat mich auf eine Menge Ideen gebracht.« Dann sagte sie: »Ich möchte lauter liebe Sachen zu dir sagen, aber ich bin zu schüchtern.«

»Was denn zum Beispiel?«

»Zum Beispiel *Süße* und *Baby*. Aber nicht *Baby* wie in *Baby-Sprache*. Sondern romantischer und sinnlicher, auf einer Insel am Strand, mit Leidenschaft und einer warmen, kühlen Brise.«

»Hört sich gut an.«

»Weißt du was«, sagte Kate und streckte sich auf dem Rükken aus, so daß ihre Arme aussahen wie die Äste eines Madroña-Baumes. »Ich mache mir sehr viel Sorgen darüber, allein zu sein.«

Molly drehte sich auf den Bauch und leckte die freien Stellen hinter Kates Ohren. Ihr Kopf war praktisch geschoren, nur ein leichter orangefarbener Flaum bedeckte ihre Kopfhaut, die so rosa war wie eine Muschelschale.

»Kate, was ist, wenn eine so ist wie ich und nicht ständig einen Menschen bei sich hat?«

»Dann wirst du dich ab dreißig wie eine Ausgestoßene fühlen, und ab vierzig wirst du dich rächen.«

»Warum?« fragte Molly und ließ dabei ihre Finger über Kates Brustwarzen gleiten.

»Das ist das Alter, in dem allen anderen die innere Sicherheit wegbricht, aber nur du weißt, wie du eigenständig leben kannst. Sie sind hilflos. Sie können allein keine Mahlzeit einnehmen und nicht solo ins Kino gehen, ohne darin einen Beweis dafür zu sehen, wie schlecht es ihnen geht.«

»Also, Kate, willst du damit sagen, ich sei dazu bestimmt, immer allein zu bleiben?«

»Bitte, Molly, ich liebe dich.«

Sie begannen sich wieder zu lieben, in einem violetten Dunst, in dem ihre Gesichtszüge einander nahe und ganz weich waren. Kate arbeitete sich richtig ab, sie schien nur aus Muskeln und Sehnen zu bestehen, grunzte und schwitzte und kletterte über Mollys Körper. Als sie still in ihrem Schweiß lagen, deutete Kate hinaus aus Mollys Fenster.

»Die Sonne geht auf, und überall sind Vögel. Wie ungewöhnlich.«

29 PETER

Eines Morgens lagen Peter und Kate lange im Bett. Er massierte ihr die Füße, säuberte ihre Zehennägel und schnitt sie dann. Er rieb ihre Beine und Brüste mit Öl ein, bis sie wie ein Baby roch, und dann massierte er ihr die Schultern und den Nacken. Danach liebten sie sich. Es war rein körperlich. Sie redeten nicht. Er machte ihr eine Tasse Kaffee und hielt sie dann fest an sich gedrückt in seinem Arm, als sie im Frühlingsregen zu Kates Atelier gingen.

»Du bist so lieb«, sagte sie. »Wie du dich um mich kümmerst.«

Sie redeten darüber, daß sie das Wohnzimmer streichen wollten, welche Farbe am besten sei, in welchem Laden sie sie am besten kaufen sollten, und an welchem Wochentag sie es am besten erledigen sollten. Sie sprachen über ein neues Restaurant, das in ihrem Block eröffnet hatte, und beide gaben ihre Meinung über die Inneneinrichtung ab. Peter erwähnte einen Artikel, den er in der *New German Critique* gelesen hatte, und Kate erzählte von einer Ausstellung in der PPOW-Galerie, wo sie zufällig vorbeigekommen war, als sie auf der Suche nach etwas anderem war. Das Gemurmel und die Sprechweise waren

153

das Vertraute. Die Informationen selbst waren nur eine Art, miteinander die Zeit zu verbringen.

Peter war voll und ganz zufrieden. Es war schon zu lange her, daß er mit Kate engumschlungen die Straße entlanggegangen war. In letzter Zeit waren sie mit einem zerstreuten Gefühl der Gewohnheit zu den verschiedenen Theatervorstellungen und zurück gegangen und hatten sich dabei gezwungen über Dinge unterhalten, über die eigentlich beide nichts zu sagen hatten, aber es war jemand da, also mußte etwas gesagt werden. Doch an diesem Frühlingstag wußte Peter, daß sie sich liebten und fest aneinander gebunden waren.

»Da sind wir.«

Sie drehte sich um, um ihm im Nieselregen einen Abschiedskuß zu geben, und er spürte die Hitze ihres Körpers durch ihre dunklen Flanellhosen.

»Als wir miteinander geschlafen haben und ich in dich reingegangen bin«, sagte er, »da konnte ich spüren, daß du innerlich gebrannt hast, und du hast mich gepackt und in das heiße Zentrum gezogen.«

Sie antwortete nicht.

Peter stand im Regen und sah ihr nach, wie sie ins Haus ging. Ihm war warm, und er fühlte sich sinnlich. Er wußte, daß alles wieder in Ordnung kommen würde, und machte sich auf den Weg zur Arbeit.

Das Stück, dessen Bühnenbild er gerade ausleuchtete, hieß *The Malling of America*, ein Musical über das uferlose Wachstum der Städte. Es spielte in einer Stadt, die vage an den Mittelwesten erinnerte und drei Grauschattierungen und ein stechendes Blau verlangte. Dann beschloß er, etwas Blaßrosa für die Autoabgase hinzuzufügen. Städte dieser Art bestanden — das wußte Peter — aus häßlichen Gebäudeklumpen, die von der unvermeidlichen Autobahn in zwei Stücke zerhackt wurden. Daß Autobahnen mitten durch die Städte verliefen, war die städtebauliche Parallele zum Tagebau. In eine organische Substanz wurde ein Loch gebohrt, das nie mehr geschlossen werden konnte. Das Licht mußte die mangelnde Klarheit widerspiegeln, alles unter einem riesigen Schatten. Es gab dort kein natürliches Licht, nur Geschäfte mit Neonlampen und Leuchtstoffröhren in den Schaufenstern, und ständig brausten Autos vorbei. Eine Lichtquelle in ständiger Bewegung.

Heute mußte er im Theater arbeiten und die verfügbaren Geräte auf die räumlichen Gegebenheiten abstimmen. Das würde nicht länger als ein paar Stunden dauern. Dann konnte er noch kurz im Sportzentrum trainieren und nach Hause gehen, um für Kate dazusein.

Er betrat das Theater, einen Raum mit hundert Sitzplätzen in den West Twenties. Alles war ausreichend, aber nichts spektakulär. Die Decke war zu niedrig, sie bestand zwar nur aus diesen Fiberglasplatten, die sich leicht entfernen ließen — aber was das für eine Schweinerei geben würde.

»Hallo Peter.«

Er blickte auf. Es war Robert, der junge Praktikant aus Yale.

»Ich arbeite wieder mit Ihnen zusammen«, sagte er mit unerschütterlicher Ruhe. »Ich bin für dieses Projekt engagiert worden.«

Dann schwang er denselben Aktenkoffer auf den Tisch und ließ die Metallverschlüsse mit einem »klick« aufschnappen.

Die gleichen Bewegungen, bemerkte Peter bei sich. *Und doch sind sie diesmal ganz anders. Vielleicht hat seine Freundin am Ende doch noch mit ihm Schluß gemacht.*

»Schön, Sie zu sehen, Robert. Wir haben hier ein Projekt vor uns, das Spaß machen wird. Ein kompliziertes Projekt. Das hier ist das Licht der Stadt, kein natürliches Licht, also ist jede Lichtquelle eine menschliche Erfindung und eine Entscheidung, die durch die Gegebenheiten noch komplizierter wird. Wir müssen alle Positionen und die jeweilige Lichtintensität an der Geschichte des Mannes orientieren, der sie so installiert hat. Sie werden sehen. Wir werden Spaß haben. Wie viele Leuchtstoffröhren gibt es in wie vielen Büros? Wie viele davon flackern oder sind einfach ausgeschaltet? Wie viele Leute fahren auf der Autobahn, die durch die Stadt führt? Wie viele haben ihre Scheinwerfer aufgeblendet?«

»Gut«, sagte Robert müde, nüchtern und zerstreut. »Ich bin bereit zur Arbeit.« Dann streckte er Peter die Hand zu einem formellen Händedruck hin.

Was soll das? dachte Peter, aber er schüttelte die Hand, ohne zu wissen, warum. Da schien der junge Mann in Peters Hand zusammenzubrechen. Am Handgelenk angefangen verlor er systematisch seine Kraft wie ein aufblasbares Skelett.

»Tut mir leid«, sagte Robert. Er wischte sich die Tränen

nicht etwa am Jackettärmel ab, sondern zog statt dessen ein perfekt gefaltetes, weißes, gebügeltes Taschentuch hervor, in das er sich schneuzte. Dann hörte er auf zu weinen, indem er Daumen und Zeigefinger gegen seinen Nasenrücken preßte und die Augen so fest zukniff, daß kein Wasser mehr heraussickern konnte.

»Der Geliebte meines Vaters ist gestern gestorben.«

»Oh«, sagte Peter und fühlte sich äußerst unbehaglich. Dann sagte er: »Das tut mir leid.«

»Lassen Sie uns an die Arbeit gehen«, sagte Robert, als er seine Selbstbeherrschung wiedergefunden hatte. Er zog sein Jackett aus, hängte es sorgfältig über die Stuhllehne und krempelte seine Ärmel hoch. »Das ist der beste Weg, um sich wieder besser zu fühlen.«

»Dann sind Sie ein richtiger Künstler«, sagte Peter und hatte das Gefühl, das sei der beste Trost, den er zu vergeben hatte.

Als erstes zählten sie Scheinwerfer und kontrollierten die Glühbirnen, um genau zu sehen, was zur Verfügung stand. Sie montierten ein einfaches Gestänge als Aufhängevorrichtung. Der Raum war so klein, daß Peter ziemlich schnell abschätzen konnte, was er brauchen würde, und er freute sich darauf, abends alles im einzelnen an seinem Schreibtisch auszutüfteln.

»Darf ich Ihnen erzählen, was ich am meisten an ihm gemocht habe?« fragte Robert, während sie Kabel umwickelten und beschrifteten.

»Natürlich.«

»Nun, Curtis war wirklich mein Freund. Er hatte keine Vaterrolle, und er war nicht einfach nur Papas Geliebter. Er war *mein* Freund, weil er für mich da war. Wir waren nicht immer einer Meinung, aber er wollte, daß ich die richtigen Entscheidungen traf. Aber wenn ich die falschen traf, hatte er mich trotzdem noch gern.«

Robert fand ein gerissenes Stück Kabel und begann es mit Isolierband zu umwickeln. Er holte eine nagelneue Schere aus ihrem Etui, das innen im Aktenkoffer befestigt war.

»Wenn Menschen so krank werden«, sagte er, »dann sehen sie sich gezwungen zu entscheiden, was sie wirklich von ihrem Leben wollen.«

Peter spürte einen Anflug von Besorgnis.

»Und was sie wirklich haben, meinen Sie.«

»Nein«, sagte Robert überzeugt. »Es ist eher das, was sie immer gewollt, aber ständig auf später verschoben haben. Natürlich hängt das alles davon ab, ob sie akzeptieren können, was mit ihrem Körper geschieht, oder nicht.«

Es lag etwas so Bedrohliches in Roberts Stimme, daß Peter Angst bekam. Er spürte, wie sich seine Kehle zuschnürte. Als er vorhatte, mit einem typisch jovialen Spruch zu kontern, brachte er keinen Ton heraus. Er sah weiß. Er fror. Kate machte alles kaputt. Heute war alles zwischen ihnen so schön gewesen, warum mußte sie weiter mit diesem kleinen Luder zusammensein? Peter schossen Bilder durch den Kopf. Bilder von Ideen, die nicht relevant waren. Wenn Kate jemals ins Krankenhaus käme, würde er mit dieser anderen um Besuchszeiten kämpfen müssen. Wenn Kate jemals schwerkrank wäre, würde er tun müssen, was sie wollte, und wie ein bestraftes Schulmädchen draußen im Gang warten, während die beiden zusammensaßen und kicherten.

Peter ängstigte sich, weil er die Dinge nicht mehr unter Kontrolle hatte. Dann wurde er wütend. Irgend etwas an dem, was Robert gesagt hatte, erinnerte ihn an seine eigene Einsamkeit. Es erinnerte ihn an seine Hilflosigkeit. Es sagte ihm, daß er allein war. Er war traurig. Er hatte keine Freundinnen oder Freunde und keinen Menschen, der sich um ihn kümmerte. Er hatte keinen Menschen, der sich um ihn kümmerte, weil er verlassen war. Er war verlassen und übertrieben behütet. Er bekam alles und nichts. Es hatte ihn ruiniert. Es hatte ihn schwierig gemacht. Das hatte dazu geführt, daß er jetzt verletzlich war. Er hatte sich verirrt. Er war ein Junge, der sich verirrt hatte und nicht weinen konnte. Er war gekränkt und weich. Er war weich wie eine Frau, aber er war keine Frau. Eine Frau hat dich verlassen, als es dir schlecht ging. Sie hat eine Affäre angefangen, als du verletzlich warst. Wäre er nicht verletzlich gewesen, hätte er auch eine Affäre angefangen, aber er war verletzlich, darum konnte er es nicht.

»Alles in Ordnung mit Ihnen?« fragte Robert und versuchte, nicht besorgt auszusehen. »Brauchen Sie einen Spaziergang draußen an der frischen Luft?«

»Wissen Sie, Robert«, sagte Peter. »Es ist nicht mehr so einfach, ein Mann zu sein, wie es einmal war. Eigentlich war es noch nie einfach, und jetzt ist es noch schlimmer als früher. Die

Leute geben einem für alles die Schuld. Aber man muß die ganze Zeit seine Perspektive im Auge behalten. Man muß im Gleichgewicht bleiben.«

Peter stand auf und holte tief Luft. Er streckte seine muskulösen Arme aus und berührte seine Zehen. Er war gut in Form.

»Das hier ist New York City«, sagte er. »Das beste ist, die Dinge als Ganzes zu betrachten. Einfach langfristig den Überblick zu behalten und sich nicht in vorübergehende Einzelheiten zu verrennen. Verstehen Sie, was ich meine?«

»Nein«, sagte Robert. »Das sehe ich überhaupt nicht so.«

30 PETER

Es war eindeutig Frühling, aber noch immer hingen Messer in der Luft, wenn ein zu heftiger und kalter Regen fiel und der Wind zu ungestüm peitschte. Peter spürte, wie der Regen auf seinen wasserdichten Mantel prasselte. Er war geschützt. Der Himmel war silbern wie der Mantel und die Häuser.

Auf dem Weg in die Innenstadt kam er an einer Schlange von Obdachlosen vorbei, die sich einigermaßen zivilisiert benahmen. Sie warteten darauf, in eine Wärmestube hineinzukommen, die von einer Synagoge in diesem Stadtteil eingerichtet worden war. Er sah sich die Leute genau an. Die meisten waren Schwarze. Sie hatten den Winter überlebt. Manche wirkten verwirrt, aber er konnte nicht sagen, ob sie obdachlos waren, weil sie verwirrt waren, wie es im Fernsehen hieß, oder ob die Obdachlosigkeit sie verrückt gemacht hatte, was wohl eher den Tatsachen entsprach. Aber nicht alle zeigten besonders dramatische Gefühle. Manche führten einfach still und unauffällig ein unglückliches Leben. Ein paar von den jüngeren Männern hatten eine Menge Energie und machten Witze oder pöbelten sich gegenseitig an. Sie tanzten an den älteren Männern vorbei, die ausdruckslos vor sich hinblickten und sich mit riesigen Händen über den ganzen Kopf und übers Gesicht rieben, als wären sie schrecklich müde. Niemand war anständig gekleidet. Die wenigen Frauen waren meistens ziemlich dünn, manche hatten Säuglinge oder kleine Kinder bei sich. Von denen keins älter aussah als acht. Die Mütter waren dünn, und manche hatten den Zombie-Blick der Junkies und Crack-Abhängigen, mit eingesunkenen oder irren Augen und Zahnlücken. Peter nahm an, daß die, die noch etwas besser dastanden, wahrscheinlich noch eine Wohnung, aber nicht genug zu essen hatten und deshalb mit ihren Kindern draußen im Regen stehen mußten. Aber er war sich nicht sicher, ob das so war. Es gab auch einige der üblichen Bag-Ladies, übergewichtige Pennerinnen, die eine Menge Zeug anhatten und mit sich herumtrugen. Sie redeten laut und hatten viel zu sagen. Die Dünnen versuchten nur, ihre Kinder ruhigzuhalten.

Als er begann, diesen Leuten zuzuschauen, empfand Peter abgrundtiefes Mitleid. Er fühlte sich ihnen verbunden durch die Ungerechtigkeit, die darin bestand, daß sie so schlecht behandelt worden waren. Er überquerte die Straße und stand praktisch direkt neben ihnen. Er beobachtete, wie sich alle dort drin in einer Reihe anstellten. Dann ging er auch hinein. Als er durch die Tür kam, entdeckte er, daß diese Leute auf Suppe und Kaffee und Weißbrot-Sandwiches mit Käse, Erdnußbutter und Gelee gewartet hatten. Dann sah er einen ganzen Tisch voll alter Leute, die meisten Weiße und Schwarze, zwei chinesische Paare darunter. Sie hielten Abstand von den Drogenabhängigen, den Pennern und Bag-Ladies und den verkrachten Existenzen. Den alten Leuten gefiel es, still und langsam zu essen. Die anderen aßen schnell, lehnten sich dann zurück und starrten vor sich hin. Peter stellte sich an die hintere Wand und beobachtete alles. Er war der einzige im Raum mit regenfesten Stiefeln. Er war der einzige Blonde. Die Leute tranken ganz langsam ihren Kaffee aus Styroporbechern. Sie schienen zu wissen, wie man es schafft, daß ein Becher Kaffee einen ganzen Nachmittag lang reicht. So war es egal, wie schnell sie ihre Sandwiches aßen. Der Geruch in dem Raum war überwältigend schlecht. Aber es war nicht der Raum selbst, es waren die Leute darin. Je wärmer es in dem Raum wurde, desto stärker roch es nach verkommenem Fleisch und Urin.

Als die Mahlzeit vorüber war, kam eine weitere Gruppe von Leuten herein. Es waren alles Weiße, die meisten schon älter, aber sehr gepflegt. Die Männer trugen zwanglos ihre Anzüge, während die Frauen schwarze Röcke aller Moderichtungen mit verschiedenen artigen Blusen trugen. Sie stellten sich auf der Vorderseite des Raumes in drei Reihen auf, und ein junger, fröhlicher Rabbi sprach ins Mikrophon.

»Willkommen, meine Damen und Herren. Wir von der Gemeinde Beth Shalom begrüßen Sie zu unserer Essensausgabe. Heute haben wir anläßlich des Passahfestes, des Festes der Befreiung, ein besonderes Programm für Sie. Der Jüdische Volksmusikchor unseres Tempels hat sich bereit erklärt, für Sie zu singen. Bitte heißen Sie diese wunderbare Musikgruppe unter der Leitung von Irv Jacobson willkommen.«

Niemand applaudierte. Die meisten saßen noch immer vor ihrem Kaffee und achteten gar nicht auf den Sprecher. Wer zuzuhören schien, starrte in Wirklichkeit einfach vor sich hin.

Dann stellte sich Irv vor der Gruppe auf, um zu dirigieren. Er trug in beiden Ohren ein Hörgerät. Er drehte sich zum Publikum um.

»Unsere ersten beiden Lieder sind den Herzen...«

»Lauter! Lauter!« schrie eine der Bag-Ladies, die drei Mäntel übereinander trug. Aber Irv hörte nichts.

»Irv«, begannen die Frauen in der ersten Reihe des Chors zu flüstern. Dann wurden sie lauter. »Irv! Irv!«

Sie zupften an seiner Jacke und versuchten, seine Aufmerksamkeit auf sich zu lenken.

»Was?«

»Sie können dich nicht hören.«

»Sie können mich nicht hören?«

»Nimm das Mikrophon.«

Daraufhin ging er zum Mikrophon und begann zu reden.

»Das folgende Lied liegt dem jüdischen Volk besonders am Herzen.«

Das Mikro ging sofort aus, aber Irv merkte es nicht. Er war zu taub und redete weiter.

»Irv«, fingen die Frauen in der ersten Reihe des Chors wieder an. »Irv, Irv, sie können dich nicht hören. Es funktioniert nicht.«

»Ich dachte, es funktioniert.«

161

»Laß uns einfach singen, Irv.«

Er hob die Hände, und sie stimmten »Alle Menschen Sienen Brider« an, und auf Irvs Gesicht spiegelte sich Begeisterung.

Peter sah sich in dem Raum um. Abgesehen von der Bag-Lady, die »Auf geht's, Irv« schrie, zeigte sich niemand in irgendeiner Weise von dem Jüdischen Volksmusikchor beeindruckt. Es war allenfalls so, daß es manche von ihnen nicht störte. Ganz anders die alten Leute am anderen Tisch. Sie waren glücklich. Sie konnten nicht mitsingen, weil sie die Sprache nicht verstanden, aber sie merkten, daß sich jemand für sie Mühe gab, und Irv war so in Verzückung geraten, daß sich etwas von seiner Freude auf einige der alten Leute übertrug. Es rief eine Erinnerung an ihre eigenen Lieder wach, und das schien in diesem Moment sehr wichtig zu sein.

Peter stand die ganze Zeit da, und der Regen tropfte von seinem Regenmantel. Alle anderen hatten durchnäßte Kleider, nur seine waren trocken.

Wie kann das Leid auch nur für einen Augenblick gemildert werden? dachte er. *Hier sind wir nun, die Heimatlosen, die Alten, die Künstler. Die Traurigkeit ist so überwältigend, daß ich keine Ahnung habe, was ich tun soll. In meinem Leben hat es nichts gegeben, was mich hierauf vorbereitet hätte.*

31 PETER

Um fünf Uhr war Kate immer noch nicht nach Hause gekommen. Also wählte Peter die Nummer ihres Ateliers und bekam den Anrufbeantworter dran. Er setzte sich an seinen Schreibtisch und arbeitete bis elf an dem Beleuchtungsplan, dann rief er noch einmal im Atelier an. Immer noch der Anrufbeantworter. So beschloß er, zum Atelier hinüberzugehen.

Es goß in Strömen, und Peter hatte seine regenfesten Stiefel und seinen Regenmantel an und trug einen Schirm. Er hatte es gern, wenn er gut gegen Wind und Wetter geschützt war. Er mochte es nicht, wenn er naß wurde, und es war einfach, trockenzubleiben, wenn man sich die Zeit nahm, das ganze notwendige Zubehör anzulegen. In New Hampshire spiegelte der Boden das Mondlicht wider, wenn es schneite, und alles war hell erleuchtet, auch ohne Sterne. Tagsüber war es manchmal so hell, daß die Augen schmerzten. Aber Peter konnte sich ganz oben auf einem Hügel hinlegen und herunterrollen lassen, ohne daß er sich wehtat, denn der Schnee war so tief und weich, und die Leute dort oben verstanden es, sich warm anzuziehen.

»Hey, Mann, könnten Sie mir mal aushelfen?«

163

Peter drehte sich um und sah einen großen, drahtigen Schwarzen mit einer Skimütze, die er sich so tief in die Stirn gezogen hatte, daß sie seine Augenbrauen bedeckte. Der Mann sah ihm direkt in die Augen.

»Klar«, sagte Peter, griff in seine Taschen und gab dem Mann fünfzig Cents.

»Danke. Jetzt brauche ich Hilfe bei dem hier.«

Er hielt seine Hand hoch. Sie war so riesig, narbenübersät und verdorrt, daß die Haut wohl über Jahre hinweg häufig aufgeplatzt war. Fast die ganze Hand war von einem grünlichen Film überzogen, abgesehen von einer Stelle, die unter einem schmutzigen Verband und Leukoplast versteckt war. Die Hand wirkte ein bißchen wie eine von diesen Monsterhänden, die die Kinder für Halloween bei Woolworth kaufen. Der Mann war sehr aufgeregt. Er weinte fast.

»Ich bin ins Bellevue-Krankenhaus gegangen«, sagte er, »und sie haben es zugewickelt. Aber dann sind sie weg und haben mir das hier gegeben.«

Er zog ein zerknülltes Rezept aus seiner Gesäßtasche. Seine Hose war so dünn, daß Peter jeden einzelnen Muskel darunter zucken sah.

»Dann haben sie mir gesagt, ich soll's einlösen, aber sie haben mir nicht gesagt wie. Jetzt ist es spät und alles hat zu und ich hab' meine Medizin immer noch nicht gekriegt.«

»Lassen Sie mal sehen.«

Peter blickte auf das Stück Papier. Es sah echt aus. Der Mann schien wirklich verletzt zu sein. Die ganze Geschichte war glaubwürdig.

»Okay«, sagte Peter. »Wir müssen eine Apotheke finden. Ich zeige Ihnen, wie man ein Rezept einlöst, und wenn Sie das nächste Mal was brauchen, können Sie es allein.«

Sie gingen rasch weiter. Der Mann war in Peters Alter.

Das ist zu alt, um auf der Straße zu leben, dachte er.

»Ich will meine Hand nicht verlieren«, sagte der Mann.

»Haben sie Ihnen das im Bellevue erzählt?«

»Nein, aber ich hab' einfach so ein Gefühl.«

Es ist wirklich wichtig, daß zwei Männer mit unterschiedlichem Hintergrund so miteinander kommunizieren können, dachte Peter. Dann fragte er sich, ob der Mann die Sache wohl hochspielte, weil er versuchte, ihm Geld abzuknöpfen.

»Na, machen Sie sich mal keine Sorgen«, sagte Peter. »Ein Stück weiter die Straße runter ist eine Apotheke.«

Doch als sie hinkamen, war sie geschlossen.

»Es gibt noch eine andere, etwa drei Blocks weiter. Schaffen Sie das?«

»Ja.«

Diesmal rannten sie beinahe, und beide schwitzten in der feuchten, regnerischen Nacht. Sie stürzten auf die Eingangstür zu und mußten sich dann damit abfinden, daß sie verschlossen war.

»Lassen Sie mich den Polizisten da fragen«, sagte Peter, der sich insgeheim fragte, worauf er sich da eigentlich eingelassen hatte.

»Nein, keine Polizisten«, sagte der Mann und riß ihm das Stück Papier aus der Hand.

»Okay«, sagte Peter. Ihm war schwindlig. Er hatte das Gefühl, daß er in der Falle saß wie ein Gesetzloser. Was sollte er tun? Sollte er ein Taxi rufen, damit sie zu einer Apotheke fahren konnten, die die ganze Nacht geöffnet hatte? Sollte er dem Mann einfach zehn Dollar geben? Es wurde sehr spät. War das alles ein Trick mit dem Ziel, ihn um zehn Dollar zu erleichtern? Dann blickte er auf und sah Molly die Straße entlanggehen. Sie hatte keinen Regenmantel an. Sie trug weder Stiefel noch eine Kapuze und hatte auch keinen Schirm dabei. Sie hatte ihren Jackenkragen hochgeklappt und stemmte sich mit hochgezogenen Schultern gegen den Regen.

»Molly.«

Sie blickte auf, erkannte ihn, ging aber entschlossen weiter.

»Molly, helfen Sie mir bitte?«

Da hielt sie an und stellte sich mit unter seinen Schirm, so daß sie einander sehr nahe waren. Der Mann stand unter der Markise eines Feinkostgeschäfts und schaute sich dauernd in alle Richtungen um.

»Was ist los, Peter?«

»Dieser Mann hat mich angehalten. Er muß ein Rezept einlösen, aber alle Apotheken sind geschlossen, und ich weiß nicht recht, was ich tun soll. Kennen Sie eine Apotheke, die auf hat?«

Sie sah sich das Rezept an.

»Tylenol drei. Das ist ein Schmerzmittel. Mit Codein.«

»Oh«, sagte er.

Dann ging sie zu dem Mann, der unter der Markise stand.

»Brauchen Sie ein Schmerzmittel?«

»Ja, brauch' ich.«

»Wie sehr tut es weh?«

»Es tut weh. Es ist ein dumpfer Schmerz. Es brennt. Ich muß etwas machen, damit die Schmerzen aufhören.«

»Also, was haben Sie vor?« fragte sie ihn, nicht mitleidig, sondern mit herausfordernder Stimme, als erwarte sie, die richtige Antwort auf diese Frage zu hören.

Sie ist so aggressiv, dachte Peter. *Man sollte meinen, sie hätte ein bißchen mehr Herz für einen Kerl, der in Schwierigkeiten steckt. Wahrscheinlich ist sie so, weil er ein Mann ist.*

»Ich weiß nicht.«

»Schauen Sie, wir werden Ihnen jetzt etwas besorgen, aber Sie müssen morgen früh wieder ins Krankenhaus gehen und den Leuten dort sagen, daß sie sich's noch mal ansehen sollen. Sind Sie in der Krankenversicherung?«

»Ich hab' keinen Krankenschein.«

»Warten Sie hier.«

Sie ging in das Feinkostgeschäft, ignorierte Peter und besprach nichts davon mit ihm. Dann kam sie mit einem Fläschchen Tylenol-Tabletten, einer Schachtel Marlboro und zwei Flaschen Budweiser wieder heraus.

»Nehmen Sie sechs von denen und trinken Sie das, dann werden Sie eine Weile nichts spüren.«

Der Mann nahm alles an sich und machte, daß er wegkam. Er rannte davon. Er wollte nicht mehr in ihrer Nähe sein.

Peter und Molly sahen sich an. Es war nicht zu vermeiden.

»Wie geht's?« sagte Peter.

»Ich hab' viel zu tun gehabt«, sagte Molly. »Ich hab' eine Menge rumorganisiert.«

»Ach wirklich?« sagte Peter. »Sind Sie Sekretärin?«

Er sah, wie sich ihr Mund öffnete, als wolle sie etwas ganz Bestimmtes sagen, aber dann beschloß sie, statt dessen etwas anderes zu sagen.

»Für einen Menschen, den Sie nicht lieben, können Sie nur in begrenztem Maße etwas tun«, sagte sie. »Es gibt in dieser Stadt eine Menge benachteiligte Menschen. Sie müssen wissen, wo die anderen aufhören und wo Sie selbst anfangen.«

»Aber vielleicht hätte ich ihn mit dem Taxi ins Bellevue bringen sollen«, sagte Peter und sah die leere Straße hinunter. »Oder ich hätte es noch in ein paar anderen Läden versuchen können. Es muß doch irgendwo in Manhattan einen Drugstore geben, der die ganze Nacht offen ist.«

Er sah zu, wie kleine Regentropfen von ihrer Nase rannen und ihren Hals hinunterliefen. Sie versuchte nicht einmal, sich unterzustellen.

»Na ja, das hätten Sie tun können, aber an einem bestimmten Punkt hätten Sie *stopp* sagen müssen. Sie wollten ihn doch wohl nicht mit zu sich nach Hause nehmen und ihm einen von Ihren Schlafanzügen geben, oder?«

»Ich hab' nur versucht, jemandem zu helfen«, sagte er.

»Ja, ich weiß«, sagte sie. »Ich bin sicher, daß Sie ein sehr netter Mensch sind.«

Der Regen war geräuschvoll. Er roch gut. Der nächste Tag würde frisch sein. An den Bäumen am Saint Mark's Place würden Knospen sprießen.

»Mein Privatleben geht kaputt«, sagte Peter. »Mir fallen die Haare aus.«

»Nun, Sie könnten sich eine kleine Tätowierung auf die Schläfe machen lassen, vielleicht eine Sternschnuppe. Das würde Ihren Haaransatz auffüllen. Außerdem wären die Leute dann so damit beschäftigt, sich Ihre Tätowierung anzusehen, daß sie vergessen würden, daß Sie eine Glatze bekommen.«

Er wollte nicht, daß sie wegging.

»Als ich Sie das erste Mal sah, konnte ich nicht begreifen, wieso Kate Sie attraktiv findet, aber jetzt, nachdem ich Sie in Aktion gesehen habe, kann ich verstehen, warum sie sich für Sie interessiert.«

»O nein«, sagte Molly.

»Ich weiß, daß Sie mich für einen Macho-Hetero halten«, sagte er und fühlte sich in diesem Augenblick irgendwie besonders männlich. »Aber ich habe ein echtes Problem mit Ihrem Separatismus.«

»Meinem was?«

»Ihrem Separatismus. Sehen Sie, ich glaube, alle Menschen sind gleich. Aber bei Ihnen heißt es immer nur Lesben hier und Lesben da. Wissen Sie, Molly, Männer sind auch Menschen. Menschen haben Rechte, auch wenn sie nicht homosexuell sind.«

»Ihr könnt es nicht ertragen, wenn ihr mal nicht im Mittelpunkt steht, nicht wahr?«

»Wie?« sagte er. Er hatte sie akustisch nicht verstanden.

»Ich verstehe, was Sie sagen«, antwortete Molly und änderte ihre Körpersprache, als sei sie plötzlich sehr müde. »Ich stimme Ihnen nicht zu, aber ich kann Ihnen folgen und verstehe genau, was Sie meinen.«

Da war Peter so glücklich, daß er sie bei den Schultern faßte, auf den Mund küßte und ihren Körper an sich zog. Danach stand sie kaum noch einen Moment da, sah ihn nicht einmal mehr richtig an, sondern drehte sich einfach um und ging übertrieben langsam weg. Sie bemerkte den Regen gar nicht. Drehte sich nicht um.

Peter war bester Stimmung. Er hatte sich mit der Geliebten seiner Frau angefreundet. So flexibel und locker war wohl kaum jemand. Er wußte, daß Kate deswegen stolz auf ihn sein würde.

Peter ging direkt zu ihrem Atelier. Es war lange nach Mitternacht. Er blieb auf der anderen Straßenseite stehen und kaufte an einem Obststand, der die ganze Nacht aufgebaut war, einen Blumenstrauß. Tulpen. Tulpen Mitte März. War jetzt die richtige Zeit dafür? Das war New York. Du konntest zu jeder beliebigen Jahreszeit morgens um zwei eine Kiwi kaufen, ohne weiter als drei Blocks gehen zu müssen. Er suchte dunkellila Tulpen aus und rote mit schwarzen Streifen auf den Blütenblättern. Sie waren fast ganz geöffnet. Er malte sich aus, wie Kate die Blumen an ihr Gesicht drücken würde, das sich weiß und fruchtig gegen das dunkle Lila abhob.

»Sie sehen einfach viel besser aus, wenn du sie in der Hand hältst«, würde er sagen. Dann holte er sein Duplikat ihrer Schlüssel heraus und stieg die Treppe hinauf.

»Was machst du denn da, Katie? Es ist schon spät.«

Sie saß auf dem Fußboden, mit langen grauen Plastikstreifen im Schoß. Sie bemalte sie mit Farbe aus einem Glasdöschen.

Er kam näher, aber nicht zu nahe, kniete sich hin und streckte ihr nur die obere Hälfte seines Körpers entgegen.

»Was bemalst du da?«

»Zwei verschiedene Arten von Röntgenbildern«, sagte sie, ohne ein einziges Mal aufzublicken. »Die hier in meiner Hand sind einfache Filme. Damit du einen Tumor auf dem einfachen

Film sehen kannst, muß er groß genug sein, und er muß eine größere Dichte besitzen als das normale Gewebe, das ihn umgibt.«

»Und die anderen?«

»Das sind Kontrastfilme. Die werden benutzt, wenn sie dir ein Färbemittel spritzen. Der Kontrastfilm reagiert auf das Färbemittel anders als der einfache Film. Er stößt es praktisch ab.«

Nun blickte sie hoch. Sie stand auf und ließ Peter auf dem Boden kauernd zurück. Dann erhob er sich auch.

»Bist du denn nicht müde, Katie? Willst du nicht ein bißchen schlafen?«

»Nein«, sagte sie. »Das hier ist das letzte Stück. Wenn ich das eingefügt habe, ist *Leben am Rand* beinahe fertig. Ich muß es dann nur noch auf die Spanplatten aufziehen und die einzelnen Teile aneinanderkleben, und dann ist es fertig und kann aufgestellt werden.«

Dann hielten sie einander eng umschlungen. Aber eine feste Umarmung ist nie der letzte Augenblick zwischen zwei Menschen. Der letzte Augenblick ist dann, wenn die Umarmung gelöst wird, und dann kommen Gefühle zum Vorschein, die so viel stärker sind.

32 KATE

Die Kassiererin in dem chinesischen Restaurant hörte eine Cassette zur Vorbereitung auf das Prüfungsgespräch, das sie führen mußte, um eine Aufenthaltsgenehmigung zu bekommen. Die Fenster waren beschlagen, denn aus der Küche drang der Qualm von ausgelassenem Schweineschmalz, doch die Eingangstür stand ebenfalls offen, so daß ein Hauch von Frühling hereinwehte. Kate und Molly schwirrte der Kopf vom Sonnenschein und von zu viel chinesischem Tee.

»Sind Sie bereit, den Treueeid der Vereinigten Staaten von Amerika zu leisten?« fragte die gebieterische Männerstimme vom Band mit einem Ostküsten-Akzent. Sie besaß keinerlei Intonation.

»Ja«, sagte die Frau automatisch, während sie Hackfleisch in Teigbällchen einrollte. Ihre Tochter, ein Teenager, kaute auf einem Bleistift herum und schaute an einem der leeren Tische abwechselnd auf ihren Taschenrechner und in ihr Heft.

»Sind Sie bereit, für die Vereinigten Staaten Waffen zu tragen?«

»Ja«, sagte die Frau.

»Haben Sie schon einmal Drogen verkauft?«

»Drogen vertauscht?« wiederholte sie zweifelnd.

»Prostitution?« sagte die Cassette.

»Pastu zon?« sagte die Frau wieder in fragendem Ton.

»Ehebruch?« sagte die Cassette.

»Epuch?« sagte sie.

»Nein!« schrie ihre Tochter. »Drogen verkauft! Prostitution! Ehebruch! Ehebruch! Ehebruch!«

Dann kugelten sich beide vor Lachen und holten gleichzeitig tief Luft, bevor sich jede wieder ihren eigenen Aufgaben zuwandte.

»Als wir heute nachmittag miteinander geschlafen haben«, sagte Kate und fuhr die Venen an der Innenseite von Mollys Handgelenk nach, »habe ich gespürt, daß meine Hand fast völlig in dir drin war, und ich konnte einen Feuerball berühren, ein heißes Zentrum. Dann hast du mich gepackt und noch tiefer in die Hitze hineingezogen.«

»Was magst du am liebsten an mir?« fragte Molly.

»Da gibt es einen Himmel unter der Oberfläche«, sagte Kate. »Und eine Jeans, und eine getigerte Rose in der Mitte deines Schädels. Eine rote Maske. Ein rotes Ei. Eine Mondlandschaft aus Glas. Zellen einer Zunge unter dem Vergrößerungsglas, salzige, schwammige Gegenstände, Berge von Schwarz. Graue Hügel.«

»Ich bin so glücklich«, sagte Molly. »Das ist toll. Das ist, als würdest du neben einem Wasserfall sitzen. Das ist der Himmel auf Erden.«

Sie bogen in die Hundertdritte Straße ein und betraten die Eingangshalle des Mount-Sinai-Krankenhauses, wo Scott seit ein paar Tagen lag. Es war nicht das erste Mal, daß er hier war, und es war nicht das erste Mal, daß es Komplikationen gab. James hatte herumtelefoniert und alle gebeten, Scott zu besuchen, weil er sich zu isoliert fühlte, wenn er keine vertrauten Gesichter sah.

Er saß, von Kissen gestützt, aufrecht im Bett, und sein frischgebürstetes Haar hing ihm lose um die Schultern. Er sah aus wie eine Madonna, auch wenn sich seine Haut abschälte.

Für Kate gab es keine Sonne, keine Nähe mehr. Es gab nur diese andere Welt mit zwei ausgeprägten Gerüchen: Ammoniak-Reinheit und übler Dreckgestank. Es war kaum zu glauben, daß diese rauhe, blutende Haut Scott sein sollte und nicht

nur etwas, das auf ihm lag. Sie hatte rein verstandesmäßig gewußt, daß jede Kleinigkeit enorme Ausmaße annimmt, wenn
das Immunsystem eines Menschen angeschlagen ist. Aber sie
war vergnügt und unbefangen in das Krankenzimmer gekommen, ohne sich bewußt zu machen, daß sie zum ersten Mal
einen Freund besuchte, der wahrscheinlich an AIDS sterben
würde.

Irre, dachte sie. *Früher war Krebs diese große, dramatische
Sache. Jetzt, wo die Leute sterben wie die Fliegen, ist Krebs nur
noch eine unter vielen Krankheiten.*

Sie sah Scott an. Noch vor einem Monat hatten sie alle vier
zusammen in der Wohnung dieses Mannes zu Abend gegessen.
Scotts zwei Töchter waren auch dagewesen und sogar übers
Wochenende geblieben.

Er hatte ganz allein gekocht und die Teller gefüllt. Dann
senkten die Mädchen ihre Köpfe zum Tischgebet, und Molly
und Kate taten es ihnen nach.

»Mögen wir alle das bekommen, was wir brauchen und was
wir uns wünschen, sofort, und außerdem das Recht auf Selbst-
bestimmung für alle Völker. Amen.«

»Ich war vier Jahre lang verheiratet«, hatte ihnen Scott an
jenem Abend beim Essen erzählt. »Jetzt leben wir drei Blocks
von meiner Exfrau entfernt, und so kann ich in der Nähe meiner Mädchen sein. Greta ist sieben und Andrea ist neun.«

Während er sprach, legte James Andrea noch etwas zu essen
auf den Teller und paßte auf, daß Greta sich nicht von oben bis
unten mit Sauce bekleckerte.

»Dad?« sagte Andrea mit vollem Mund.

»Was?«

»Kann ein Kind dazu erzogen werden, gegen Homosexualität zu sein, und trotzdem homosexuell werden?«

»Ja«, sagte er.

»Wie kommt das?«

»Das kommt daher«, antwortete Scott und streichelte dabei
ihr langes Haar, wickelte es um ihre Ohren und strich es ihr aus
dem Gesicht, »weil Menschen nicht das werden, wozu sie erzogen sind. Menschen werden sie selbst.«

An jenem Abend, als sie dasaßen und redeten, hatten Scott
und James so glücklich zusammen ausgesehen. Sie konnten
nicht anders, sie mußten einfach ab und zu näher zusammen-

172

rücken und sich berühren, bis James seinen Gefühlen nachgab und sich in die Arme seines Freundes kuschelte. Kate sah, daß Molly sie die ganze Zeit beobachtete. Gleichzeitig beobachtete sich Kate selbst. Sie betrachtete sich als Teil eines homosexuellen Paares. Sie hatte als Lesbe einen eigenen Bekanntenkreis und sah hier zwei Männern zu, die sich liebten, ohne ihre Gefühle zu unterdrücken oder nervös zu sein. Sie war ein Teil der natürlichen Umgebung dieser Menschen geworden. Und umgekehrt beinahe auch.

»Ich habe eine Menge Bücher über entsetzliche Katastrophen gelesen, die über Menschen hereingebrochen sind«, sagte James. Er war Sozialarbeiter beim Jüdischen Verband für Kind und Familie, aber er sagte, daß er auf seinen täglichen U-Bahn-Fahrten zur Arbeit und zurück viel zum Lesen kam.

»Ich habe Bücher über die Pest gelesen, über den Holocaust, über Hiroshima, Sklaverei, Apartheid. Ich habe jeden Roman über AIDS gelesen, den die Verlage haben herausbringen können, und es ist alles gleichermaßen unbefriedigend.«

»Inwiefern?« Kate war noch nie auf den Gedanken gekommen, daß es richtige Romane über AIDS geben könnte.

»Wenn ein Mensch dem Tod ins Auge blickt«, sagte James, »besonders dann, wenn es ein Tod ist, der bewußt erlebt wird, der nicht herausgefordert wurde und der vermeidbar gewesen wäre, dann scheint es nur zwei Reaktionen zu geben. *Warum gerade ich?* und *Ich will nicht sterben.*«

»Was ist mit den Philosophen im Holocaust, Primo Levi, zum Beispiel?«

»Die haben überlebt«, sagte er. »Ich spreche davon, dem Tod ins Auge zu blicken. Die einzige echte Reaktion, die wir zeigen können, ist banal, weil der Tod die letzte Erfahrung in unserem Leben ist. Es ist nicht wie bei der Liebe. Es gibt keinen Blick zurück. Die Herausforderung besteht darin, den Tod von einer übermächtigen Leere, die als persönliches Schicksal erlebt wird, in ein gemeinsames Unternehmen zu verwandeln, indem du versuchst, anderen zu helfen, damit sie nicht das gleiche erleiden. Aber mit einer solchen ungewöhnlichen Reaktion durchbrichst du die gewohnten Reaktionsmuster der Menschen.«

Jetzt, in Scotts Krankenzimmer, erschienen Kate diese Ideen völlig unpassend. Dieser Mann lag im Sterben. Je mehr sie sich darauf konzentrierte, desto stärker wurde das Gefühl, daß sie die Dinge nicht mehr unter Kontrolle hatte. Doch er lächelte und wandte den Kopf. Er sagte etwas zu ihr.

»Wie bitte?«

»Kate, ich habe dich gefragt, ob du heute die Zeitung gelesen hast?«

Sie las ihnen laut aus der *Times* vor, aus der Seite mit den Leserbriefen.

»Natürlich befinden sich Homosexuelle in einer verzweifelten Lage, aber sie müssen lernen, ihre Ziele auf gesetzlichem Wege zu erreichen. Diese plündernden Horden mit dem irreführenden Namen *Justice* stehen in krassem Gegensatz zu den Werten, auf die sich unsere Nation gründet.«

Scott grinste bei diesen Worten übers ganze Gesicht. Dann streckte Molly die Hand aus und strich ihm das Haar aus der Stirn. Kate überlegte, ob sie diese Haut berühren konnte.

»Scott«, sagte Molly, »ich habe dir ein paar Vorräte mitgebracht, damit du deinen Gästen was anzubieten hast. Hier sind zwei Sorten Kaviar: schwarzer und roter. Und zwei Päckchen Carr's Vollkorn-Weizenkekse. Außerdem eine Flasche Sekt für die hungrigen Massen von Freunden und Freundinnen.«

»Weißt du«, sagte Scott, »es ist viel einfacher, Leute zu Besuch zu haben, die daran gewöhnt sind, ihre Freunde kränklich und schwach zu erleben, weil sie nicht diesen schockierten Gesichtsausdruck haben, wenn sie reinkommen und mich sehen. Eigentlich sehen sie sogar erleichtert aus. Außerdem benehmen sich alle so elegant am Krankenbett, sie haben sich richtig perfekte Umgangsformen zugelegt. Wenn du verschiedene Freunde besucht hast, wirst du kreativ und überlegst dir, was du ins Krankenhaus mitbringen kannst, anstatt dieser endlosen Prozession nervöser Blumen, die dich völlig erschöpft zurücklassen, wenn es zu viele werden.«

Der Raum war mit Luftballons in allen Regenbogenfarben dekoriert, mit Fotos von Scott und James beim Küssen, Zeichnungen und Malereien der Mädchen. Scott war von Bildern umgeben, auf denen geliebt, umarmt und getanzt wurde — all diese besonders glücklichen Augenblicke des Lebens. Auf dem Cassettenrecorder lief Betty Carter, und Scott war mittendrin, in seinem babyblauen Schlafanzug, der mit Surfbrettern und blonden Männern bedruckt war, die Volleyball spielten.

»Was für eine Behandlung machst du zur Zeit?« fragte Kate, die endlich entspannt genug war, um zu reden. Sie hatte noch nie einen Menschen sterben sehen, der so jung war.

»Na ja«, sagte er ganz gelassen. »Da wäre dieses Pentamidin-spray, aber sie wissen nicht, wieviel du nehmen sollst und wie oft. Jetzt hab' ich Probleme mit der Haut auf meiner Brust, im Gesicht und an den Armen. Sie fängt an, sich zu schälen. Aber sie behandeln mich mit der Höhensonne, und das wird nicht nur meinen Körper zusammenhalten, sondern ich werde obendrein noch braun.«

»Sie sollten den Namen dieses Krankenhauses ändern und es 'Mount Sinai — Club Mediterran' nennen«, sagte Molly.

»Weißt du«, sagte Scott, »entweder du kannst dich selbst heilen, oder du kannst es nicht. Ich versuch' es, so gut ich kann, aber weißt du was? Es ist sehr schwer. Es ist wirklich sehr schwer.«

33 KATE

Die U-Bahn-Haltestelle war völlig verdreckt und zu verwirrend nach dem Krankenhaus. Braune Abfälle türmten sich auf der Treppe und mußten behutsam überklettert werden wie kleine Felsbrocken in einem Bachbett. Es gab ein scheinbar endloses, gesichtsloses Meer von Bettlern, die auf vielen Treppenstufen standen oder saßen, von einem neunjährigen Schnorrer/Taschendieb bis hin zu einer Nonne mit einem umgedrehten Tambourin voller Kleingeld. Jeder einzelne Sitz auf dem Bahnsteig war mit einem schlafenden Menschen bestückt. Im ersten Wagen, in den sie einstiegen, lagen Obdachlose ausgestreckt auf den Bänken und in allen vier Ecken. Kate und Molly gingen durch in den zweiten Wagen.

»Weißt du«, sagte Kate, während sie auf dem kleinen Zweiersitz neben den Schiebetüren ihren Arm um Molly legte, »das Wichtigste, was ich durch das Zusammensein mit dir gelernt habe, ist, daß ich als Person wachse und mich weiterentwickle. Aber ich verstehe deine Politik nicht ganz. Du brauchst sie mir jetzt nicht noch einmal erklären. Ich begreife bloß einfach nicht, was es da so ungeheuer Wichtiges geben soll, um das sich deiner Meinung nach alles dreht.«

Molly legte ihren Kopf an Kates Schulter und öffnete und schloß in gleichmäßigen Abständen die Augen, während der Zug unter der Stadt dahinbrauste.

Molly ist immer in Bewegung, dachte Kate, die sie beobachtete. *Aber langsam, wie beim T'ai Chi.* Es war keine Bewegung ihrer Hände und Füße, sondern eine ständige Verlagerung von Gewicht, Blick und Körperhaltung. Ihr Gesicht veränderte sich ständig. Es war schwer, sich eine feste Vorstellung davon zu machen, wie es eigentlich aussah. Wenn Kate sich abwandte und dann wieder zurückschaute, wie es in einem Gespräch oft der Fall ist, war Molly nie dieselbe Frau wie vorher. Aber wenn Kate mutig und glücklich war und sie einander erlaubten, sich voll anzublicken, dann konnte Kate all die Veränderungen in einer Momentaufnahme sehen. Es war, als würde jemand im Zeitraffer filmen, wie sich eine Blüte öffnet. Es gab kein Standbild in einem bestimmten Augenblick, sondern gerade die Übergangsphasen wurden bedeutsam. *Diese Veränderung*, dachte Kate, während sie ihren Körper dem Rütteln des U-Bahn-Wagens überließ, *das ist es, woran ich mich erinnere, wenn ich an sie denke.*

»Kate, mir ist gerade etwas Komisches eingefallen.« Molly zog ihren Rucksack auf ihren Schoß. »Als Pearl und ich noch ein Paar waren, fuhren wir mal für einen Wochenendurlaub raus aus der Stadt. Wir zogen in ein Spießerhotel, das von Ukrainern geführt wurde, in der Nähe von Lexington, New York, wo Pearl jetzt lebt. Sie ging damals zu dem Besitzer hin und verlangte ein Doppelbett, obwohl ich sie extra gebeten hatte, das nicht zu tun. Weißt du, ich habe vor, meinen dreißigsten Geburtstag noch zu erleben. Aber bei Pearl muß alles immer genau so sein, wie sie es haben will, auch wenn sie das in Gefahr bringt. Und so hatte ich dann die ganze erste Nacht hindurch fürchterliche Angst, wollte die Vorhänge nicht zurückschieben, um den Mondschein hereinzulassen, wollte nicht mit ihr schlafen, solange das Licht an war. Ich war fest überzeugt, daß ich etwas am Fenster gesehen hatte, das uns belauerte. Hinzu kommt, daß sie beim Sex ziemlich laut ist, und am nächsten Morgen grinste uns der Typ an der Rezeption anzüglich an. Seine Frau, die den Coffee Shop nebenan führte, war eisig und sagte kein Wort.«

Molly fand die Lotion, nach der sie gesucht hatte, und rieb

sich die Hände damit ein. Kate nahm den Gurkengeruch wahr.

»Ich war an anzügliches Grinsen gewöhnt, hatte aber allmählich den Verdacht, daß uns noch größerer Ärger bevorstand, als eine Gruppe von drei Männern, die auch gerade frühstückte, beschloß, sich an uns heranzumachen, wobei ihnen der Besitzer aus der Ecke augenzwinkernd zusah. Ich wollte möglichst schnell verschwinden, aber wir hatten nur zwei Tage Zeit, und es hätte alles kaputtgemacht, wenn wir uns ein neues Quartier hätten suchen müssen. Als wir aus dem Wald zurückkamen, saßen sie alle beim Abendessen. Da erfuhren wir, daß in dieser Nacht einer der Typen an der Rezeption arbeiten würde. Die anderen beiden fingen an, uns zu bekneten, wir sollten mit ihnen nach Hunter fahren und in eine Disco gehen.«

Ein Mann, dessen Füße in schmutzige Lumpen gewickelt waren, kam an der Haltestelle Zweiundvierzigste Straße hereingestolpert. Ihm folgten zwei Teenager, die so dünn waren, daß sie ausgemergelt wirkten. Die Jungen trugen dünne Jacken und kauerten sich schweigend aneinander. Der Mann streckte sich sofort den beiden Frauen gegenüber auf den Sitzen zum Schlafen aus. Molly rieb sich beide Hände mit Lotion ein und fuhr sich damit über Gesicht und Hals.

»Ich wollte nicht mit ihnen ausgehen, und ich wollte nicht mit Männern tanzen.«

Kate zuckte zusammen.

»Warum mußt du immer etwas Schlechtes über Männer sagen? Vielleicht waren sie nette Männer. Vielleicht waren sie gute Tänzer.«

»Ich tanze einfach nicht gern mit Heteros. Ich hab' nicht vor, so zu tun, als ob. Es ist mir egal, ob sie mich attraktiv finden oder nicht. Ich will nichts davon hören.«

Kate wußte, daß das ein Seitenhieb gegen Peter war.

»Na, jedenfalls — wir sagten 'nein, danke'. Da fragten sie 'warum nicht?' Was mich wirklich überraschte, denn ich hab' mein Leben so aufgebaut, daß nur ganz wenige Leute versuchen, mich dazu zu bringen, etwas zu tun, das ich nicht will. Anwesende Personen ausgeschlossen.«

Wieder ein Seitenhieb gegen Peter, und einer gegen mich, vermerkte Kate. *Sie sollte aufhören, so zu tun, als wäre sie weiß Gott wie nett, und sich ein bißchen mehr zu ihrer Feindseligkeit bekennen.*

»Also sagte ich: 'weil ich nicht will' und wurde ärgerlich, bis sie sich schmollend in ihr Auto verzogen und den Typen zurückließen, der in dieser Nacht arbeiten würde. Ich sagte zu Pearl: 'Laß uns hier verschwinden. Wenn diese Typen besoffen zurückkommen, werden wir ganz schön Probleme kriegen.' Das war vor dem Gesetz, das die Homosexualität legalisierte, sie hätten uns also auch rausschmeißen können. Aber Pearl war dickköpfig, und so blieben wir. Trotzdem verrammelte ich die Tür und verkeilte eine Stuhllehne unter dem Türgriff. Dann schloß ich alle Fenster und verriegelte sie.«

Der Mann, der ausgestreckt auf der anderen Seite des Ganges lag, kratzte sich heftig am Kopf und ließ seine Hände behaglich in seine Hose gleiten.

»In der Nacht schliefen wir, und um fünf Uhr morgens versuchten sie, die Tür einzutreten. Sie kletterten auf das Spalier an der Hauswand und versuchten, durch die Fenster reinzuklettern. Und die ganze Zeit dachte ich: *wir können nicht um Hilfe schreien*, denn wir waren zwei nackte Frauen in einem Bett. Also lagen wir mucksmäuschenstill da und hielten uns an den Händen, und schließlich zogen sie lachend ab. Ich weiß, daß der Besitzer den Krach gehört hat. Ich meine, sie konnten Pearls Orgasmen hören, da konnten sie ja wohl auch hören, wie diese Typen gemeinsam versuchten, uns zu vergewaltigen. Aber niemand kam, um uns zu helfen. Als wir am nächsten Morgen abreisten, sagte der Typ an der Rezeption kein Wort.«

Warum erzählt sie mir immer diese Geschichten, in denen es darum geht, wie gräßlich die Männer sind? dachte Kate. *Sie versucht, mir ein schlechtes Gewissen einzureden, weil ich einen Mann habe. Sie manipuliert mich. Ich hasse es, wenn sie so redet.*

»Du wirst sehen«, sagte Molly und kuschelte sich wieder an die Schulter ihrer Geliebten. »Eines Tages, wenn wir mal zusammen verreisen, dann ist das wirklich was anderes. Wo du auch hingehst, überall kommen Männer und quatschen dich an. Sie fallen dir immer ins Wort. Sie wollen immer, daß du sie beachtest.«

Zwei Polizisten kamen in ihren blauen Uniformen mit großen Schritten in den Wagen und schwangen gekonnt ihre Schlagstöcke an den Lederriemen. Dann schlugen sie sich die Stöcke in die eigenen Hände, so wie sich die Mädchen in einem

Softball-Team den Ball in den eigenen Fanghandschuh werfen. Es geht dabei um das Knallen.

»Hau ab hier«, sagte der eine Polizist und schlug dem Mann auf seine lappenumwickelten Fußsohlen.

»Und wohin?« sagte der Mann, drehte sich auf die andere Seite und schloß die Augen.

»Ich komme in zehn Minuten wieder«, sagte der Polizist. »Bis dahin bist du hier verschwunden.«

Dann schlenderten er und sein Partner wieder hinaus. Der Mann blickte noch einmal hoch, drehte sich um und schlief wieder ein.

»Wenn er vorhat, alle Leute, die im Wagen nebenan schlafen, einzeln auf die Fußsohlen zu schlagen, wird es länger als zehn Minuten dauern, bis er zu dem hier zurückkommt«, flüsterte Molly.

Aber Kates Gedanken beschäftigten sich mit anderen Dingen.

»Molly, warum suchst du dir nicht eine zweite Freundin? Wenn du eine Freundin hättest, die du regelmäßig siehst, wärst du nicht so auf mich angewiesen. Du willst eigentlich eine Lesbe, und ich werde nie eine Lesbe sein. Ich mag Schwänze.«

»Mußt du das andauernd sagen? Bitte hör auf, das zu sagen, es verdirbt mir die ganze Woche.«

Kate biß sich auf ihre pfirsichfarbenen Lippen. Sie trug kein Make-up. Sie hatte Falten um die Augen.

»Was bist du denn, eine Art Märtyrerin?«

»Gute Frage.«

»Na, wenn du auf dem Trip bist, Molly, dann laß es an einer anderen aus.«

»Bitte sag das nicht. Du bringst mich dazu, daß ich dir davonlaufe, und das hier ist noch nicht mal meine Haltestelle.«

»Treib nicht dieses Ich-bin-die-verletzte-Märtyrerin-Spiel mit mir.«

Die Sonne ging immer später unter, und so zogen sich die Nachmittage allmählich angenehm in die Länge. Während sie schweigend von der Haltestelle aus weitergingen, bemerkte Kate, daß es richtig warm war und daß die Menschen unendlich viel Zeit hatten. Bald würde es so heiß sein, daß niemand mehr Jacken tragen mußte und daß die Leute oben auf den

Dächern sitzen und darüber reden konnten, daß sie aufs Land fahren würden.

»Glaubst du, ich könnte AIDS haben?«

»Nein«, sagte Molly. »Kann ich mit reinkommen?«

Sie standen vor Kates Haus.

»Mach das nicht. Du weißt doch, daß du nicht mit reinkommen kannst.«

Peter war zu Hause und auffällig beschäftigt. Offenbar machte er das Abendessen. Er schwieg. Er lief mit einer Leidensmiene herum. Auch er war ein Märtyrer, aber noch nicht mal ein fröhlicher.

»Peter, sag einfach, was du zu sagen hast. Das hier ist kein Hollywood-Schinken. Sag's einfach.«

»Du solltest für eine Weile mit ihr zusammenziehen«, fauchte er sie an. »Dann würde sie mal sehen, was ich so mitmache.«

Sie wußte, worauf er abzielte. Es war offensichtlich. Er wollte, daß sie ihn in den Arm nahm und tröstete, aber das konnte sie nicht. Sie hatte von beiden die Nase gestrichen voll.

»Schau mal, Pete. Geht das denn nicht in deinen dicken Schädel? Ich will nicht mit ihr zusammenleben. Ich will mit dir zusammenleben. Pete? Pete?«

»Was?«

»Du glaubst, es hat mit ihr zu tun, daß wir Probleme haben, aber in Wirklichkeit liegt es an mir. An mir. Ich verändere mich. Verstehst du?«

Sein Gesicht war ausdruckslos.

»Ich verändere mich, und weißt du was? Ich bin froh darüber. Willst du für den Rest deines Lebens derselbe Mensch mit denselben Meinungen und Gewohnheiten bleiben? Sieh's doch ein, Pete.«

»Du willst alles für dich haben«, sagte er. »Du bist egoistisch.«

»Ich verändere mein Leben. Warum hörst du nicht auf, dir zu wünschen, ich würde es nicht tun, und arbeitest ein bißchen an deinem eigenen?«

181

34 KATE

Sie war sich nicht darüber im klaren, ob es richtig war wegzufahren oder nicht. Wenn sie ehrlich war, wollte Kate von den beiden Menschen, die sie liebten, Abstand gewinnen, und sie wollte sich mit der Schreinerin hinsetzen und intensiv an ihrem Projekt arbeiten. Aber gleichzeitig nagte der Verdacht an ihr, daß dies nicht der richtige Moment dafür war, den Dingen ihren Lauf zu lassen, und daß hinter ihrem Rücken alles mögliche passieren konnte. Darum hatte sie am Abend vorher Pearl angerufen, um mit ihr den Terminkalender durchzugehen, und es wurde ihr wieder einmal bewußt, daß sie auf jeden Fall dort hinfahren mußte, um sich die hölzerne Rahmenkonstruktion anzusehen. Sie konnte nicht riskieren, an dem Morgen, an dem ihr Objekt aufgebaut wurde, auf dem Platz neben der Bibliothek anzukommen und zu merken, daß etwas mit dem Rahmen nicht stimmte.

Es war eine seltsame Busfahrt. Kate durchlief alle ihre normalen Reiserituale eilig und mit ambivalenten Gefühlen. Sie aß ihren Proviant schon vor dem Yankee Stadium, blätterte teilnahmslos in ihrer Zeitung, legte sie dann weg und dachte wieder einmal gründlich darüber nach, was dafür und was dagegen sprach, einen Walkman zu besitzen. Es gab Momente wie diesen, in denen es ganz praktisch gewesen wäre, aber gebot es nicht die Menschlichkeit, ein Gespräch mit den Mitreisenden anzufangen, statt sich in einen viereckigen Plastikkasten einzustöpseln? Kate blickte den Mann an, der neben ihr saß. Er hatte seinen Walkman auf. Als sie die Augen schloß und sich fest in ihren Sitz zurücklehnte, konnte sie vage opernähnliche Vibrationen spüren, die von seinem Kopf ausgingen und durch die Polster drangen.

Wieder sah sie sich nach einer Ablenkung um, aber die holprige Straße machte es unmöglich, zu lesen oder zu zeichnen. Außerdem war da eine tiefe, stumpfe Gelassenheit, wo eigentlich ihre allgemeine Anspannung hätte sein sollen, und dazu spürte sie ein schwaches, nervöses, gleichmäßiges Pochen.

Doch sie hatte instinktiv ein gutes Gefühl, was Pearl betraf. Das mußte sie Mollys Freundinnen zugestehen. Sie waren verläßlich und sehr billig. Natürlich halfen auch Männer. Schließlich war es Spiros gewesen, der dafür gesorgt hatte, daß sie die Zuschüsse bekam, und er hatte gutmütig versprochen, Sekt und Horsd'œuvres für die eigentliche Vernissage zu organisieren.

»Sicherlich hab' ich nicht gerade viel Gottvertrauen, wenn es darum geht, Objekte aufzustellen«, sagte er zu ihr. »Aber mein Atheismus lehrt auch: wenn ich in den sauren Apfel beiße, dann wenigstens mit Stil.«

Während der ersten dreißig Minuten war die Busfahrt interessant gewesen, als sie durch Groß-Harlem fuhren, das eine Ansammlung von Kirchen, Schönheitssalons und Spirituosengeschäften war. Es gab Einkaufsstraßen, Zonen mit abruchreifen Gebäuden, Musikschulen und einen alternativen Buchladen. Es gab jamaikanische Fleischbällchen und Pie mit guter Kruste zwischen den Mietskasernen und den luxuriösen Sandsteinhäusern. Hier gab es alles, was eine arme Stadt ausmachte, und dazu noch gewisse Dinge, die nur Harlem besaß, und überall gab es Schwarze und Latinos, außer am Stadtrand und abgesehen von einer Handvoll frisch zugezogener Weißer oder altansässiger Weißer, die dort ausgehalten hatten, oder brandneuer koreanischer Geschäftsleute. Nach Harlem kam stundenlang nichts mehr zum Anschauen.

Es war Donnerstag. Dienstagabend hatte sich Justice zum ersten Mal in den neuen Räumen getroffen. Für einen privaten

Kellerraum waren es einfach zu viele Mitglieder geworden. Nun versammelten sie sich in dem leerstehenden Saint-Mark's-Hallenbad, das vom Bürgermeister kurz nach dem 'Mineshaft' geschlossen worden war. Die Menschenmenge war riesig, besonders seit sich Fury, die Frauen-mit-AIDS Gruppe, Justice angeschlossen hatte. Jetzt half Daisy, eine ältere Puertorikanerin mit langem, grauem Haar, James bei der Organisation der Versammlungen. Sie begann jede Sitzung mit einem strahlenden Lächeln auf dem Gesicht und einer Bekanntmachung.

»Falls jemand vom FBI oder von der New Yorker Polizei hier sein sollte, sind Sie nach dem Gesetz verpflichtet, sich jetzt zu erkennen zu geben.«

Dann saßen alle einen Augenblick schweigend da und sahen sich um, und dann verzogen sich ihre Gesichter zu einem breiten Grinsen, und sie machten sich wieder an die Arbeit. Die Mißachtung von Gesetzen war für Justice das tägliche Brot.

Die Anwesenheit der Furys veränderte die Männer von Justice unmerklich. Es entstand eine gemischtgeschlechtliche Institution, in der — von wenigen Affären abgesehen — nur selten intime Verbindungen zwischen Männern und Frauen entstanden.

»Dadurch rutschen wir in eine ganz besondere Kategorie«, sagte Molly nach einer außergewöhnlich lebhaften Versammlung, »zusammen mit anderen Schwulen/Lesben-Teams wie der katholischen Kirche, Hollywood und den Olympischen Spielen.«

Die Menge füllte das leere gekachelte Schwimmbecken. Einige saßen auf dem Rand und auf der stilvollen Treppe. Die Umkleidekabinen waren in Ruheräume verwandelt worden, nicht in Büros.

»Das hier ist eine Graswurzelbewegung«, sagte Daisy. »Wir brauchen keine Büros. Wir arbeiten in Büros. Macht heimlich Kopien, nehmt Tipp-Ex mit, benutzt die Frankiermaschinen, führt Telefongespräche. Euer Job ist ein Gefängnis von genau bemessener Zeit. Also laßt ihre Zeit für euch arbeiten.«

Das Schwimmbad war Kate zuerst muffig vorgekommen, aber die Männer riefen oh und ah, erinnerten sich daran, wie es *damals* gewesen war, erinnerten sich mit einer gewissen Nervosität an das letzte Mal, daß jeder von ihnen hier gewesen war. Sie waren voller Wärme und witzelten herum, wie Erwachsene, die in den Sandkasten zurückkehren.

»Ich fühle mich wie Judas Makkabäus, der in den Tempel zurückkehrt, aus dem alle rausgeflogen sind«, sagte Bob. Er klatschte in seine langen, schmalen Hände und berührte den spinnwebenüberzogenen Torbogen. »O Herr, gib uns jene glorreichen Tage zurück. O unbekannter Schwanz, o Freude, o engelsgleicher Gedanke.«

Während der ganzen Versammlung fingen immer wieder bei allen möglichen Leuten die Armbanduhren leise an zu piepen.

»Was ist denn hier los?« fragte Kate. »Sind die denn alle so termingeil? Immer wenn ich zu einer Versammlung komme, piepen irgendwelche Armbanduhren.«

»Das soll sie daran erinnern, ihr AZT zu nehmen«, erklärte ihr Molly. »Alle vier Stunden.«

»Oh.«

Fabian nahm seinen alten Platz in der Ecke ein und versuchte es wieder mit seiner alten Pose, einen imaginären Drink in der Hand und den linken Fuß flach gegen eine Marmorsäule gestellt.

»Weißt du, woran ich gerade denken muß?« sagte Fabian.

»Was denn?« fragte Kate neugierig, während er mit dem Lederriemen spielte, der an seinem Gürtel hing.

»An die Village People, wie sie 'Macho Man' singen. Erinnerst du dich an das Lied?«

»Eigentlich nicht«, sagte Kate. »Ich hab' nie besonders viel Radio gehört.«

»Disco, Disco«, sagte Bob. »Wie könnte ich je ohne dich leben.«

Niemand hatte ihnen erlaubt, das alte Hallenbad zu benutzen. Sie nahmen es sich einfach. Justice wurde allmählich sehr aggressiv. Sie hatten keine Ideologie, es ging ihnen nur darum, AIDS zu stoppen, und weil sie sich das als Priorität gesetzt hatten, verhielten sie sich so, als sei es die Priorität der ganzen Welt.

»Macht Sie das hier wütend?« fragte James die Pendler, als Justice den Verkehr auf der George-Washington-Bridge blokkierte. »Sie sollten genauso wütend über AIDS sein.«

Inzwischen nahmen weit mehr als fünfhundert Menschen an den Versammlungen teil, und bei einer solchen Menge waren natürlich alle möglichen Typen von Leuten vertreten. Da waren die knallharten Straßen-Furys, die schon so ziemlich alles mitgemacht hatten. Dann gab es distinguierte Homosexuelle aus den typischen Berufen für weiße Jungs, die vergessen hatten, daß sie *vom anderen Ufer* waren, bis die Sache mit AIDS aktuell wurde und alle anderen sie daran erinnerten. Zuerst wollten die Büroangestellten Prozesse führen und artige Streikposten aufstellen, während die Furys durchaus bereit waren, ein paar Leuten die Köpfe einzuschlagen, auch auf die Gefahr hin, daß sie selbst etwas einstecken mußten. Aber bald gelang es den beiden Fraktionen mit ihrem Zorn und ihrem Bekenntnis zur direkten Aktion, eine einheitliche Linie zu finden, als nämlich die Homos entdeckten, wozu lebenslanger Zorn führen kann, und die Furys herausfanden, daß nichts die Entrüstung so wirkungsvoll steigert wie hochgespannte Erwartungen.

»Sich auszumalen, was ihnen zusteht, und dann dafür zu kämpfen«, sagte Bob, »das lernen alle, die nichts zu verlieren haben, ganz leicht. Sie müssen nur eine entschlossene Persönlichkeit besitzen.«

Dann gab es da noch eine Gruppe altgedienter Radikaler verschiedenster Färbung, die in den Sechzigern bei den Unruhen in Stonewall, in Newark, bei den Young Lords, beim SDS dabeigewesen waren und seitdem keinen Furz mehr unternommen hatten. Kein einziger Heteromann ließ sich blicken.

»Heteromänner haben keinen Sinn dafür, sich um andere Menschen zu kümmern«, erklärte Daisy. »Und sie taugen nicht zur Arbeit in Gruppen.«

Es gab einen Trupp Veteraninnen aus der inzwischen eingeschlafenen Frauenbewegung. Sie waren die einzigen, die in den letzten zehn Jahren durchgehend politisch aktiv gewesen waren, und wußten deshalb besser als alle anderen, wie Flugblätter hergestellt und Telefonketten eingerichtet werden, kannten die schnellste Methode, mit Kleister Plakate zu kleben, und hatten keine Angst davor, verhaftet zu werden.

»Als Frau bei Justice zu sein, das bedeutet, die Führung zu übernehmen«, sagte Daisy einmal. »Sobald du hereinkommst, drehen sich alle Männer um und sagen: 'Und was jetzt?'«

»Lesben sind die besten«, skandierten die Männer ab und zu, wenn die Frauen etwas ganz Tolles getan hatten. Und es gab jede Menge gutaussehender junger Männer, die vorhatten, weiterzuleben und gutaussehende alte Männer oder auch einfach nur alternde Tunten zu werden. Sie konnten am besten neue Mitglieder werben, denn abgesehen davon, daß Justice gern einen Höllenaufstand machte, gehörte die Boyfriend-Parade, ein Demonstrationszug, in dem die Lebensgefährten der Betroffenen marschierten, zu den Lieblingsaktivitäten der Organisation.

Der Mann, der neben Kate im Bus saß, hatte seine Cassetten zu Ende gehört. Nach einem verlegenen Blickwechsel zog er die *New York Native* hervor und schlug sie ohne Umschweife auf der Seite mit den Kontaktanzeigen auf.

»Den Teil der Zeitung mag ich total gern«, sagte sie und lugte über seine Schulter. »Besonders die ganzen kleinen Codes. Wie zum Beispiel s/e/f. Das bedeutet Schwanz-und-Eier-Folter, nicht wahr?«

»Wie bitte?«

Es war ihm überhaupt nicht peinlich. Er war eher neugierig und amüsiert.

»Wissen Sie, was ich am interessantesten finde?« sagte sie. »Wenn sie *unbeschnitten* dazuschreiben. Wer hätte gedacht, daß die Vorhaut notwendiger Bestandteil eines Traummannes ist?«

»Na ja«, sagte er und senkte den Blick durch seine Brillengläser, »die Heteros sind da viel heimtückischer. Haben Sie sich in letzter Zeit mal die letzte Seite der *New York Review of Books* angesehen? Sie wissen schon — 'Distinguierter Herr in gehobenem Beruf, mit Interesse an Unterwerfungsspielen und Schopenhauer, sucht blonde Frau (16–18 Jahre) für langfristige Beziehung.'«

»Ich verteidige keineswegs die Heterosexuellen«, sagte Kate und blickte mit ihren blauen Augen fest in seine braunen. Sie beugte sich vor, während sie das sagte, und stützte ihr Kinn auf ihre Faust. Da mußte er sie ernst nehmen, denn sie wirkte so wohlanständig und gleichzeitig so bizarr. Sie wußte, daß er den Anzug sah. Er sah die großen schwarzen Schuhe mit den weißen Socken und die Brille mit dem dicken, schwarzen Gestell.

»Sind Sie Lesbe?« fragte er lächelnd.

Sie wußte nicht, was sie sagen sollte.

»Vielleicht.«

»Nun«, sagte er, indem er auf ihr Spiel einging. »Sind Sie früher einmal lesbisch gewesen?«

187

»O ja«, sagte sie. »Übrigens, *sind* Menschen eigentlich lesbisch oder schwul, oder kommt es darauf an, mit wem sie gerade ins Bett gehen?«

»Es kommt darauf an, wessen Liebe ihnen am meisten hilft, sich weiterzuentwickeln, und ihnen in einer ganz bestimmten Lebenssituation am meisten Halt gibt.«

»Das ist doch jetzt nicht die berühmte Sozialisation-versus-angeboren-Streitfrage, von der ich schon so viel gehört habe, oder?

»Nein«, sagte er. »Das bedeutet nur, daß Sie versuchen sollten, an eine Frau zurückzudenken, die Sie geliebt und niemals berührt haben. Und dann sollten Sie herausfinden, warum Sie es nicht getan haben.«

»Was sind Sie, Therapeut?«

»Nein«, sagte er. »Ich bin nur so jemand, den Sie auf einer Busfahrt kennenlernen, den Sie nie wiedersehen werden, der Ihnen aber denkwürdige Fragen stellt.«

Sie lachten gemeinsam, und dann sahen sie beide eine Weile in verschiedene Richtungen. Dann wandten sie sich wieder einander zu.

»Ich habe mich, bevor ich vom Theater wegging, in eine Schauspielerin aus dem letzten Stück verliebt, an dem ich gearbeitet habe. *Die Neger* von Jean Genet. Kennen Sie es?«

»Natürlich.«

Der Bus rollte weiter. Was noch vor wenigen Minuten eine holprige Fahrt gewesen war, war plötzlich ein sanftes und angenehmes Schaukeln.

»Ich war kurz davor, die ganze Bühnenmalerei hinzuschmeißen, aber als letzte Tat nahm ich die Gelegenheit wahr, während der ersten paar Wochen der Spielzeit als Sandras Garderobiere zu arbeiten. Als Garderobiere müssen Sie immer die Ruhe weg haben. Sie erleben die Schauspielerin in einem Moment, in dem sie ganz besonders verletzlich ist, nämlich, wenn sie ein Gefühl abklingen läßt und sich auf das nächste vorbereitet. Sie müssen so sanft und still sein, daß Sie mit ihr verschmelzen oder aber Luft sind. Sie ziehen sie aus. Sie sehen sie nackt. Sie bedecken sie wieder. Sie sieht Sie nicht an. Sie ist in Gedanken versunken. Eine Sekunde später gehört sie allen, aber in diesem Augenblick gehört sie nur Ihnen.«

Kate konnte Sandra Kings Körper im Bus riechen, genau wie

damals, als sie abends den Reißverschluß ihres Kleides über den weichen, braunen Brüsten geschlossen hatte.

»Eines Nachts küßten wir uns. Ich hatte tatsächlich bis eben vergessen, daß wir uns küßten. Aber wir taten es. Wenn ich es mir recht überlege, war sie wahrscheinlich eine Lesbe. Damals war es noch schwerer, das herauszubekommen. Ich bin mir ziemlich sicher. Sie war verheiratet, aber das will überhaupt nichts heißen. Sie erzählte mir, Peter habe es auf sie abgesehen. Aber sie war nicht interessiert. Sie ließ ihn bei einer Tasse Kaffee abblitzen.«

»Wer ist Peter?«

»Mein Mann.«

»Oh, jetzt verstehe ich.«

Er lächelte wieder voller Wärme.

»Peter sucht immer die Nähe der Frauen, zu denen ich mich hingezogen fühle. Es ist seine Art, meine Erfahrungen zu beschlagnahmen. Aber sie interessierte sich überhaupt nicht für ihn. Überhaupt nicht.«

»Und für Sie auch nicht.«

»Genausowenig.«

»Das beste daran, schwul zu sein«, sagte der Mann im Bus, »ist für mich diese schonungslose Ehrlichkeit, und daß man soviel Einblick in das geheime Leben der Menschen bekommt. Ich kann ausleben, was sich Heteros nur in ihren kühnsten Träumen vorstellen können.« Er spielte mit dem Goldreif an seinem rechten Handgelenk. »Mein Geliebter holt mich in Kingston ab. Fahren Sie da hin? Vielleicht können wir Sie ein Stück mitnehmen.«

»Ich muß in einen anderen Bus umsteigen. Aber vielen Dank.«

»Na denn«, sagte er und klemmte sich die Zeitung unter den Arm, »schließlich gehören wir ja derselben Kirche an. Nur sehr wenige heterosexuelle Frauen können etwas mit s/e/f anfangen. Wenn ich gedacht hätte, daß Sie eigentlich eine Hetera sind, hätte ich gesagt, daß mich *ein Freund, mit dem ich zusammen wohne*, in Kingston abholen kommt.«

»Ich liebe auch Männer«, sagte sie und hatte das Gefühl, viel älter zu sein als er.

»O ja«, sagte er und rückte von ihr ab, noch immer lächelnd, aber wenig überzeugt. Von da an war alles nur noch gekünstelt. Sie plauderten ein wenig über Bücher, dann Filme, aber der Moment der Vertrautheit zwischen ihnen hatte sich verflüchtigt.

Was uns verband, war unsere Homosexualität, erkannte sie später. Nicht unsere Liebe zu Männern. Was Menschen zusammenführt, ist die Gefahr. In Gefahr brauchen wir uns gegenseitig und haben das Gefühl, einander nahe zu sein.

35 KATE

Kate lehnte an der Wand des Buswarte-
häuschens neben dem Trinkbrunnen. Von dort hatte sie alles
im Blick: wer in die Toilette hineinging und wie lange es dauerte, bis sie oder er wieder herauskam. Sie konnte genau erkennen, wer Zigaretten und wer Shit rauchte. Sie konnte jedes Te-
lefongespräch mithören.

Kate schälte mit den Zähnen die Glasur von einem Schokoriegel. Plötzlich durchfuhr sie der Gedanke, daß ihre Beziehung
mit Peter vielleicht nicht ewig halten würde. Ihre Reaktion darauf war ein Funken Panik. Sie verlor ihre kühle Gelassenheit.
Der Gedanke hatte sie ohne Vorwarnung überkommen wie ein
Schatten, und war dann verflogen, ohne in ihrer Vorstellung
ein Bild zu hinterlassen.

Eines Nachts waren sie und Peter im Nieselregen aus dem
U-Bahn-Schacht gekommen, und sie hatte entdeckt, daß Molly
auf der anderen Straßenseite vor ihnen herging.

»Ich glaube, er meinte *Raumzeitalter* im Baudrillardschen
Sinne«, sagte Peter gerade. »Als Oberbegriff für modern und
technologisch, nicht nur auf Raumschiffe bezogen, wenn das
Wort auch nicht völlig unabhängig davon zu betrachten ist.«

191

Molly hatte so unerschütterlich gewirkt. Ihre Schultern waren gestrafft und sie strahlte Härte aus — als hätte sie alles fest im Griff. Es war spät und dunkel, aber sie wurde nicht von der Angst vorangetrieben, sondern ging mit gleichmäßigen Schritten, erfüllt von einer inneren Kraft, die ihre Körpergröße und ihre gesellschaftliche Stellung ausglich. Kate hatte sich selbst mit Peter beobachtet. Sie waren laut und benahmen sich auffällig. Sie beanspruchten den ganzen Gehweg für sich und redeten, wie es ihnen paßte. Molly nahm dagegen alles wahr, was vor ihr lag und auf ihrem Weg geschah, und machte sich selbst gleichzeitig all dem gegenüber unsichtbar. Sie war still, wie eins der Häuser. Sie war ein Schatten auf einer nassen Straße.

»Vermittlung«, sagte ein Mann mit beginnender Glatze in einem hellblauen Anzug, »das geht auf die Telefonkarte meiner Firma.«

Kate nahm einen Schluck Wasser.

»Das geht auf die Telefonkarte mit der Nummer 212-555-9814-3051.« Kate wiederholte für sich: »212-555-9814-3051.«

Sie sagte es noch einmal vor sich hin, während sie langsam in die Damentoilette ging und die Nummer auf ein Stück Klopapier kritzelte.

Vor kurzem hatten James und Daisy bei einer Versammlung dazu aufgerufen, Kreditkartennummern auszukundschaften. Justice teilte sich in Suchkomitees auf, um bei der Sammlung systematischer vorgehen zu können. Es gab ein ganzes Geschwader von Kellnern in teuren Restaurants, die die Durchschläge von abgerechneten Kreditkartenformularen aufbewahren konnten. Dann waren da die Geliebten der Toten und Sterbenden und die Sterbenden selbst, die nicht dazu gekommen waren, ihre Plastikkarten zu kündigen. Da gab es die Kranken, denen noch etwas Zeit blieb und die bereit waren, alle Formulare auszufüllen, die im Raum herumgereicht wurden. Und es gab ein Bataillon von Reiselustigen, die bereit waren, sich auf den Flughäfen mit offenen Ohren in der Nähe von Telefonzellen herumzutreiben.

»Soll doch die American Telephone & Telegraph Company für die Telefonrevolution bezahlen«, sagte Daisy.

»Transatlantischer Telefonsex?« fragte Fabian, der sich persönlich dafür verantwortlich fühlte, daß jedes Justice-Projekt auch bestimmt sexbejahend war.

Kate wartete, bis der Typ im blauen Anzug verschwand, dann wählte sie die Nummer der Vermittlung. »Das geht auf die Telefonkarte meiner Firma«, sagte sie. Ihre Haut prickelte. So etwas hatte sie noch nie getan. Peter und Kate hatten sich oft damit gebrüstet, wie radikal sie doch waren. Schließlich waren sie Künstler und keine Börsenmakler. Sie waren niemals reich gewesen, obwohl sie auch nicht gerade in Scheißjobs arbeiteten, aber sie hatten nie Kinder gehabt oder eine Eigentumswohnung gekauft. Ihr Lebensstil zeichnete sich dadurch aus, daß sie ihre politischen Ansichten in die Tat umsetzten. Aber jetzt, in einem meerschaumgrünen Buswartehäuschen irgendwo weit draußen vor New York, kam Kate das alles ziemlich oberflächlich vor. Während sie darauf wartete, daß die Vermittlung den Anruf durchstellte, wurde ihr bewußt, daß dieses Denken auf einer Einstellung beruhte, die irgendwie abstoßend war.

»Wir haben ein völlig unterschiedliches Wertesystem«, hatte Molly eines Tages zu ihr gesagt.

»Weil du die Männer haßt und ich sehe, daß sie auch Menschen sind?« antwortete Kate.

»So würde ich es nicht gerade ausdrücken.«

»Also«, sagte Kate irgendwann später in diesem Gespräch, »ich glaube nicht, daß wir so weit voneinander entfernt sind, wie du sagst. Ich meine, wenn die Scheiße auf uns runterkommt, werden wir beide auf derselben Seite der Barrikaden stehen.«

»Die Scheiße ist bereits unten.«

»Ich meine, wenn die Leute auf den Straßen sterben.«

»Kate, die Leute sterben auf den Straßen. Das hier ist kein Film, in dem die Welt in Freiheitskämpfer und Braunhemden zerfällt. Hier in New York City gibt es Leute, die aktiv werden, und Leute, die nichts unternehmen. Nichts zu unternehmen ist eine Position. Sie bedeutet Zustimmung, ohne daß es ausdrücklich gesagt werden muß.«

»212«, sagte Kate ins Telefon, »212-555-9814-3051.«

Es dauerte nur einen Moment, es war so einfach.

»Hallo?«

»Hallo, Scottie? Hier ist Kate. Ich hab' nicht damit gerechnet, daß du ans Telefon gehen würdest.«

193

»Ja, ich bin schnell wieder rausgekommen.«

Es war das dritte Mal seit Frühlingsanfang, daß Scott im Sinai-Krankenhaus gewesen war. Diesen Monat war es nicht wegen seiner Haut gewesen. Diesen Monat war es Pneumocystis. Als sie diesmal in das Krankenzimmer gekommen war, war sie auf die silbrig-blauen Sauerstoffschläuche vorbereitet gewesen, die in seine Nase führten.

»Scott?«

»Ja.«

»212-555-9814-3051.«

»Toll«, sagte er. »Das ist die siebzigste Nummer, die wir hereinbekommen haben. Das Verhältnis Telefoncodes zu Diners Club steht vier zu eins. Bist du am Montag wieder da? Das ist Tag der Kreditkarten-Mobilisierung.«

»Ich denke schon. Scott?«

»Ja?«

»Manchmal müssen die Menschen einen Augenblick aufhören, über Kunst zu reden, und sich mal umschauen.«

»Ich weiß«, sagte er. »Ich weiß genau, was du meinst.«

194

36 PETER

Auf der Second Avenue stand ein Mann mit einem Schild um den Hals, auf dem stand: »Ich hasse Jesus Christus.« Immer wenn Leute an ihm vorübergingen, erzählte er ihnen: »Ich nehme Jesus Christus als meinen persönlichen Feind an. Das Christentum hat mir dieses Jahr sehr wehgetan. Es war kein gutes Jahr für mich und die Christen.«

Dann waren da die Jungs an der Ecke, die Lose verkauften, um 'zu helfen, den Drogenmißbrauch zu stoppen'. Peter wollte den Drogenmißbrauch stoppen, aber er war sich nicht so sicher, ob dies die wirksamste Methode war. Deshalb mußte er nein sagen. Da wurden die Kids, die die Lose verkauften, wirklich frustriert und brüllten hinter ihm her: »Was soll das, finden Sie Drogenmißbrauch etwa gut?« Und so wußte er sofort, daß er die richtige Entscheidung getroffen hatte.

Peter war froh, daß er Kate für ein paar Tage los war. Sie raubte ihm wirklich den letzten Nerv. Wenn sie mehr Freiheit wollte, sollte sie sie doch haben. Ihm gefiel der Gedanke, ein paar Tage in Manhattan allein zu sein. Er fühlte sich wie ein Seemann. Er konnte gehen, wohin er wollte, und tun, was er wollte, und niemand würde erfahren, daß er es getan hatte.

Das erste, was geschah, war, daß er viel weniger redete. Wenn er zu Hause war, hatte er niemanden zum Reden, also versuchte er, über intellektuelle Themen, über künstlerische Fragen nachzudenken, aber es war niemand da, mit dem er darüber diskutieren konnte, also dachte er zu guter Letzt darüber nach, was er fühlte, weil es sich nicht vermeiden ließ. Es gab keine Ablenkung. Das war der Moment, in dem er begann, Rachegefühle zu entwickeln.

Er aß in Restaurants, weil es einfacher war und weil auf diese Weise nichts geplant werden mußte. Während des Essens unterhielt er sich mit dem Kellner oder mit dem Mann, der neben ihm an der Theke saß. Er sah fern. Er rief alte Freunde und seinen Bruder an, der in Ann Arbor Mathematik unterrichtete. Er ging stundenlang joggen.

Ursprünglich war Peters Ziel der Central Park gewesen, aber irgend etwas hatte ihn vom Weg abgebracht. Offiziell hatte es wohl an den Horden von Touristen gelegen, die Ende Juni die Avenues bevölkerten, oder an der Hitze oder an den unmäßigen Autoabgasen. Doch als er sich dabei ertappte, wie er sich zu einer Ruhepause entschloß, gerade als er bei Ronald Hornes »Castle« ankam, war er an den Ort des Verbrechens zurückgekehrt.

Im Grunde war es hier gewesen, daß Kate ihn betrogen hatte. Dies war die Hotellobby, in der sie zur anderen Seite übergelaufen war. Er setzte sich auf ein Sofa aus Alligatorleder. Hier hatte sie ihn übers Fernsehen gedemütigt, indem sie die Lesbe spielte.

Er ließ sich hinter die Bar aus Nashornleder gleiten und las sich die Speisekarte durch. Jeder Drink trug den Kolonialnamen eines Staates, der heute unabhängig war. Da gab es den Ceylon Sling, den Indochina Surprise, den Rhodesia Twist. Er bestellte einen Gold Coast: Banane, Ananas, Rum und Fruchtsirup, dekoriert mit der Nachbildung eines heiligen, rituellen Gegenstandes, der auf einen Zahnstocher gespießt war. Er wollte gerade eine Schweinebucht-Pastete bestellen, als Ronald Horne, der Welt größter Hausbesitzer, direkt vor seiner Nase den Raum durchquerte, als wäre es sein eigener, was auch der Fall war. Er sah so aus, wie Berühmtheiten aussehen — als wären sie im Fernsehen, selbst wenn sie direkt vor einem stehen, denn ihr Make-up ist immer perfekt, und sie scheinen immer

196

richtig ausgeleuchtet zu sein, ganz zu schweigen davon, daß sie wohlgenährt sind.

Er hat noch alle seine Haare, vermerkte Peter mit einem Anflug von Bewunderung. Horne ging geradewegs auf die Tür zu, auf der Bwana stand.

Ich muß ihm nachgehen, dachte Peter und sprang von seinem Barhocker, mit der Entschlossenheit eines Mannes, der in geheimer Mission unterwegs ist. *Ich muß sehen, wie sein Schwanz aussieht.*

»Einen Moment, Freundchen«, sagte ein riesiger Schlägertyp in Lendenschurz und Kriegsbemalung. »Der Boss ist hier drin.«

»Ich weiß«, sagte Peter und hielt seinen Drink fest umklammert. »Aber ich muß auch rein.«

»Niemand sieht Horne beim Pinkeln zu«, sagte der getreue Wilde mit seinem Brooklyn-Akzent. »Seine Eier sind ihr Gewicht in Gold wert. Sie sind sogar ihr hundertfaches Gewicht in Gold wert.«

»Aber Urin ist Urin«, sagte Peter.

»Hören Sie, Kumpel, ich hab' meine Anweisungen. Lassen Sie sich doch ein paar Minuten lang von einem Sklavenmädchen mit einer Pfauenfeder Luft zufächeln und warten Sie, bis Sie an die Reihe kommen.«

Peter war wütend. Dies war der Ort, wo ihn seine Frau hinterrücks erstochen hatte. Er würde sich nicht von irgendeinem Brutalo im Goldlamé-Sackhalter schikanieren lassen.

»Hören Sie mir mal zu«, sagte er und fuchtelte mit dem Zahnstocher herum, so daß die Nachbildung des Schrumpfkopfs die vielfach gebrochene Nase des Türstehers mehrmals nur knapp verfehlte. »Sie haben hier einen moralisch fragwürdigen Job, ist Ihnen das klar? Warum sehen Sie sich nicht nach etwas um, das mehr Spaß macht, zum Beispiel Familien ihre Farmen zurückzugeben?«

Jetzt fühlte er sich gut. Jetzt fühlte er sich richtig gut.

»Mach, daß du wegkommst, sofort«, sagte Goliath, und ehe Peter Gelegenheit hatte, es sich noch mal zu überlegen, stand er wieder auf dem heißen Gehweg und fühlte sich besser, besser und stärker, als er sich seit langem gefühlt hatte. Er hatte sich durchgesetzt. Er hatte es Kate gezeigt, und der kleinen Schlampe hatte er's auch gezeigt.

Peter joggte siegesbewußt nach Hause. Er trainierte im Fitness-Center. Er machte Besorgungen. Er ging in den Eisenwarenladen. Er ging und ließ seine Schuhe reparieren. Er ging in den Copy-Shop gegenüber der Bowlingbahn.

»Hi«, sagte sie.

»Hi«, sagte er. »Kennen wir uns?«

»Wir haben uns mal beim Bowling getroffen. Erinnern Sie sich? Ich hatte ein Buch dabei, *Trauer muß Elektra tragen.*«

Oh, Gott sei Dank, dachte Peter. Am liebsten wäre er auf die Knie gesunken oder hätte mit vollem Herzen die Arme gen Himmel gestreckt. *Danke, daß du mir diese Frau gebracht hast.*

Als Shelley einwilligte, nach der Arbeit einen Kaffee trinken zu gehen, wußte er, wie sehr er das wirklich brauchte. Und er wußte, daß er sie vielleicht auch richtig mögen würde. Sie war schön und sexy nach New Yorker Geschmack. Ein Kind dieser Stadt. Er konnte sie liebgewinnen. Sie würde bald erwachsen werden. Mit dreißig würde sie umwerfend sein.

»Willst du in den Himmel?« fragte er, als er ihr am Tisch gegenübersaß.

»Nein«, sagte sie.

»Willst du mir etwa erzählen, daß du nicht in den Himmel kommen willst, wenn du stirbst?«

»Oh, wenn ich sterbe, dann ja. Ich dachte, Sie würden jetzt hingehen.«

Sie ist clever, dachte er. *Sie ist witzig.*

Als sie an diesem Tag zum ersten Mal miteinander schliefen, war es keine leidenschaftliche Liebe. Es war kühl. Aber er wußte, daß die Leidenschaft kommen würde. Da war bereits eine spontane Zärtlichkeit und mühelose Vertrautheit. Shelley zog an seinem Penis, als wäre er ein lustiges neues Spielzeug. Er liebte es, wenn Frauen mit seinem Schwanz spielten. Engagement oder Zerstreutheit, beides war auf seine Art sexy.

»Es überrascht mich immer, wie dick Eier sind«, sagte sie. »So wie alle ständig von Schwänzen reden, würde niemand auf die Idee kommen, daß Eier in dieser Welt irgendeine Rolle spielen. Außer den Schwulen. Sie stehen auf Eier. Sie nennen sie ›Körbe‹, oder vielleicht ist das auch mit dem Schwanz zusammen, aber sie mögen sie ›niedrig angesetzt‹.«

»Woher weißt du das?« sagte er, einen Moment lang besorgt. »Du bist doch nicht lesbisch, oder? Du bist nicht bi oder unentschlossen oder im Übergangsstadium? Du bist heterosexuell, stimmt's? Du hast dich für den Schwanz entschieden.«

»Keine Sorge«, sagte sie, etwas genervt. »Mein Bruder ist schwul. Wir reden die ganze Zeit über solches Zeug.«

»Nun, ich kann's nicht mehr hören«, sagte er und nahm sie in die Arme. »Also laß uns nicht darüber reden, wenn wir zusammen sind, okay?«

»Sicher«, sagte sie, und dann dachte sie kurz darüber nach. »Klar, warum nicht?«

Sie hatte gerade im vierten Jahr ihr Studium an der NYU geschmissen, war also noch ganz schön jung. So jung, daß Peter sie nicht mal nach ihrem Alter fragte.

Später fragte sie ihn: »Wann ist ein Mann ein guter Liebhaber?«

Und er sagte: »Wenn er sich Zeit nimmt. Darauf achtet, daß ihre Klit genug abbekommt. Sie überall berührt.«

Was war das für ein Mensch, in den er sich an diesem Nachmittag verwandelt hatte? Peter hatte sich noch nie so romantisch und witzig erlebt. Na ja, *nie* stimmte natürlich nicht, aber jedenfalls seit langer, langer Zeit nicht mehr.

Am Abend gingen sie zusammen spazieren, am Rand von Chinatown entlang, wo sie aus jedem Fenster den gekochten Chinakohl riechen konnten. Sie konnten die Fischabfälle im Müll riechen und zusehen, wie die Leute zum ersten Mal an diesem Tag entspannt rauchten. Peter hielt die Hand einer neuen Frau in seiner Hand, und sie war weicher, wärmer und völlig anders geformt.

An der Kreuzung von Canal und Mott Street parkte ein Polizeiwagen. Im Sommer werden immer viel mehr Verbrechen begangen. Die Leute schwitzen und hocken dicht aufeinander. Sie fangen an, sich zu langweilen, und wollen etwas Neues in ihrem Leben. Sie werden sehr schnell ärgerlich.

»Laß uns mal schauen, was da los ist«, sagte Shelley, und so gesellten sie sich zu der Meute von Schaulustigen, die auf Treppenstufen saßen und an den Straßenecken standen, in Türrahmen und am Kofferraum des Streifenwagens lehnten.

»Wenn du auf das Licht schaust«, sagte er zu ihr, »dann kannst du das Licht nicht sehen. Du mußt dir seine Wirkung auf Objekte anschauen. Das wirbelnde Weiß und Rot auf einem Polizeiwagen ist bedeutungslos ohne die Gesichter, die es streift. Ohne sie ist es nur ein Gerät. Wir müssen jedes Objekt über seine Funktionalität hinaus erforschen.«

Sie hakte ihre Finger in die hintere Gürtelschlaufe seiner Hose.

»Weißt du, Peter«, sagte sie und strich ihm mit der Handfläche über den Bauch, während sie dastanden und zusahen, »es muß sehr einsam für dich sein, denn du glaubst, daß du der einzige bist, der beobachtet. Aber das stimmt nicht. Ich beobachte dich, Peter. Ich sehe dich.«

Ist jemals ein Mann so glücklich gewesen?

37 MOLLY

Donnerstagabend schaute Molly nach der Arbeit mit einem Sechserpack und zwei Extradosen Bier bei Daisy vorbei. An diesem Tag hatte es *Persona* und *Cries and Whispers* als Double-Feature gegeben, zwei protolesbische Klassiker, aber dazu brauchte es die richtige Stimmung.

Auf dem Weg rüber zu Daisy lief sie Charlie in die Arme, der — wie gewöhnlich — hungrig aussah und high werden wollte. High zu sein hatte bei ihm normalerweise Priorität, aber ab und zu mußte er mal einen Moment aufhören, an der Ecke Tüten zu fünf Cents zu verkaufen, um schnell etwas essen zu können.

»Es macht mir nichts aus, ihm sein Essen zu zahlen«, hatte Molly einmal zu Kate gesagt. »Denn jeder Mensch muß essen.«

Doch das änderte nichts an der Tatsache, daß er in der Woche dreimal so viel Geld verdiente wie sie und es trotzdem schaffte, obdachlos zu sein, weil er alles für Drogen ausgab. Deshalb fand sie es zum Kotzen, wenn er immer wieder versuchte, ihr ein schlechtes Gewissen einzureden, weil sie eine Wohnung hatte und er nicht. Sie wußte auch, daß Drogenabhängige zwar insofern ganz normale Menschen sind, als sie Hunger haben, frieren, krank werden und sterben, daß aber trotzdem irgendwas mit ihnen nicht stimmt. Und deshalb konnten sie nicht ganz für voll genommen werden, denn sie beklauten dich und beuteten dich aus, sooft sich eine Gelegenheit bot. Aber diesmal war Charlie hungrig genug, um etwas essen zu wollen, also setzte sich Molly mit ihm an die Theke von 'Jeanettes Polnischer Küche'. Sie hatte sowieso Lust auf eine kleine Unterhaltung und traute ihm zu, daß er das Trinkgeld für die Kellnerin in die eigene Tasche stecken würde.

Trotz all dieser Vorbehalte war Charlie doch ganz okay, und wenn die Drogen sein Leben nicht so völlig vereinnahmt hätten, hätten Molly und er befreundet bleiben können.

»Ich sag's dir, Molly«, sagte er, während er ein Hähnchenschnitzel mit zwei Sorten Gemüse herunterschlang, »dieses Land ist voll von verschwendetem Potential. Überall sitzen diese weißen Jungs am Drücker. Das ist ihre angestammte Rolle, und sie wissen nicht mal, daß sie am Drücker sitzen. Ich meine nicht die hohen Tiere, ich meine den gewöhnlichen weißen Mann auf der Straße. Seien wir doch ehrlich, ich könnte im Weißen Haus sitzen und den ganzen Tag Koks rauchen und wäre trotzdem ein besserer Vizepräsident als Du-weißt-schonwer. Aber da draußen gibt es noch ein revolutionäres Potential. Wenn sich die Leute erst mal darüber klar werden, was ihnen am wichtigsten ist, werden wir noch so einiges an radikalen Aktionen zu sehen bekommen.«

Molly haßte es, wenn Charlie seine immer gleichen Sprüche abließ. Er wäre ein Salonradikaler gewesen, wenn er einen Salon gehabt hätte.

»Charlie, das einzige, was dir wichtig ist, ist Kokain. Erzähl mir nicht diesen *Revolutions*-Scheiß.«

Doch kaum hatte sie das gesagt, tat es ihr schon leid, denn er sah gedemütigt aus, und sie mußte zugeben, daß er und sie nicht gleichberechtigt miteinander redeten, denn er war davon abhängig, daß sie ihm etwas zu essen spendierte. Deshalb konnte er nicht zu ihr sagen, sie solle ihn am Arsch lecken, denn er wollte ja etwas zu essen. Also zahlte sie einfach die Rechnung und machte, daß sie wegkam.

Bei Daisy saßen alle um den Tisch herum und machten die 'Zeitung von und für Menschen mit AIDS' postversandfertig. Sie summten vor sich hin und schwatzten miteinander. Im Radio dröhnte ziemlich laut der Salsa-Sender. Füße wippten im

Takt, und Körper waren mal in Bewegung und dann wieder emsig über Stöße von Briefumschlägen gebeugt. Die Frauen falteten Zeitungsseiten, stopften sie in Briefumschläge, die sie dann frankierten — eine Zeitung, die einigen Leuten vielleicht das Leben retten und anderen ganz bestimmt eine bessere Lebensqualität verschaffen würde.

Da war zunächst einmal Daisy, eine Mischung aus alternder lateinamerikanischer Hippie-Frau und Bibliothekarin. Sie gehörte zu den Leuten, die immer äußerst interessante Informationen haben und sich nur schwer damit abfinden können, daß auch andere Leute interessante Informationen haben. Wenn sie vor einem Raum voller Menschen stand, war sie jedenfalls großartig, denn da flossen die Informationen nur in eine Richtung.

Daisy trug eine Bifokalbrille an einer schwarzen Schnur um den Hals und hatte graues Haar, das noch nie geschnitten worden war. Sie war die typische 'nette Frau von nebenan'. Sie kannte jedes einzelne Gesicht in ihrem Häuserblock, wußte, was die Leute brauchten und ob sie ihnen helfen konnte, es zu finden oder nicht.

Dann war da Trudy, ihre Geliebte, die früher Polizistin gewesen war. Trudy kannte die Gesetze in- und auswendig, deshalb war sie immer, wenn eine Demonstration geplant war, für den 'Polizei-Dienst' zuständig. Das bedeutete, daß sie die Jungs und Mädels in Blau ständig im Auge behielt und alle Gesetzesverstöße notierte, die sie sich nicht verkneifen konnten.

»Mach mal Pause, Süße«, sagte dann früher oder später irgendein Polizist. »Das ist jetzt das vierte Mal innerhalb der letzten halben Stunde, daß Sie sich meine Dienstnummer aufgeschrieben haben.«

»Ich muß sie jedesmal aufschreiben, wenn Sie ein Gesetz übertreten«, antwortete sie dann. »Wenn Sie nicht wollen, daß ich sie aufschreibe, dann lassen Sie's doch einfach.«

Trudy brachte sie bei jeder Gelegenheit zur Verzweiflung. Sie kamen nicht damit durch, wenn bei Verhaftungen männliche Beamte Leibesvisitationen bei Frauen machten. Sie kamen nicht damit durch, wenn sie Streikpostenketten auflösen wollten.

»Streikpostenketten sind legal, solange sie nicht stehenbleiben«, rief sie dann und schlug ihren kleinen Notizblock auf. »Und das wissen Sie.«

»Bullen«, stöhnte sie ab und zu. »Was für ein Haufen von Ganoven.«

Dann war da eine besonders stille Frau mit tiefschwarzem Haar und einem teuflischen Grinsen. Das war Sam, Trudys Schwester, die gerade aus Oklahoma zurückgetrampt war. Sie trug ein puderblaues Cowboyhemd und um den Hals einen von diesen Schnürsenkelschlipsen mit einer silbernen Navajo-Krawattennadel. Sie nannten sie Sam, weil sie ganauso aussah wie Sam Shepard. Ihr richtiger Name war Dorothy. Sam sagte nicht viel, sie trank den ganzen Abend langsam vor sich hin, faltete Zeitungsseiten, stopfte sie in Briefumschläge und klebte sie zu. Trudy trank nur Mineralwasser, aber es machte ihr nichts aus, mit Leuten zusammen zu sein, die sich etwas mehr genehmigten.

»Ich mag den Geruch von Bier«, sagte sie. »Das werde ich niemals abstreiten.«

Die Wohnung war klein und gemütlich, mit einer Menge Plastik und altertümlichem Kram. Es gab einen großen, altmodischen Fernseher in einem Holzgehäuse mit Füßen, und darauf lag ein Rosenkranz, der offensichtlich in Gebrauch war. Es gab zwei große Santería-Kerzen und ein Foto von Lolita Lebrón.

»Ich hab' mich eben nach allen Seiten abgesichert«, sagte sie.

Daisy hatte sich ein paar Jahre lang Drogen gespritzt, dann zehn Jahre lang aufgehört und nach einer schlimmen Trennungsgeschichte wieder angefangen. Das zweite Mal war es nur für ein paar Monate, aber sie hatte sich die falschen Monate ausgesucht. Als in der Bibliothek, in der sie arbeitete, nach und nach immer mehr Reportagen eingingen, rannte Daisy los und ließ erst mal einen AIDS-Test machen. Sie erfuhr, daß sie HIV-positiv war, und begann an sich zu beobachten, wie die ersten Symptome auftauchten. Trudy hatte von schwulen Freunden gehört, daß in ein paar Krankenhäusern Ärzte an AIDS-Patienten Medikamente erprobten, die noch in der Experimentierphase waren. Daisy las alles, was sie in die Finger bekam, und fing an, sich für ein Medikament zu interessieren, das Ampligen hieß und genauso gut zu wirken schien wie das AZT, ohne aber dessen Nebenwirkungen zu haben. Es rief keine Übelkeit und keinen Durchfall hervor. Aber das Krankenhaus wies sie aus einem rein formalen Grund ab: sie war eine Frau.

»Ich verlangte eine Erklärung«, sagte sie. Sie erzählte die Geschichte zum tausendvierhundertsten Mal. »Ich lief hinter den Ärzten her. Ich rief sie bei der Arbeit an. Ich rief sie zu Hause an. Ich fing an, zu ihnen rauszufahren und mich in Great Neck in ihren Vorgärten auf den Rasen zu setzen. Warum durften Frauen kein Ampligen nehmen? Schließlich hatte einer der Typen, vielleicht einer von der Saint-Luke's-Klinik, so die Nase voll von mir, daß er aus dem Fenster des Pendlerzuges rief: 'Es liegt an der Herstellerfirma. Die Firma ist schuld.' Also fing ich an, denen hinterherzulaufen. Wie wir bei Justice sagen — was hatte ich denn schon zu verlieren?«

Sam beschloß, loszugehen und Nachschub an Bier zu holen, denn sie hatte die Geschichte an diesem Tag schon einmal gehört. Jede der Frauen legte zwei Dollar in ihren weißen Texashut.

»Inzwischen hatte ich andere Frauen ausfindig gemacht, die es auch mit Ampligen versuchen wollten. Aber glaubt mir, es ist noch schwieriger, an einen Pharmakonzern ranzukommen als an Ärzte. Aber schließlich bin ich nicht umsonst fünfzehn Jahre lang Bibliothekarin in der Lower East Side gewesen. Ich weiß, wie ich an Informationen komme, trotz der Schreckschrauben, die bei denen am Empfang sitzen, und trotz ihrer Bosse, die sich mit ihrem Juvena for men-Akzent so anhören, als würden sie auf einem Golfplatz stehen, egal was für Lügen sie dir gerade auftischen. Du kannst sie dir richtig vorstellen in ihren karierten Bundfaltenhosen. Also nahmen wir den Zug und fuhren hin, um persönlich mit ihnen zu reden.«

Trudy stand auf, um das Radio leiser zu drehen, und stellte sich dann hinter Daisy, die Arme um ihren Hals gelegt, und preßte ihre Brüste gegen Daisys Rücken.

»Die Bullen versuchten natürlich, uns wegzuscheuchen, aber zum Glück war Trudy da, mit ihrem Schiedsrichterbuch.«

Daisy griff liebevoll hinter sich und zog Trudys Gesicht zu sich heran, so daß sich ihre Wangen berührten.

»Schließlich bekamen wir die offizielle Erklärung: Mißbildungen bei Kindern. Sie wollen keine sterbenden Frauen behandeln, weil sie Angst haben, daß sie jemand wegen Mißbildungen bei Kindern vor den Kadi zieht. Ich meine, ich verstehe ja, daß der Fötus geschützt werden soll, schließlich bin ich katholisch erzogen worden, aber eine Frau muß doch auch leben. Also sagte ich dem Typen, daß erstens zwei von uns lesbisch

205

seien und daß zweitens die andere keinerlei Absicht habe, schwanger zu werden. Sie hat AIDS, verdammt noch mal.«

»Und was sagte er?« fragte Molly. Sie bemerkte, daß Sam wieder in die Wohnung geglitten war, mit einem Sechserpack in einer braunen Tüte und irgendeiner Halbliterflasche in einer kleineren Tüte.

»Er sagt: 'Und wer schützt meine Firma vor juristischen Konsequenzen? Das möchte ich mal wissen.' Also setzte ich mich mit Justice in Verbindung. James half mir, mit hundertfünfzig Frauen mit AIDS überall in den Staaten Kontakt aufzunehmen, die schriftlich erklärten, daß sie an Ampligen interessiert sind und nicht vorhaben, schwanger zu werden, oder daß sie zu einer Abtreibung bereit sind, falls sie doch schwanger werden, was ja schließlich immer passieren kann.«

»Und nimmst du jetzt Ampligen?«

Sam öffnete ein Bier für Daisy und Molly und ein Bier für sich selbst und ein Mineralwasser für Trudy. Dann nahm sie einen Schluck aus einer kleinen Flasche Wild Turkey und ließ sie offen auf dem Tisch stehen, falls eine der anderen Frauen davon probieren wollte.

»Bis jetzt noch nicht. Sie behaupten, daß sie bald eine zentrale Anlaufstelle für Frauen einrichten wollen, aber es heißt, daß sie das in Pittsburgh machen wollen. Im diesem Land gibt es mindestens viertausend Frauen mit AIDS, und die meisten davon sind hier in New York City, und die meisten sind verdammt noch mal zu arm und zu sehr durcheinander, um nach Pittsburgh runterzufahren. In dieser Geschichte ist also noch eine Menge zu tun, aber wir *werden* es tun«, sagte sie.

Dann drehte Trudy das Radio lauter.

38 MOLLY

Lebst du denn in Oklahoma?«

»Nein, ich lebe hier. Nur ein paar Blocks weiter. Ich hab' in Oklahoma bloß Urlaub gemacht.«

»Ich hab' es mir eigentlich nie als ein Ferienziel vorgestellt«, sagte Molly. Die Straße war naß, denn es hatte geregnet, und das bedeutete, daß sich alle Scheinwerfer im Asphalt spiegelten und daß die Reifen auf dem Wasser ein ganz bestimmtes Geräusch machten.

»Manchmal muß ich irgendwo anders hin«, sagte Sam im Weitergehen. »Manchmal ist es die Wüste oder einfach flaches Land.«

Irgendwann an jenem Abend, kurz nachdem der letzte Briefumschlag gefüllt und frankiert worden war, waren Molly und Trudy und Sam ins Badezimmer gegangen, um Zigaretten zu rauchen, weil Daisy der Auffassung war, eine kranke Frau sollte sich keinem Zigarettenrauch aussetzen müssen, der in Schwaden durch ihre Wohnung zieht. Normalerweise rauchte Molly nicht, aber nach dem ganzen Bier hatte sie Lust dazu. Sie hatte einfach Lust, eine normale New Yorkerin ohne irgendeinen besonderen Anspruch zu sein. Aber die Lampe war ka-

207

putt, und so saßen sie zu dritt im Dunkeln — Trudy auf der Toilette, und Sam und Molly auf dem Badewannenrand — und reichten den Glimmstengel von einer zur anderen, so wie Frauen eben gern abwechselnd einen Zug von derselben Zigarette nehmen. Es war still und gemütlich, und so wollte jede von ihnen länger in dem dunklen Badezimmer sitzenbleiben, als sie den anderen Frauen zumuten konnten. Als die Zigarette halb aufgeraucht war, legte Sam ihre Hand um Mollys Taille und ließ sie ruhig dort liegen.

Als sie in das erleuchtete Zimmer zurückkamen, hatten Molly und Sam ein Geheimnis, das sie dadurch bewahrten, daß sie einander kein einziges Mal in die Augen sahen, als wäre absolut gar nichts passiert. Molly merkte, daß Sam eine gute Lügnerin, eine durchtriebene Frau und eine echte Trinkerin mit einigen Geheimnissen war.

Und so verließen sie beide zur gleichen Zeit Mollys Wohnung und gingen in die gleiche Richtung. Molly war ein bißchen betrunken und konnte nicht alles verstehen, was Sam sagte, aber einmal hörte sie deutlich das Wort »Baby Doll«, und wahrscheinlich meinte Sam sie damit. Schließlich küßte Sam sie; sie schien nur aus Zunge zu bestehen. Dann legte sie den Arm um Molly und beschützte sie vor den Männern auf der Straße, die auf dem ganzen Weg zu Sam nach Hause dummes, unverschämtes Zeug zu ihnen sagten.

Molly hatte noch nicht ganz begriffen, wer diese Frau war, bis sie in ihre Wohnung kamen. Das Haus schien aus einem Groschenroman aus den fünfziger Jahren zu stammen, aus der Zeit vor der Kaputtsanierung, als dieser Stadtteil noch der Bohème gehörte. Wegen der hohen Mieten konnte niemand mehr darin wohnen, und es hatte auch niemand Lust dazu. Sam ging vor ihr her, eine baufällige Treppe rauf, durch eine Haustür mit aufgebrochenem Schloß, vorbei an zerbeulten Briefkästen, die offenstanden und an wackeligen Scharnieren hingen. In dem Haus wohnten ausschließlich chinesische Familien. Die Flure waren mit roten Girlanden geschmückt, die vom Neujahrsfest übriggeblieben waren, und alle Wohnungstüren standen offen, so daß sie verhutzelte Großmütter in Steppjacken und weißen T-Shirts sehen konnten, die auf heißen Platten Reis kochten. In jedem Raum standen viele Betten, und die Wände waren mit den Titelseiten von Zeitschriften und mit Kalenderblättern tapeziert und mit rotem Flitter behängt. Müde Männer schlurften über den Flur zur Toilette, barfuß auf dem abgestoßenen Linoleum.

Es war nur ein Raum. Er war kahl. Es gab keinen Kühlschrank. Ihr Bier stand auf dem Fensterbrett und versuchte, im Juniregen kühl zu bleiben. Es gab eine Glühbirne an der Decke, ein Bett, das sie selbst gebaut hatte, einen Fernseher.

»Hunger?«

Es gab keine Stühle. Es gab einen uralten Ofen. Ein Sammler hätte einen Pflanzkübel für einen kleinen Baum auf einem großen Platz daraus machen können. Gegenüber dem Fenster war eine Hausmauer, so daß kein Luftzug und kein Licht hereindrang. Sam zog den Gitterrost vom Ofen und kochte über der offenen Flamme. Sie kochte ein Arme-Leute-Essen, so etwas wie Hirse und Kohl. Sie stand da und schwitzte in ihrem T-Shirt. Ihre Muskeln wanderten unter ihrer Haut, und sie war ruhig.

Der Fernseher lief. Molly saß auf dem Fußboden und sah fern, aber sie sah aus dem Augenwinkel dieser Frau beim Kochen zu. Wahrscheinlich waren tausend Sterne am Himmel, die sie nicht sehen konnten, und dann brachte ihr Sam einen Teller voll Essen. Es war so ein schönes Gefühl.

»Für mich kocht nie jemand.«

Sie waren von der Welt abgetrennt. Es wurde nicht geredet. Aus dem Fernseher kamen Geräusche, aber sie waren gedämpft, und da war eine Frau, die sich bewegte und ihr etwas Heißes brachte.

Sam trug ein T-Shirt statt BH. Sie hatte Oberschenkel aus Stahl. Sie preßte ihre Daumen in Molly hinein, nicht wie die Frauen, die ihre Hände für Ersatzpenisse halten. Sie hatte ihre eigene Technik. Als Molly sie leckte, lehnte sich Sam auf den Knien sitzend zurück, so weit sie konnte. Sie verstand es, sich Lust bereiten zu lassen. Ihre Möse schwoll in Mollys Hand wie ein riesiger, sich windender Seeigel. Sie lagen auf dem Boden. Sams Hände waren groß und rauh. Sie war eine Frau aus dem Goldenen Westen. Sie war eine Erinnerung an eine andere Zeit.

»Ich kann alles reparieren«, sagte sie. »Ich kann alle möglichen Fahrzeuge fahren. Ich kann jedes Instrument spielen. Ich gehe gern raus in den Wald. Du siehst Linien auf dem Boden, aber es sind gar keine Linien. Es sind Schatten von den Bäumen.«

»Ich finde dich so sexy«, sagte Molly. »Du bist ein Cowgirl.«

Später war Sam sehr zärtlich. Molly konnte zusehen, wie sich die Scheinwerfer an der Wand vor dem Fenster entlangbewegten, wenn Autos auf ihrem Weg zu verschiedenen Zielen um die Ecke bogen.

»Hast du eine Freundin?« fragte Sam.

»Ja, aber sie ist verheiratet.«

»Wie ist ihr Mann?«

»Dick und unförmig, wie die meisten großen Männer, wenn sie alt werden. Glattrasiert und langweilig. Du könntest dich darauf verlassen, daß er dir in der U-Bahn den richtigen Weg zeigt, aber weiter würdest du nichts mit ihm reden wollen. Wenn Peter und ich als Fremde auf derselben Party wären, hätten wir nie das Bedürfnis, uns kennenzulernen.«

»Wie ist sie?«

»Ich liebe sie.«

»Was machen Lesben, um sich nicht gegenseitig mit AIDS anzustecken?« fragte Sam, während sie Molly überall streichelte.

»Im Zweifelsfall die andere Frau nicht lecken, wenn sie ihre Tage hat. Das ist alles. Es ist einfach. Glaubst du, du könntest AIDS haben?«

»Nein«, sagte Sam. »Aber ich hab' mal mit jemandem zusammen gewohnt, der es hatte.«

»Habt ihr miteinander geschlafen?«

»Nein.«

»Dieselben Nadeln benutzt?«

Sam nickte.

»Dann mußt du aufpassen.«

»Ich hätte jetzt wirklich gern Kaffee und Obstkuchen«, sagte Sam.

»Was gibt's denn da draußen, am Freitag um drei Uhr morgens?«

Sie gingen die Liste durch. Es gab Hähnchen-Tostadas. Es gab Restaurants, die bis spätabends geöffnet hatten, puertorikanische Klubs und Bars mit reichen Künstlern in schwarzem Leder. Es gab rund um die Uhr koreanische Märkte, aber nachts um die Uhrzeit gab es auf dieser Seite des Hudson River keinen Kaffee und keinen Obstkuchen.

»Was ist mit dem 'Kiev'?«

»Nein, ich will richtigen Kuchen, nicht das Zeug mit der Fül-

210

lung aus der Dose«, sagte Sam. »Laß uns einfach hier liegen und über Obstkuchen reden.«

Molly bewunderte Sams Hände, die vom vielen Arbeiten an all den fremden Orten rissig und voller Schwielen waren. Sie sah über die Einstiche hinweg.

»Tja«, sagte Molly. »Da gäbe es den Kuchen mit drei Sorten Beeren im 'Café Jaffa'. Dann wäre da die dänische Apfeltorte im 'Hiros'. Birnen-Preiselbeere im 'Orlin'. Brandy-Walnuß —«

»Das ist Yuppiefutter«, sagte Sam. »Ich will Erdbeer-Rhabarber-Kuchen. Den, den sie in Fernfahrerkneipen verkaufen, wenn du erst mal aus Ohio draußen bist. Den du immer und überall in Amerika bestellen kannst und weißt, daß er gut sein wird.«

»Ist das immer noch so, da draußen in Amerika?« fragte Molly. »Ich war so lange nicht dort, daß ich's kaum noch weiß.«

»Irgendwo da draußen gibt es Erdbeer-Rhabarber-Kuchen«, sagte Sam. »Und ich will ein Stück.«

Am Morgen machte Sam für beide Kaffee, und dann schaltete sie den Fernseher ein.

»Ich sehe morgens gerne fern«, sagte sie. »Was läuft denn so?«

Sie zog eine verknickte Sonntagsbeilage unterm Bett hervor und begann sie mit großem Ernst zu lesen.

»Oh, das hier sieht gut aus. 'Die Entführung der Senatorentochter. Mit Linda Blair.'«

»Kann ich dir was erzählen?« sagte Molly und hatte das Gefühl, daß sie gleich anfangen würde zu weinen. So traurig war sie. »Ich warte seit zwei Jahren darauf, mit meiner Geliebten an einem Tisch mit ihren Freundinnen und ihrer Familie zu sitzen, so wie ich mit dir bei Daisy gesessen habe. Seit zwei Jahren kann ich nicht im Bett meiner Geliebten schlafen, kann nicht sagen, wonach mir zumute ist, kann morgens nicht noch ein bißchen dableiben und habe keine, an der ich mich festhalten oder mit der ich fernsehen kann. Danke.«

»Ich denk' an dich«, sagte Sam.

39 KATE

Pearl kam in ihrem Lastwagen herangefahren und stieß die Tür auf.

»Willkommen auf dem Land.«

Der Wagen machte zu viel Krach, und so fuhren sie zusammen los, gezwungenermaßen in freundliches Schweigen gehüllt, begleitet von mechanischem Quietschen und Ächzen, als würde sie ein altes Maultier diese amerikanischen Berge hinaufschleppen. Es gibt nicht mehr allzu viele gebirgige Landstriche, wo hier und da ein Pferd zwischen dem Mais steht, ein Schimmel, der die im Auto Vorbeifahrenden unverwandt anschaut und seine Nüstern bläht.

»O nein, ich denke dauernd, daß es aussieht wie auf einer Postkarte«, rief Kate.

»Das geht allen so«, antwortete Pearl. »Oder wie in einem Film über ein ländliches Idyll. Ich könnte das Radio einschalten, dann hätten wir gleich die passende Filmmusik dazu. Die einzigen Sender, die wir hier draußen kriegen, sind die mit Country-Musik oder die mit Gott.«

»Macht nichts«, schrie Kate über den knatternden Motor hinweg. »Ich bin glücklich.«

Sie beschlossen, zu Pearl nach Hause zu fahren und sich auszuruhen und dann den ganzen nächsten Tag an der Rahmenkonstruktion zu arbeiten. Das erste, was Kate durch den Kopf schoß, als sie wieder schwiegen, war die klassische Reaktion von Stadtmenschen, wenn sie in die Berge kommen. *Ich muß doch verrückt sein, in New York zu leben.* In den nächsten fünfzehn Minuten bereitete sie sich gedanklich auf ihren Umzug vor. Ihre Phantasie verlagerte sich dann allerdings von Bildern der inneren Ruhe hin zu der Vorstellung, wie sie im Winter Holz schleppen und wochenlang allein im Haus sitzen würde. Und immer müßte sie essen, was sie selbst gekocht hatte. Keine Möglichkeit, an Bücher zu kommen. Es klang schon besser, wenn sie es sich als Sommerhaus vorstellte. Irgendein altes, verfallenes Farmhaus, in das sie nur etwas Arbeit hineinstecken müßten. Dann könnten sie an den Wochenenden der Hitze entfliehen. Aber das würde schließlich bedeuten, daß sie ein Auto kaufen müßten und die nächsten zehn Jahre damit verbringen würden, an dem Haus zu arbeiten. So würde das Haus zum Mittelpunkt ihres Lebens werden, denn bevor es nicht fertig wäre, könnten sie nichts anderes in Angriff nehmen. Als ihre Gedanken an diesem Punkt angekommen waren, akzeptierte Kate, daß sie nur zu Besuch war, und lehnte sich um so entspannter in den abgewetzten Vordersitz von Pearls Laster zurück. Dann ging die Sonne an einem rotglühenden Uranhimmel unter.

»Schau dich in der nächsten Kurve mal um«, schrie Pearl über das penetrante Motorgerassel hinweg. »Das ist eine optische Täuschung. Es sieht aus, als würde der Berg aus dem See aufsteigen, aber in Wirklichkeit sind sie meilenweit voneinander entfernt.«

»Du denkst, du wärst fast da, aber du kommst nie an«, sagte Kate, zu leise, um gehört zu werden. Und dann, lauter: »Es ist schön zu wissen, daß Täuschung keine Erfindung der Menschen ist. Es ist etwas, das wir aus der Natur übernommen haben.«

Als sie bei dem Haus ankamen, war es dunkler und Sommer — eine köstliche, üppige Sommernacht. Zum Garten hin stand ein Fenster offen, und dunkle Motten flatterten um die Lampe herum.

»Ich hab' mit meinen Mitarbeiterinnen schon alles klarge-

213

macht«, sagte Pearl. »Wir bauen das Objekt ein, und du kannst am Nachmittag in aller Ruhe mit einem Glas Sekt kommen. Der Park hinter der Bücherei ist der perfekte Ort für so ein großes Objekt wie *Leben am Rand*. Du hast Glück, daß dir jemand aus der Privatwirtschaft die Rechnung zahlt. Wie hast du das überhaupt eingefädelt?«

»Das hat Spiros getan, mein Kunsthändler. Er gehört zu den Leuten, die ihre Beziehungen spielen lassen und dir die Einzelheiten ersparen. Auf diese Weise brauche ich mir nicht ständig Gedanken über die Logistik zu machen.«

»So kannst du die Gewinne einstreichen und dich dabei gleichzeitig moralisch einwandfrei verhalten. Wir alle können Leute brauchen, die das für uns tun.«

»Ja.«

O *nein,* dachte Kate. *Nicht schon wieder so eine Moralpredigerin.*

»Na, jedenfalls«, sagte Pearl. »Ich finde das Projekt aufregend. Wir werden es in einer geraden Linie aufstellen, etwa drei Viertel eines Wohnblocks lang. Es beginnt an der Sixth Avenue und endet genau vor der Bühne. Dann können die Leute vorn anfangen und in einer langen, geraden Linie weitergehen, bis sie das ganze Ding gesehen haben, und damit landen sie direkt vor Hornes Füßen.«

»Horne?«

»Ja, Horne, er weiht das neue Gebäude ein, hast du das nicht gewußt?«

»Nein.«

»Es stand letzten Sonntag auf der ersten Seite im Feuilleton.«

»Oh, hab' ich nicht gesehen.«

»Na, jedenfalls«, fuhr Pearl fort, »das gibt einen langen Besichtigungsgang.«

»Nein, einen Lauf.«

»Lauf?«

»Ja, Pearl, du gehst nicht an diesem Objekt vorbei. Du läufst. Du fängst an einem Ende an und läufst, und dabei drehst du der Bilderwand den Kopf zu, so daß die Bilder schnell an dir vorbeifliegen, als wär's ein Film, nur daß es da keine Technik gibt.«

Pearl war so lange still, daß sie schließlich das Thema wechselten.

214

»Becky, meine Geliebte, kommt bald her«, sagte sie und stand auf. »Möchtest du ein Glas Wein? Möchtest du noch weiter über das Objekt reden?« Wieder dieses Lächeln.

»Nein, morgen gehen wir alles durch, und ja, ich hätte sehr gern ein Glas Wein. Können wir Musik auflegen? Hast du eine Oper da? Ich bin in der Stimmung für etwas Sagenhaftes und Gewaltiges.«

Sie lehnten sich wieder zurück und hörten *Tosca*. Draußen war nichts, keine Bewegung. Es gab einen Klang, und das war die Callas, und es gab noch einen anderen Klang, der etwas mit der Bewegung von Glas und dann mit der menschlichen Kehle zu tun hatte.

Pearl strickte — ausgerechnet! Kate nahm an, daß das eine der Gewohnheiten war, die Menschen auf dem Land annahmen, wenn die Einsamkeit unerträglich wurde. War Pearl einsam? Es schien ihr gut zu gehen. Kate versank in ihrem Sessel und schloß die Augen. Sie war nicht gern länger als drei Tage allein, das wußte sie aus Erfahrung. Drei Tage, das ging, aber dann brauchte sie einen vertrauten Körper neben sich. Wessen Körper? Peters oder Mollys. Einen von beiden.

»Wie fühlst du dich?« fragte Pearl und blickte auf.

»Ich weiß nicht«, antwortete Kate, ohne nachzudenken. Dann stellte sie sich selbst diese Frage. Sie hatte keine Ahnung. Da war so ein dumpfes Gefühl, ein Schmerz, eine große Leere. »Irgendwo in meiner Brust ist eine Mauer, und ich nehme an, daß sie niedergerissen werden muß. Warum genau, das weiß ich nicht, und schon gar nicht, woraus sie besteht. Da ist dieses feste, schwere Ding, das ich mit mir herumtrage. Manchmal vergesse ich auch, daß ich es habe.«

»Tja, wie geht es denn nun weiter mit dir und Molly? Mit dir und deinem Mann?«

»Ich werde alles so lassen, wie es ist, so lange ich kann.«

»Und wie stehen sie dazu?«

»Sie hassen mich beide dafür. Weder sie noch er wird mir jemals verzeihen. Peter wird seinen Haß irgendwo vergraben, und Molly wird ihn als eine eiternde Wunde tragen. Ich könnte mich niemals für Molly entscheiden. Ihr ist ein ach-so-dramatisches Unrecht widerfahren, deshalb müßte ich jahrelang um Vergebung betteln und ganz besonders nett zu ihr sein. Davon abgesehen, weißt du, ich könnte Peter niemals verlassen.«

»Warum nicht?«

»Aus Gewohnheit.«

»Aber liebst du ihn denn?«

»Natürlich tu' ich das.« Kate hatte ein furchtbares Gefühl der Beklemmung, als würde sie versuchen, mit dem Kopf unter Wasser zu atmen. »Ich hab' ihn sehr gern.«

Ihre Worte erfüllten das kleine Blockhaus.

»Hör zu, Pearl, ich will nicht in einem Ghetto leben wie die Lesben. Ich mag Männer. Ich möchte universell sein. Ich möchte zu ihnen gehören.«

Pearls Nadeln klapperten im gelben Schein der Lampe.

»Ich habe einmal versucht, zu den Männern zurückzugehen, als mir eine Frau total wehgetan hatte«, sagte Pearl. »Es war sehr... verwirrend.«

»Inwiefern genau?«

»Ich kam mir so albern vor. Ich war unfähig, weil ich zu viel wußte. Die Rolle zu spielen, das klappt nur, wenn du nicht weißt, daß es eine Rolle ist. Du mußt glauben, daß das eben der Lauf der Dinge ist.«

»Ich ficke gern. Ich mag Männer. Ich bin nicht lesbisch wie ihr anderen alle.«

»Brrr«, sagte Pearl. »Sagst du zu deinem Mann und zu deinen heterosexuellen Freundinnen: 'Ich bin nicht heterosexuell wie ihr anderen alle'?« Pearl setzte an, noch etwas zu sagen, nahm aber statt dessen einen Schluck Wein. Dann sagte sie etwas völlig anderes. »Ist dir kalt?«

Sie drehte die Schallplatte um. Dann begann sie sich eine Zigarette zu drehen, was sie schon vor langem hätte tun sollen.

»Ich bin nicht lesbisch«, sagte Kate.

»Das habe ich auch nie behauptet«, antwortete Pearl und steckte sich die Zigarette langsam mit einem Streichholz an.

»Du bist davon ausgegangen.«

»Eigentlich glaube ich überhaupt nicht, daß du lesbisch bist. Trink noch ein bißchen Wein. Die Nacht ist ein dunkler, dunkler Brunnen. Wir haben Musik und bequeme Sessel. Wir können von Glück sagen.«

»Kann ich mal telefonieren?« fragte Kate. Etwas Drängendes lag in ihrer Stimme. Es war versteckte Panik.

»Na klar. Das Telefon steht in der Küche.« Pearl rauchte ganz langsam.

Kate wählte die Nummer von zu Hause. Niemand ging ran. Dann rief sie Spiros an.

»Hallo?«

»Spiros, ich bin's.«

»Ist alles in Ordnung?«

»Oh, ja, ich bin nur den ganzen Tag unterwegs gewesen. Ich bin hier draußen in New York State bei der Schreinerin. Es ist alles geklärt. Hast du dir die Dias schon ansehen können? Ich hab' sie am Mittwoch vorbeigebracht.«

»Ja.«

»Und?«

»Kate, Liebes, auf den Dias ist schwer zu erkennen, wie es wirken wird, wenn ich alle Bilder vor mir ausgebreitet sehe. Aber mein erster Eindruck ist, daß das Objekt kompositorisch nicht genügend durchgearbeitet ist. Es entsteht kein piktorales Gefüge. Kein archetonisches Raumgefühl.«

»Machst du Witze?«

Kate wollte eine Zigarette. Wann hatte sie eigentlich zum letzten Mal eine geraucht? Sie steckte ihren Kopf aus der Küchentür und machte eine Drehbewegung zwischen Daumen und Zeigefinger. Pearl lächelte und warf ihr den Tabakbeutel zu.

»Was meinst du damit?«

Das war das erste Mal, daß Spiros ihr eine Frage stellte, die nicht affektiert klang.

»Ich meine, Spiros, wer will denn schon ein Gefüge aus Fotos? Wer schert sich denn um archetonischen Raum, wenn die Menschen so traurig sind?«

»Ja, ja, natürlich«, sagte er und hatte seine Fassung sofort wiedergewonnen. »Ist da noch was anderes, was dich quält?«

»Spiros, hast du mich je als Lesbe betrachtet?«

»Ganz und gar nicht«, sagte er ohne Pause. »Du bist eine Künstlerin. Du brauchst ein breites Spektrum abwegiger Erfahrungen. Nein, ganz und gar nicht. Peter war in letzter Zeit sehr stark mit seiner Arbeit beschäftigt, und du hast zu wenig Zuwendung bekommen. Aber er wird bald Urlaub nehmen, und ich bin sicher, daß sich alles wieder normalisieren wird.«

»Ist das wahr?«

»Aber ja.«

»Ist er in letzter Zeit besonders beschäftigt gewesen?«

»Sehr beschäftigt. Und jetzt beruhige dich, Kate. Entspann dich. Peter ist ein großer Künstler. Er ist brillant. Und du auch. Die Welt erkennt die Qualität der Arbeit, die ihr beiden leistet, noch nicht ganz an, weil ihr zwei die Wahrheit sagt und weil die Welt dumm ist. Alle großen Künstler der Welt wurden zuerst mißachtet, weil sie ihrer Zeit zu weit voraus waren. Du hast Lampenfieber davor, daß das Objekt aufgestellt wird, das ist alles.«

Sie kam sich sehr klein vor.

»Es wird alles besser werden, Kate, du wirst sehen, ich versprech's dir. Nun sei ein braves Mädchen und geh schlafen. Hier ist ein Kuß für dich.«

40 KATE

Kate lehnte sich an den Rahmen der Küchentür und inhalierte ihre Zigarette. Sie schmeckte großartig. Wann hatte sie zum letzten Mal geraucht? Wahrscheinlich Anfang der Siebziger. Fünfzehn Jahre. War es möglich, daß sie seit fünfzehn Jahren keine Zigarette mehr geraucht hatte? Peter hatte damals auch geraucht. Er rauchte Kents. Es gab sie in kleinen weißen Schachteln mit feinen grauen Streifen, die sie an die weißen Hemden erinnerten, die Geschäftsleute zu ihren Anzügen trugen. Die Zigarettenschachteln waren dafür gemacht, aus den Brusttaschen solcher Hemden hervorzuschauen. Was war der Unterschied zwischen Liebe und Gewohnheit? Nach einer Weile entwickelte sich das eine aus dem anderen, aber wie lange war es her, daß das geschehen war? Es war nicht unbedingt etwas Negatives. Du weißt, wie du dich zu verhalten hast, er weiß, wie er sich zu verhalten hat. Solange ihr euch beide nicht verändert, ist alles in schönster Ordnung.

Wie hatte Peter ausgesehen? Sie konnte sich nicht erinnern. Er war charmant und schlank gewesen, mit einem Kopf voller Haare. Wie lange war das her? Was würde passieren, wenn er eine Musikrichtung fand, die sie nicht mochte, oder ihr ein

219

Buch gab, das sie nicht lesen wollte? Was wäre, wenn sie allein irgendwohin ginge, wo er noch nie gewesen war? Was dann? Er sagte nie, was er wollte, er sah einfach nur unglücklich aus und schmollte. Dann mußte sie sich um ihn kümmern. Das war auch ganz in Ordnung so. Er würde sich im umgekehrten Fall auch um sie kümmern. Er übernahm manchmal das Einkaufen, wenn sie ihm sagte, was er kaufen sollte. Er betrog sie nie.

Da kam eine anmutige Frau in die Küche geschlendert.

»Hi, ich bin Becky. Ich wollte mir nur etwas Wasser holen.«

»Hallo«, sagte Kate. »Kein Problem, ich bin hier drin fertig.«

Sie ging zurück ins große Zimmer, um sich eine Weile zu den beiden Frauen zu setzen.

Becky und Pearl sahen zusammen wirklich toll aus, das mußte Kate zugeben, obwohl sie Pearl nicht mochte. Eigentlich verachtete sie sie sogar. Pearl lebte in einem Ghetto. Sie war eine Männerhasserin. Trotzdem wußte Kate vom ästhetischen Standpunkt ihr üppiges Haar und die strahlende objektive Schönheit der beiden zu würdigen. Kate war universell, und so konnte sie alle Formen der Schönheit genießen und wußte sie zu würdigen. Das tat sie auch, bis die beiden Gute Nacht sagten und sich schleunigst ins Bett verzogen. Von ihrem Sessel aus konnte Kate hören, wie sie kicherten und flüsterten und leise stöhnten. Sie vermißte Molly. Sie vermißte das Gespräch mit ihr. Sie vermißte ihre Berührung. Sie hörte, wie die beiden Frauen miteinander schliefen, und dachte daran, wie sie und Molly miteinander geschlafen hatten, und sie konnte nicht akzeptieren, daß es das gleiche war.

Egal, wie oft ich daran denke oder davon höre, egal, wie sehr es mir wehtut oder wie erregend es sein kann — ich habe es doch nie akzeptiert. Es ist nicht das Normale.

Am nächsten Morgen stand sie sehr früh auf, erfüllt von einer Energie, mit der sie nichts anzufangen wußte. Sie ging nach draußen, und als sie zurückkam, waren da wieder die Geräusche von Pearl und Becky, die miteinander schliefen. Sie wartete unbewegt, bis Pearl aufstand, sich anzog, aß und sich für die Arbeit fertigmachte.

Sie gingen nach draußen, hinter die Werkstatt, wo Pearl unter großen Planen die Rahmen aufbewahrte. Nachdem sie jeden einzeln herausgezogen und aufgestellt hatten, begann Pearl, an jedem Stück Scharniere zu befestigen. Sie arbeitete in gleichmäßigem Tempo, während Kate ein Tuch ausbreitete und sich aufs Gras setzte. Die Frau, der Kate beim Arbeiten zusah, war am Abend zuvor von der Liebe berauscht gewesen. Doch nun verhielt sich Pearl so, als wäre nichts geschehen. Warum schrie und tanzte sie nicht? Das brachte Kate auf den Gedanken, wie erwachsen Pearl doch sein mußte. In diesem Augenblick stellte Kate eine Definition auf, nach der Erwachsensein bedeutet, daß Menschen fähig sind, miteinander zu schlafen, und dann einfach weitermachen, als würde das Ich, das sich genußvoll wälzt und nach Lust verlangt, zu einem anderen Leben gehören. Genau in diesem Moment blickte Pearl von ihren dicken Beinen und ihrem Gurt mit dem Werkzeug auf. Sie schaute Kate direkt an. Kate konnte Pearls Augen gleichzeitig sehen und sich vorstellen, was sie sahen. Hinter ihrer Iris gab es ganz deutlich ein lachendes Funkeln, das sich vage erinnerte, wie ihre Hände von Spucke, Mösensaft und Blut trieften. An ihren Fingern hing noch ein Geruch, der sie aufleben ließ wie ein kurzes Tauchbad in einem Wasserfall, als sie sich zufällig mit der Hand über die Oberlippe strich. Wie konnte Pearl nur so ernsthaft arbeiten. Kate wurde neugierig, sie witterte bei jeder Frau ein Geheimnis, mochte sie ihr Ich auch sonstwie präsentieren. Aber vielleicht lag das alles auch nur am Licht.

41 MOLLY

Molly konnte beim besten Willen nicht schlafen. Die Nacht vibrierte um sie wie ein Magic-Fingers-Massagegerät in einem gottverlassenen Hotel irgendwo in der Gegend von Reno. Ihr Leben hatte sich in einem eng umgrenzten Raum abgespielt, in dem ihr viele Möglichkeiten verschlossen blieben, und nun wurde ihr ganz plötzlich bewußt, daß auch sie es verdiente, geliebt zu werden.

Sie zog ihre Schuhe an, räumte ihre Wohnung auf, machte das Bett, spülte die Gläser. Sie brachte den Müll raus und stopfte ihn in die grauen Zinkblech-Tonnen auf der Straße. Aber zuerst sortierte Molly die Flaschen in gesonderte Tüten und legte sie vorsichtig auf die Motorhaube eines geparkten Wagens, damit ein obdachloser Mensch die Pfandflaschen einlösen konnte. Das würde jemandem eine nette Überraschung nach Mitternacht bereiten. Gerade wenn sie oder er zu müde wäre, um noch eine Mülltüte zu durchsuchen, würden da plötzlich genügend Flaschen für ein Bier und zwei Zigaretten sein. Die meisten Leute werfen ihre Flaschen mit dem anderen Müll zusammen weg, so daß die Leute, die die Müllbeutel durchsuchen, ihre Hände in widerliche verrottende Abfälle stecken

222

müssen, um an die fünf Cents Pfand zu kommen.

Es war schon sehr spät, aber nicht besonders heiß. Auf der Straße waren viele Körper, und die meisten von ihnen murmelten vor sich hin. Die Nacht zockelte vorbei wie eine U-Bahn aus Menschen. Überall schliefen Leute, und weil es warm war, lagen ihre Körper mit ausgestreckten, bloßen Gliedmaßen da und machten leise Geräusche, den Kopf mit einer Zeitung oder Hand geschützt. Sie begann, zwischen den Körpern herumzuwandern, abwechselnd im gelben Lichtkegel der Straßenlaternen und im Dunkeln, und drehte eine Runde um die altbekannten Häuserblocks. Sie führte Selbstgespräche. Sie spürte Verlangen. Sie wollte dem Körper einer Frau nahe sein. Dann fiel ihr etwas Phantastisches ein. Ihr fiel ein, daß Sam nicht Kate war. Sie konnte Sam jederzeit anrufen. Sie konnte einfach mal bei ihr vorbeigehen. Es gab keinen Mann, der ihr Sams Liebe vorenthielt. Sie ging zielstrebig los und führte auf dem ganzen Weg bis zu Sams Tür Selbstgespräche. Niemand öffnete. Es war kein Laut zu hören. Also machte sie sich in der lilafarbenen Nacht auf, um diese Frau zu finden und mit zu sich nach Hause zu nehmen.

Molly versuchte es in ein paar Bars in den umliegenden Straßen und warf einen Blick in die Bodegas. Dann ging sie durch Sams Stadtteil und durchkämmte systematisch Straßen, in denen sie noch nie, zu keiner Tages- oder Nachtzeit, gewesen war. Es war nicht so, daß sie sich allein fühlte. Sie *war* allein. Diese Tatsache verstärkte die Entschlossenheit, mit der sie mitten in der Nacht da draußen unterwegs war, ohne daß es jemand wußte.

Nur zwei Dinge passierten. Da war einmal die merkwürdige Unterhaltung mit einem alten schwarzen Mann, irgendwo an einer Ecke, und dann dieses flackernde Neonlicht aus 'Lillian's Coffee Shop' auf der Zweiten Straße. Es war ein schmieriges Licht, wie aus einem dreckigen Badezimmer ohne Waschbekken. Drinnen gab es ein Schild, auf dem selbstgebackener Obstkuchen angepriesen wurde, und ein Cowgirl, das nicht schlafen konnte und deshalb vor einem Kaffee und einem Stück von dem Kuchen saß und vor sich hin döste. Ihre Zigarette brannte in dem metallenen Aschenbecher, und ihre Augen hingen sehr tief. Sam hätte in einer x-beliebigen Stadt an irgendeinem Highway sitzen können. Sie lebte diese Beat-Realität der fünfziger

Jahre mitten im letzten Coffee Shop in New York City aus, in dem das letzte Stück Kuchen serviert wurde.

»Ich komm' einfach nicht mehr mit«, sagte Sam, als Molly sie in ihr Zimmer zurückbrachte. »Es gibt nichts, was mich am modernen Leben fesselt.«

Sie waren beide an diesem Abend ertrunken, und es war in aller Stille geschehen.

Es gibt Hilfe, erkannte Molly, als sie den verschwitzten, fruchtigen Geruch an Sams Halsansatz roch. *Gott sei Dank.*

Als Sam sie leckte, erforschte sie alle ihre Konturen. Sie bewegte nicht bloß ihre Zunge auf und ab. Je erregter Molly wurde und je mehr ihre Klitoris anschwoll, um so flinker war Sams Zunge. Sie zog sich immer wieder an die Oberfläche zurück, und so konnte Molly wirklich etwas empfinden, nicht nur Druck und schnelle Bewegung. Die Mösen von Frauen unterscheiden sich so stark voneinander. Molly wußte, daß jede von ihnen sorgfältig erspürt werden mußte, um etwas über die Frau zu erfahren, die sie umgab. Sam kannte sich mit den Details aus, zum Beispiel zog sie Mollys Bauch ab und zu hoch, damit sich ihre Klit flach ausstreckte, und ließ ihn dann wieder zurückgleiten. Sam wußte, wie sie eine Frau lieben mußte, damit es hinterher wunde Mösen und Arschlöcher und Brustwarzen und tropfnasse Lippen gab. Da war kein tiefes Bedürfnis mehr, nur Zärtlichkeit und dann eine verrückte Entspanntheit.

»Hab' mit Daisy über deine Freundin geredet«, sagte Sam und sah in diesem Augenblick wie eine wunderschöne stille Frau mit weichen Brüsten aus. »Sie sagte, du hättest unter der Sache gelitten.«

»Ich hab' im Moment keine große Lust, darüber zu reden«, sagte Molly. »Denn ich bin glücklich, bei dir zu sein. Du gibst mir so ein gutes Gefühl.«

Sam redete nicht viel. Das war nicht ihre Art. Manchmal wurden die Gefühle auch ohne viele Worte deutlich, und oft blieben sie verborgen.

»Es macht nichts, wenn du wütend bist«, sagte Sam.

»Ich bin wütend.« Molly fing an zu zittern. Sie fühlte sich so geborgen. »Ich bin sehr wütend.« Sie zitterte und fror. Ihre Muskeln zuckten. Sie wußte nicht, was sie tun sollte, damit das Zucken aufhörte, bis Sam ihren Körper öffnete.

»Nimm meine Wärme«, sagte sie.

Ihre Stimme gab Molly die Erlaubnis, sich in ihr zu entspannen und sich tief von Sams Wärme durchdringen zu lassen.

Es ist ein gutes Gefühl, in Sicherheit zu sein, dachte sie. *Ich bin so glücklich, daß ich in Sicherheit bin. Wenn ich mit einer anderen Frau intim zusammen bin, lerne ich immer etwas. Wenn es eine ist, die ich liebgewinnen kann, dann sind die Dinge, die ich lerne, so schön, daß sie mich aufrichten. Einander nahe zu sein riecht kühl und süß. Es ist ein tolles Gefühl, so ein Gefühl von Wärme.*

Molly packte Sam beim Genick.

Das hier ist genau, was ich brauche, dachte sie. Und dann sprach sie es aus.

42 MOLLY

Ich muß erst um elf zur Arbeit«, sagte Sam. »Laß uns was Tolles machen. Laß uns was rauchen, und wenn wir stoned sind, gehen wir in den Central Park.«

»Ich kann nicht«, sagte Molly und ließ sich über Sams Fleisch rollen, um an ihre Kleider zu kommen. »Heute ist Tag der Kreditkarte.«

»Was ist denn das?«

»Es ist was von Justice. Justice schlägt heute zu. Wieso kommst du eigentlich nie zu den Versammlungen? Erzählt dir Trudy nicht, was los ist?«

»Was ist denn los?«

»Tausende von Menschen sterben wie die Fliegen, und niemand kümmert sich drum. Die Leute unternehmen nichts, solange es sie nicht selber betrifft. *Das* ist los, Sam.«

»Es ist scheußlich«, sagte Sam.

»Ja«, sagte Molly. »Aber es ist Realität.«

Molly sah Sams grüne Augen, wie sie glitzerten. Sie sah eiserne Muskeln und kleine Fleischpäckchen.

»Wir haben so ein Glück, Sam. Wir haben so ein Glück, daß wir uns nicht gegenseitig beim Sterben zusehen müssen.«

Dann zog sich Sam langsam an. Sie band ihre schmale Krawatte um, schloß alle Schlösser hinter sich ab und folgte Molly auf die Straße.

»Wir haben das seit langem geplant«, sagte Molly. »Ehrlich gesagt, ich weiß nicht, ob ich 'wir' sagen kann, denn ich hab' nicht besonders viel daran getan. Ich arbeite nur hier und da ein bißchen mit. Aber auf diese Weise gehöre ich dazu.«

»Meinst du, hier und da ein bißchen, das ist okay?« fragte Sam.

»Ja«, sagte Molly. »Aber nur deshalb, weil eine Menge Leute zu Justice gehören, so daß viele kleine Beiträge einen großen ergeben. Wenn es nur wenige Leute wären, dann würde es noch nicht mal ausreichen, wenn alle ständig mitarbeiten würden.«

Sie kamen bald zu dem großen Pathmark-Supermarkt mit den vierundzwanzig Kassen, in der Cherry Street, auf einem Parkplatz am Hafen, gleich neben den Mietskasernen. Vor dem Geschäft lungerten eine Menge Obdachlose herum. Sie gehörten zwar zu den Leuten, die gewöhnlich irgendwo herumlungerten, aber nicht an genau dieser Stelle. Und sie taten es auch nicht auf ihre übliche Art und Weise. Sie schlugen nicht die Zeit tot, und sie waren auch nicht am Schnorren. Statt dessen warteten sie auf etwas. Sie bummelten nicht herum. Sie schienen sich versammelt zu haben.

Molly lief zu Fabian hinüber, der am Rand der Menge stand und in Verhandlungen vertieft war.

»Was ist denn das hier?«

»Molly, gut, Bob braucht deine Hilfe an der Geflügeltheke.«

Fabian hatte sich mit Lederklamotten in Schale geworfen. Er trug Reithosen, Stiefel mit Sporen und eine ganze Reihe Halstücher in den verschiedensten Farben.

»Wie kommen all diese Leute hierher?«

»Mario und Roger sind gestern abend losgezogen und haben in den Wohlfahrts-Unterkünften und Obdachlosen-Wohnheimen auf der Dritten Straße Handzettel verteilt. Die Leute haben schon stundenlang Schlange gestanden, bevor wir herkamen, nur um zu sehen, was passieren wird. Es ist unheimlich, wenn du einen Aufruf startest und die Leute tatsächlich auftauchen. Wenn wir's nicht hinkriegen, wird dieser Haufen verdammt sauer auf uns sein.«

»Also …?«

»Also geh Bob helfen. Ihm kommen die Hähnchenschnitzel schon aus den Ohren.«

Sam wanderte um die Menge herum, um sich die Sache von hinten anzusehen, und Molly bahnte sich einen Weg durch die Männer. Es waren fast alles Männer. Junge Männer. Ein paar Frauen waren auch da, und sie hatten Kinder dabei, aber die meisten Männer kamen allein. Manche rochen so übel, daß sie würgen mußte. Sie hätte sich beinahe übergeben. Jemand bat sie um Geld, sie sagte nein. Manche von den Leuten waren ganz in Ordnung, aber manche stanken nach Urin.

Bob hatte alle Hände voll zu tun, mit Papieren und verwirrten Pathmark-Mitarbeiterinnen. Er war kaum zu übersehen, so groß und silbrig, mit Cowboyhut und rot-weiß-kariertem Hemd mit in Silber gefaßten Perlmutt-Druckknöpfen.

»Molly, das hier ist Mario. Das ist Don. Sie sind unsere Dolmetscher für Chinesisch und Spanisch. Wir erwarten jeden Moment eine ganze Gruppe aus Chinatown, und wir haben extra Handwagen für Familien besorgt, die einen langen Anmarsch haben, damit sie die Sachen mit nach Hause nehmen können.«

Alle gaben sich die Hand.

»Ich fürchte, wir haben hier ein leichtes Chaos. Also, Molly, versuch mal, die Leute dazu zu kriegen, sich anzustellen, damit sie an den richtigen Übersetzer herankommen.«

Die drei mischten sich wieder in die Menge, und Molly versuchte es, indem sie »anstellen, anstellen« rief, aber das klappte nicht.

»Das wird nicht klappen«, sagte Mario.

In diesem Augenblick kam die Gruppe aus Chinatown, hauptsächlich ältere Frauen mit Stapeln von leeren Einkaufstaschen.

Don rief etwas auf chinesisch.

»Was hast du gesagt?« fragte Molly.

»Ich hab' gesagt: 'Anstellen, anstellen.'«

»Hat nicht geklappt«, sagte Mario.

Schließlich stellte sich Bob auf die Ladefläche eines Lieferwagens und schrie in ein Megaphon.

»Wenn ihr Lebensmittel umsonst wollt, seid jetzt mal still!«

Das klappte.

»Okay«, sagte Bob. »Es gibt folgende Lebensmittel umsonst: Fleisch, Fisch, Geflügel, alle Proteine, Gemüse, Vollkornbrot, reinen Fruchtsaft, Nüsse, Erdnußbutter, Gewürze, Öl und andere Vollwertkost. Auch Vitamine. Und denkt dran, diese Supermarkt-Gewinnausschüttung verdankt ihr niemand anderem als den freundlichen Schwulen und Lesben von Justice.«

Dann übersetzten Mario und Don rasch.

Die Menge war inzwischen unerwartet aufmerksam und benahm sich manierlich, allerdings hatte alles eindeutig einen Beigeschmack von »Abwarten und Teetrinken«. Molly fiel Sam wieder ein, und dann stellte sie fest, daß sie direkt neben ihr stand.

»Das einzige, was ich in dieser Richtung je erlebt habe«, sagte Sam, »das war damals, als wir fünf Stunden in der Kälte Schlange gestanden haben, um zehn Pfund von dem verdammten Käse zu kriegen, den die Regierung verschenkt hat. Weißt du noch? Es war noch nicht mal guter Käse. Es war dieses orangefarbene, wachsartige Zeug.«

»Wenn ihr zur Kasse geht«, fuhr Bob fort, »und die fleißige Frau, die dort sitzt, fragt euch, wie ihr zahlen wollt, sagt ihr einfach: 'Das geht auf Kreditkarte.' Sprecht mir nach: *'Das geht auf Kreditkarte!'*«

Und alle taten es.

»Na bitte, ein bißchen mehr Gemeinschaftsgefühl kann doch nichts schaden. Dann lasse ich eure Rechnung auf diese American-Express-Karten buchen. Die eigentlichen Besitzer dieser Karten können heute nicht hier sein, weil sie im Krankenhaus liegen. Aber sie lassen euch alle grüßen und haben ihr Einverständnis gegeben. Okay, und immer schön mit der Ruhe. Auf geht's.«

Zum Glück kamen Mario, Molly, Don, Sam, Bob und Fabian im selben Moment auf den Gedanken, schleunigst aus dem Weg zu gehen, denn die Männer und Frauen kamen mit einer solchen Wucht durch die Eingangstüren gestürmt, daß die splitterfreien Panzerglasscheiben in ihren Rahmen wackelten.

Die Leute von Justice rannten abwechselnd wie die Verrückten von Kasse zu Kasse und schoben Plastikkarten hin und her.

»Man geht nicht mehr ohne«, sagte Fabian jedesmal, wenn er und Molly aneinander vorbeiliefen.

Die Leute fielen natürlich als erstes über das Fleisch her. Doch sobald sie es in ihren Körben hatten, gönnten sie sich längst vergessene Genüsse, zum Beispiel Pfirsiche. Oder Eis. Es gibt Lebensmittel, die satt machen, und dann gibt es noch Lebensmittel, die im Mund so gut schmecken, daß sich das Gefühl einstellt, wieder Mensch zu sein. Es weckt Erinnerungen. Den Leuten fallen andere Sachen ein.

Nach einer halben Stunde kam Bob zu den Frauen herübergekeucht, die Gutscheine verteilten.

»Wir haben fast nichts mehr da, was irgendeinen Ernährungswert besitzt«, schnaufte er. »Es ist bloß noch Junkfood übrig.«

»Da kommen immer noch Leute zur Tür rein«, rief Sam über ihre Schulter.

»Nun, wir können nicht die Moralapostel spielen«, sagte Don. »Laßt die Leute nehmen, was sie wollen, auch wenn es Chips und Coke Light ist. Ich meine, wenn du was zu essen brauchst, brauchst du was zu essen.«

Also nahmen sich Don und Mario und Bob wieder das Megaphon vor, und das löste einen neuen Ansturm aus, diesmal allerdings auf tiefgekühlte Pizza, Frühstücksfleisch, Hot Dogs und Cremepulver.

»Was ist denn jetzt?« fragte Molly, als Fabian mit verstörtem Gesichtsausdruck vorbeilief.

»Die Leute, die nur Frischfleisch und gesundes Gemüse bekommen haben, beschweren sich«, sagte er. »Denn eigentlich wollten sie Schokoriegel.«

Nach einer Dringlichkeitsbesprechung kamen die Justice-Leute zu dem Schluß, daß sie kein Recht hatten, den Menschen vorzuschreiben, was sie essen sollten. Sie konnten nur Vorschläge machen, und das unmittelbare Glück war kein untergeordnetes Ziel, also ließen sie den ersten Schwung Leute noch einmal durch den Laden gehen, damit sie sich ihre Zuckerration holen konnten. Bob schaffte es jedoch nicht, sich völlig rauszuhalten, und so saß er in der Abteilung für Tiefkühlwaren und rief »Häagen-Dazs-Eis, Häagen-Dazs-Eis!«, in der Hoffnung, irgend jemanden beeinflussen zu können.

»Über dieses Problem müssen wir uns in Zukunft ernsthaft Gedanken machen«, sagte Mario. »Das ist nicht von der Hand zu weisen.«

Als die letzte Flasche Thousand-Island-Dressing aus dem Regal genommen, die letzte Dose Schweinefleisch mit Bohnen und das letzte Glas Marshmallow-Brotaufstrich in einer Tragetasche verpackt war, gab Bob eine der vielbenutzten Kreditkarten einem Mann, der nur sechs Tüten Lakritzbonbons abbekommen hatte.

»Mach was richtig Geniales mit dieser Karte«, sagte Bob, völlig geschafft. »Etwas Fabelhaftes.«

Als die letzten gegangen waren und sämtliche Pathmark-Mitarbeiterinnen erschöpft über den Kassenfließbändern zusammensanken, standen die Männer und Frauen von Justice, die Arme umeinandergelegt, beieinander, blickten in die leere weiße Höhle und sahen zu, wie das Neonlicht die leeren Regale bestrahlte.

»Sieht irgendwie aus wie ein monströser leerer Kühlschrank«, sagte Fabian.

»Wir haben etwas wirklich Wichtiges getan«, sagte Don. »Wir haben heute was verändert, und es war gar nicht so schwer, wie ich dachte.«

»Na ja«, sagte Mario. »Im Moment kommt es uns ganz toll vor, aber morgen ist es vorbei. Ich mache schon lange politische Arbeit, und kleine Aktionen wie diese bringen nur etwas, wenn sie die Leute zu größeren Aktionen anregen.«

Auf dem Weg zur U-Bahn kamen Don und Molly ein wenig ins Quatschen, denn dies war Dons erste politische Erfahrung, und er fand es aufregend, egal was Mario sagte. Außerdem hatten sie sich schon auf vielen Versammlungen gesehen, aber es hatte sich noch nie ergeben, daß sie ins Gespräch gekommen waren.

»Hast du denn einen Freund?« fragte Molly.

»Mein Freund ist vor vier Jahren gestorben«, sagte Don. »Es ist schwer für mich, einen neuen zu finden, denn niemand möchte Gefühle in jemanden investieren, der vielleicht sterben wird. Aber ich will den blöden Test nicht machen, deshalb muß ich mir jedesmal überlegen, wenn ich mit jemandem was anfange, ob ich's ihm sage oder nicht.«

Sie steckten ihre U-Bahn-Marken in die Schlitze an der Sperre und gaben einem Musiker ein paar Münzen, obwohl sie beim Donnern der U-Bahn überhaupt nichts hören konnten. Sam war auch dabei, aber sie sagte nicht viel.

»Schau dir all die Leute in diesem Zug an«, sagte Don. »Meinst du, irgendwer von ihnen wird je davon hören, was wir gemacht haben?«

»Einige. Wenige. Ein paar vielleicht.«

»Welche?«

»Die, die Seite zehn der *Daily News* lesen.«

Er trank Saft aus einem Karton und bot ihr etwas an. Sie trank davon.

»Also, meinst du, ich sollte den Test machen? Was denkst du, Molly?«

»Wie wirst du dich fühlen, wenn du HIV-positiv bist?«

»Deprimiert.«

»Wie fühlst du dich, wenn du es nicht weißt?«

»Ich fühle mich prima, wirklich.«

»Es liegt bei dir. Ich meine, wenn du jemanden findest, der dich wirklich mag, dann ist es wahrscheinlich egal, ob du den Test machst oder nicht.«

»Ich glaube, ich werde warten. Ich hab' keine Lust, die nächsten drei Jahre lang hysterisch zu sein.«

»Gute Idee.«

Als Don ausgestiegen war, lehnte sich Molly schweigend zurück, ihre Hand auf Sams Schoß.

»Warum hast du aus seinem Karton getrunken, wenn er doch vielleicht AIDS hat?«

»Es ist ein Erkennungsritual. Leute, die vielleicht HIV-positiv sind, bieten dir zwangsläufig einen Schluck aus ihrem Glas an. Es ist ein Loyalitätstest, um zu sehen, ob du Vorurteile hast oder nicht, ob du so gut informiert bist, daß du weißt, daß du es auf diese Weise nicht kriegen kannst.«

»Der Typ, mit dem ich mal zusammen gewohnt habe«, sagte Sam, »der dann gestorben ist…«

»Ja?«

»Er hat sich vollgeschissen, und ich mußte es saubermachen. Er war zu krank, um sich zu bewegen, also mußte er drin liegen, bis ich nach Hause kam.«

Molly legte ihren Arm um Sam und vergrub ihr Gesicht in ihrem Hals.

»Sam, hast du Angst?«

»Ich weiß nicht«, sagte sie. »Ich weiß nicht, was ich fühle.«

43 PETER

An diesem Abend saß Shelley neben Peter im Publikum. Sie sah schön aus. Sie war charmant zu den Leuten, die sie trafen, und sie ließ während des ganzen dritten Aktes dezent ihre Hand auf seinem Oberschenkel liegen. Nach der Vorstellung nahm er sie mit hinter die Bühne und zeigte ihr, wie ein Gelatinerahmen aussieht, und ein Farbrad. Er nahm sie mit nach oben in die Beleuchterloge und zeigte ihr, wie ein Stellhebelpult funktioniert. Er erklärte ihr das Überblenden und wie eine Person unbemerkt auf die Bühne kommen kann. Er ging kurz auf Steckverbindungen ein und zeigte ihr einen Trick beim Aufwickeln der Kabel. Sie hatte keine Angst, auf die Beleuchtungsbrücke zu steigen. Im Gegenteil — sie fand es herrlich.

»Vielleicht kann ich dir einen Job bei einer Aufführung besorgen. Das wäre doch lustiger, als in einem Copy-Shop zu arbeiten, findest du nicht? Du kannst Elektrikerin werden.«

»Peter, wie könnte ich das? Ich verstehe doch überhaupt nichts von Elektrik.«

»Das ist einfach. Ich bring's dir bei. Ich bring's dir in einer Woche bei.«

233

Ich könnte dafür sorgen, daß ihr Leben so viel aufregender wird, dachte er. *Ich könnte ihr soviel beibringen. Vielleicht wird sie richtig gut, und wir können zusammen arbeiten, bis sie selbst Bühnenbildnerin wird.*

Es war ein tolles Gefühl, Shelley in seinem Bett zu haben. Sie gehörte eindeutig dort hin. Ihr Haar sah schön aus, so lang und üppig auf den Laken.

»Schau dir mal die Bücher auf deinem Nachttisch an«, sagte sie. »Derrida, igitt. Ich hab' mal versucht, das für Semiologie zu lesen, im zweiten College-Jahr.«

»Du hast Semiologie studiert?«

»Ich hab's aufgegeben. Dann hab' ich statt dessen 'Frauenstudien' belegt. Bataille? Igitt. Ich hab' mal versucht, das zu lesen, das mit dem Auge. Er redete ständig nur davon, wie er irgendeiner Frau seinen Schwanz reingezwängt, reingedrängt und reingestopft hat. Liest du so was, bevor du ins Bett gehst? Na ja, es ist gut zum Einschlafen.«

»Jemand muß doch den Universitätsverlagen was zu verdienen geben«, kicherte er. »Und jemand muß die Intellektuellen doch von der Straße weghalten. Außerdem kriege ich davon destruktive Träume.« Er lachte laut auf.

»Machst du dich über mich lustig?«

Ihre Brüste bestanden hauptsächlich aus Brustwarzen, langen rosafarbenen.

»Es ist gar nicht so schwer, wirklich nicht. Soll ich's dir erklären?«

Er griff nach seiner Brille.

»Nein. Ich meine, nicht jetzt. Kannst du bitte das Radio anmachen?«

Sie sang ein paar Lieder mit und trommelte das Schlagzeug mit ihren langen roten Fingernägeln auf seiner Brust.

»Pete, magst du Sinhead?«

»Skinhead?«

»Nein, nein. Oh, diesen Song finde ich super. Mach lauter.«

Er versuchte zuzuhören, aber er bekam den Text nicht mit. Als das Lied vorbei war, schaltete er auf den Cassettenrecorder um und legte ein Band von Sonny Rollins ein.

»Liest Kate denn auch diese Bücher?«

»Ja. Sie liest alles, was ich lese. Deshalb haben wir immer etwas, worüber wir reden können.« Er zwirbelte ihre braunen

Locken zwischen seinen Fingern. »Wir mußten wie Jean-Paul und Simone sein, oder wie Frida und Diego.«

»Wer sind Frida und Diego?«

»Ein berühmtes Künstlerpaar. Die Verlockung, zusammen Genies zu sein, dient als Rechtfertigung dafür, zusammenzubleiben, auch Jahre nachdem die Beziehung zu Ende ist.«

Er schaute in Shelleys tiefbraune Augen. Wie lange war es her, daß er so in braune Augen geschaut hatte? Er hatte ihre volle Aufmerksamkeit.

»Ich liebe sie«, sagte er. »Wegen der ganzen Zeit, die wir zusammen verbracht haben, doch ich bin ziemlich fassungslos. Aber ich will jetzt nicht daran denken, denn ich möchte es lieber genießen, mit dir zusammen zu sein.«

»Peter«, sagte Shelley. »Es macht nichts, daß du wütend bist, weißt du. Es ist genauso normal, Gefühle zu haben, wie Ideen.«

»Ich bin so wütend«, sagte er. »Ich bin wirklich sehr wütend.« Dann schlang er seinen Körper um sie und zitterte. Dann drehte er ihr den Rücken zu. Shelley wickelte sich um ihn herum. Als er ihre Wärme an seinem Rücken spürte, entspannte er sich. Er wußte, daß sie sich um ihn kümmern wollte.

Diese Art, einander nahe zu sein, ist anders als die Nähe zwischen Kate und mir, dachte er. Das hier wurzelt nicht in nostalgischen Gefühlen oder Gewohnheit oder Vertrautheit oder Angst vor dem Alleinsein oder dem Wunsch nach gesicherter Versorgung oder gemeinsamen Geschäften oder Verpflichtung. Es hat einfach etwas Tröstliches. Wenn du zu einem anderen Menschen ein inniges Verhältnis hast, findest du eine andere Art von Liebe, und sie wird ein Teil von dir.

»Du bist wunderbar, Shelley. Du bist so toll in diesen Dingen.«

»Na ja, ich sehe das so«, sagte sie, »ich bin da in eine ziemlich ungewöhnliche Situation geraten, und ich werde in meinem Leben noch viele verschiedene ungewöhnliche Erfahrungen machen, denn, ich meine, wir werden ja nicht heiraten oder so was, und ich hab' nicht vor, normal oder langweilig zu werden. Verstehst du, was ich meine? Ich kann's nicht richtig ausdrükken.«

»Ich verstehe.«

»Hey, Peter?«

»Ja.«

»Am Fußende vorm Bett steht ein fremder Mann.«

Peter sprang aus dem Bett, ohne richtig zu wissen, warum. Sein halb erigierter Penis erschlaffte, was ihn noch mehr durcheinanderbrachte, und er ging geradewegs ins Badezimmer, ohne einer der beiden Frauen in die Augen zu sehen. Doch sie sahen einander an, und zwar ohne viel Groll.

»Ich bin sehr müde«, sagte Kate. »Ich hoffe, Sie entschuldigen mich.«

Damit zog sie ihre Anzugjacke aus und ließ ihre Hosenträger aufschnappen. Sie knöpfte ihr Hemd und ihre Hosen auf und ließ sie zu Boden fallen. Dann schleuderte sie ihre großen schwarzen Schuhe von sich, ging in ihrem T-Shirt und ihren Baumwoll-Boxershorts zum Bett hinüber und stieg hinein.

»Laß uns gehen«, sagte Peter und scheuchte Shelley aus dem Bett.

»Was wollen Sie?« fragte Shelley Kate, während die eine Frau aus dem Bett herausstieg und die andere hineinschlüpfte.

»Wenn ich aufwache«, sagte Kate und zog die zerknautschten Decken hoch, »will ich, daß ihr beide verschwunden seid.«

236

44 MOLLY

Justice war zu groß für das Schwimmbad geworden, deshalb stürmten sie das 'Saint', einen Nachtclub, der über drei Stockwerke ging. Es war die frühere Schwulenbar 'Extraordinaire', die davor das 'Filmore East' und noch früher ein 'Loews' gewesen war und in Kürze zu einem Cineplex-Triplex-Kinocenter umgebaut werden sollte, in dem drei schlechte Filme zum Preis von vieren zu sehen sein würden. Drei Generationen von Leuten aus der Underground-Szene hatten in dem Gebäude extreme Erfahrungen gemacht.

Als die Leute von Justice den Laden aufmischten, sprengten sie eine vom Saccharin-Einzelhandelsverband organisierte Süßstoff-Party, auf der Geschäftsverbindungen geknüpft werden sollten. Der Anblick von über tausend jähzornigen Päderasten und Sodomiten in schwarzen T-Shirts, auf denen das Wort *Justice* in pinkfarbene Dreiecke gesprüht war, trieb die meisten der Scheißkerle zur Flucht über die Feuerleitern. Der Geschäftsleitung der Bar war es egal, wer sich in ihren Räumen aufhielt, solange sie sich Getränke bestellten. Die Justice-Leute strömten auf die Tanzfläche im dritten Stock, füllten die mit grauem Teppichboden ausgelegten Sitznischen, in denen sich vor der

237

AIDS-Krise Männer eine Viertelmillion Mal gegenseitig einen geblasen hatten, bis alle Plätze besetzt waren. Die Menge, die nicht mehr hereinpaßte, verfolgte die Versammlung an den Videoschirmen in dem geschmackvoll beleuchteten, in Silber und Grau gehaltenen Barraum.

Molly konnte Kate nirgends entdecken. Sie wollte sie nicht sehen, aber eigentlich wollte sie sie doch sehen. Sie wußte jedoch genau, daß Kate nicht da war, denn Molly konnte Kate immer kommen sehen, egal wie voll es war, und auf jeden Fall schon meilenweit bevor Kate sie sehen konnte. Es lag an ihrem Haar, das wie ein feuriger Heiligenschein glühte, eine brennende Fackel. Sie kam lodernd herein, in einem Meer von hellbraunem, faden Einerlei.

Daisy bat um Ruhe.

»Falls Leute vom FBI oder von der New Yorker Polizei hier sind, sollen sie tot umfallen.« Das Publikum tobte. Es war so in Hochstimmung, daß es zu allem und jedem Beifall geklatscht hätte. Molly wußte, daß sie und Kate miteinander reden mußten, oder noch besser, Kate mußte zuhören. Es war so schwer, sich ihr gegenüber zu behaupten. Eine Seite von Kate war wohlerzogen und richtig ladylike, und die zeigte sie, wenn sie keine Lust hatte, auf andere Menschen einzugehen. Dann lächelte sie nett, zeigte für einen Moment ihre Zähne und bedeckte sie dann dezent mit ihren Lippen, die sie weichgepflegt hielt. Bei all dem suchte sie den direkten Augenkontakt, um nicht den Anschein zu erwecken, sie wolle ausweichen, und sie sprach deutlich, ohne irgend etwas von sich preiszugeben. Wenn sie wer in die Enge trieb, fiel bei ihr die Klappe. Mit Kate zusammen zu sein, das war manchmal so, als wärst du auf der falschen Seite einer Plexiglasscheibe. Manchmal konntest du mit ihr tanzen, und sie schenkte dir nichts. Sie bewegte sich weder mit dir noch gegen dich. Sie bewegte sich von dir weg. Aber sie schien alles im Griff zu haben, sie wollte es so. Sie konnte sich hinter ihrer Schönheit verstecken und dich dann plötzlich verbissen, grausam, brutal bekämpfen, wild entschlossen zu gewinnen.

»Und jetzt, mit dem Kreditkarten-Bericht, Kardinal Spellman.«

Der kleine Mann kämpfte sich in seinem knallroten Umhang und der roten Samtkappe aufs Podium.

»*Miss* Spellman für euch«, sagte er, hob die Hand zum

christlichen Friedensgruß und ließ dann das Handgelenk absacken. »Geheiligt seist du Maria, und auch du Helene.« Er sprengte etwas geweihtes Mineralwasser auf die Menge und verlas seinen Bericht.

»Mal sehen, tja, da war dieser Wahnsinns-Lebensmittel-Ausverkauf bei Pathmark, dann wurden bei Bergdorf's einige Pelzmäntel erworben und im Obdachlosenwohnheim für Frauen verteilt. Bei Broadway Lumber wurden per Kreditkarte Sanitär- und Elektroinstallationen und Baumaterial für die HausbesetzerInnen in der Lower East Side gekauft, bis die erhabene Schrift auf der Visa-Karte ganz abgewetzt war, weil sie so oft über das Buchungsgerät gezogen worden war. James war im Liberty-Travel-Reisebüro stationiert, wo viele Tickets — nur für den Hinflug — auf Leute ausgestellt wurden, die nach Hause wollten oder irgendwohin, wo es noch besser ist. Die beliebtesten Ziele waren Jamaika, Puerto Rico und Miami Beach. Ich persönlich, als jemand, der ARC hat, AIDS-Related Complex, möchte auch mal folgendes sagen: daß wir New York City mit Hilfe von Kreditkarten völlig ausgeräumt haben, war eine fabelhafte Art, unseren Zorn abzureagieren. Und jetzt — wo sind meine Ministranten?«

Es erschienen einige spärlich bekleidete Teenager im Lendenschurz. Sie hoben ihre Exzellenz auf ein riesiges Plexiglas-Kreuz und trugen sie in einem Meer von Küssen davon.

»O Vater«, gurrte Miss Spellman. »O Sohn. O heiliger, heiliger Geist.«

Als sich der Applaus gelegt hatte, kam Daisy wieder und nahm das Mikro.

»Es gibt Zeiten, da müssen wir träumen«, sagte Daisy. »Und unsere Träume dann in Worte fassen. Hier habt ihr meine Träume.«

Molly wurde wieder bewußt, wo sie war. Sie war bei ihren Leuten. Sie durfte nie mehr zulassen, daß Kate sie dermaßen aus dem Gleichgewicht brachte.

»Ich träume«, fuhr Daisy fort, »daß bis morgen nachmittag um drei die Aktien von American Express, Visa und Mastercard so stark gefallen sind, daß sie von der Anzeigetafel purzeln. Dann werden bei allen drei Firmen die Aufsichtsratsmitglieder mit großer Mehrheit dazu gezwungen werden, geschlossen zurückzutreten. Sie ziehen sich mit Zyankali-Kapseln aus der Affäre. Der Dow-Jones-Index wird so früh schließen, daß alle Börsenmakler schnurstracks nach Hause gehen und Crack rauchen können, während die Banken ihnen ihre BMWs wieder abnehmen, ihre Fitness-Center-Mitgliedschaft stornieren und die Hypotheken auf ihre Eigentumswohnungen kündigen, die früher mal eure Sozialwohnungen waren. Bis Mittwochmittag ist der Militärisch-Industrielle-Komplex zusammengebrochen. Es wird Wohnungen für die Obdachlosen geben, Essen für die Hungrigen, Pflege für die Kranken, grünes Licht für die Phantasie, und keine Waffen. Dann werd' ich nach Hause gehen, mir einen Joint anstecken, ein Bier aufmachen und den Rest meines Lebens damit verbringen, mit meiner Freundin zu schlafen. Wie findet ihr das?«

Es gab eine Explosion gemeinsam erlebter Freude. An jenem Abend füllten viele Erwartungen den Raum, die erstürmte Disco mit der Klimaanlage.

»Bewahrt euch dieses Gefühl«, sagte Daisy. »Haltet euch an diesem Traum fest, während James ein paar Worte zu euch spricht.«

James kam nach vorn. Er war sehr müde. Seine Kleidung war schmutzig. Er wirkte ungepflegt. Allmählich verließ ihn seine Lebensenergie, das konnten alle sehen. Da waren sie ganz, ganz still. Es war zu hören, wie tausend Menschen gemeinsam den Atem anhielten.

»Bitte hört mir sorgfältig zu«, sagte er. Er begann nicht mit den Worten »Brüder und Schwestern«, wie er es sonst getan hatte. Er begann mit dem Wort »Bitte«. Er schien Angst zu haben. Molly hatte diese Empfindung noch nie in seinem Gesicht gesehen. Wie jemand, der über ein Meer von Gesichtern hinwegblickt und weiß, daß jedes von ihnen eine Erwartung an ihn stellt, die er erfüllen muß. Darin lag mehr Vertrauen, als ein Mensch ertragen kann.

»Es macht euch euphorisch, wenn ihr euer Leben selbst in die Hand nehmt. Es lähmt euch, wenn die Reaktion darauf diese Euphorie dämpft. Solange es weniger Menschen gibt, die für Veränderungen kämpfen, als Institutionen, die das Informationswesen kontrollieren, werden ihre Aktionen verzerrt dargestellt, ihr Einfluß total heruntergespielt und ihre Menschlichkeit in Zweifel gezogen. Die einzige Möglichkeit, die Maschinerie lahmzulegen, besteht darin, daß wir größer werden als sie.

Damit es eines Tages mehr Leute gibt, die bei einer Aktion mitmachen, als solche, die sie sich im Fernsehen anschauen. Das nennt sich dann Revolution. In der Zwischenzeit werden wir in einer Nation ohne Ideen mit dem Recht auf freie Meinungsäußerung abgespeist.«

In dem Raum herrschte angespanntes Schweigen. Sogar Leute, die einen Drink in der Hand hielten, führten das Glas nicht mehr zum Mund.

»Und jetzt möchte ich euch etwas von der Titelseite der Zeitung von morgen vorlesen, die uns eine Lesbe zugeschmuggelt hat, die in der Druckerei arbeitet. Die Überschrift lautet: 'AIDS-Opfer randalieren in New York City.'«

Molly wollte festgehalten werden. Sie wollte Arme um sich herum, und es waren nicht Kates Arme, denn Molly wollte in diesem Moment geborgen sein. Das war es, was sie auf der Welt am meisten brauchte.

»Randalierende AIDS-Banden zogen heute plündernd durch die Innenstadt. Der Immobilien-Magnat Ronald Horne gab seinen Entschluß bekannt, für die Bürgermeisterwahl zu kandidieren, und erklärte vor der Presse, er befürworte Internierungslager auf Schiffen für alle, die mit dem tödlichen AIDS-Virus infiziert sind. Horne stellte in Aussicht, daß er dieses Quarantäneprogramm persönlich finanzieren und abwickeln werde, um seine Liebe zu den New Yorker Bürgerinnen und Bürgern unter Beweis zu stellen. Weiter sagte Horne, daß alle Wohnungen in seinen Gebäuden, falls sie aufgrund einer Internierung leerstehen sollten, sofort in Luxus-Eigentumswohnungen für intakte Kleinfamilien umgewandelt würden, bei denen die Wahrscheinlichkeit, daß sie AIDS verbreiten, statistisch gesehen am geringsten ist. Näheres dazu wird er bei der am Donnerstag nachmittag stattfindenden Einweihung des Taj McHorne bekanntgeben, einem neuen Gebäudekomplex mit Büros und Eigentumswohnungen auf dem Gelände der alten Stadtbücherei.'«

James betrachtete die Menge eingehend, bevor er weitersprach. Er wollte die Leute wirklich sehen, ihnen ins Gesicht schauen.

»Ich weiß, wo ich am Donnerstag nachmittag sein werde. Ihr auch?«

»Ja«, sagten sie.

241

Sie sagten es nicht alle beim ersten Mal, aber als er noch einmal fragte, taten sie es.

»Ja«, sagten sie.

»Wenn das so ist«, antwortete er, »dann laßt uns tanzen.«

45 MOLLY

Scott Yarrow 1958–1988 starb an einer Lungenentzündung infolge von Pneumocystis, einer Infektion mit einem durch AIDS begünstigten Erreger, der vermehrt AIDS-Patienten befällt. Nur ein paar von seinen Freundinnen und Freunden erfuhren früh genug davon, um rechtzeitig ins Krankenhaus zu kommen, bevor er starb. Eine davon war Molly. Fabian war der andere, er brachte Scott in die Notaufnahme des Bellevue. Als die Krankenschwester Scott auf einer Bahre durch die Pendeltür schob, telefonierte Fabian wie besessen herum, bis er eine fand, die sich mit ihm in dieses Höllenloch setzen würde.

Während der vier Stunden, in denen Molly und Fabian dasaßen, passierte eine Menge. Da waren einige Obdachlose, schlafend, weinend, mit Wundbrand, mit großflächigen Infektionen, die Gesichter mit Rotz bedeckt, überall Blut, unfähig zu sprechen, unfähig, sich zu bewegen, alle bisher nicht in medizinischer Behandlung und ohne feste Bleibe. Ein paar Leute wurden von der Polizei mit Schußverletzungen eingeliefert. Ein Mann war zusammengeschlagen worden. Sein Freund hatte einen Arm um ihn gelegt und trug unter dem anderen den Stapel Schallplatten, die sie hatten anhören wollen. Mütter machten sich Sorgen darüber, daß sie zu lange gewartet hatten. Ein Mann urinierte in seine Hose. Viele tranken. Manche redeten sehr laut über sehr wenig. Die Polizei brachte ein paar Fälle aus dem Gefängnis auf Riker's Island herein — blasse Männer in leuchtend orangefarbenen Overalls, mit Handschellen und Ketten um Bein und Fußgelenk. Es gab viele, viele Leute mit einer Überdosis. Hinter Molly saß ein Mann, der die gesamten vier Stunden lang masturbierte. Er schaffte es nie bis zum Orgasmus. Die Gerüche waren furchtbar.

Einer der Häftlinge war ungewöhnlich groß und dick. Er hatte eine Narbe, die quer über seinen Hals lief. Von seinem Platz aus konnte er Molly direkt anstarren. Er machte ihr dauernd Zeichen, winkte ihr zu. Zuerst lächelte sie zurück, weil er ihr leid tat, dann wurde ihr klar, daß er ihr den ganzen Nachmittag zuwinken würde und daß sie andere Dinge im Kopf hatte.

Sie und Fabian wußten, daß Scott im Sterben lag, aber sie redeten nicht viel darüber.

»Mein Geliebter ist an Pneumocystis gestorben«, sagte Fabian. »Er hieß Jay. Er starb, einfach so.« Fabian schnippte mit den Fingern und sah auf den schmutzigen Fußboden herab. »Am Ende wollte er nichts mehr essen. Ich war so frustriert wegen ihm, daß ich sagte: 'Verdammt nochmal, Jay, iß.' Aber er wollte nicht.«

Über den Tag verteilt wurden noch ein paar andere Leute mit AIDS eingeliefert. Es war klar, daß sie AIDS hatten, denn sie waren zu dünn und zu schwach für ihr Alter, oder ihre Gesichter trugen die vertrauten Flecken. Schließlich kam James. Es dauerte eine Weile, bis er das Krankenhauspersonal davon überzeugt hatte, daß er zum engsten Familienkreis gehörte. Eine freundliche Schwester ließ ihn herein.

»Ich hab' vor ein paar Monaten den Test gemacht, weißt du«, sagte Fabian.

»Nein, das wußte ich nicht.«

»Ich hab' eine Zeitlang gewartet, weil diese Tests so verrückt sind. Du weißt nie, was sie mit den Ergebnissen machen, und du weißt nie, ob sie überhaupt stimmen.«

»Also, was kam dabei heraus?«

»Das Testergebnis war positiv.«

244

»Und was jetzt?« Molly legte ihm leicht den Arm um die Schulter und lehnte ihren Kopf daran.

»Na ja, ich hab' im *New England Journal of Medicine* gelesen, daß ein paar Versuchsreihen mit Medikamenten laufen, die du schon in dem Stadium nehmen kannst, in dem du nur HIV-positiv bist. Aber in dem Programm sind nicht mehr viele Plätze frei. Deshalb versuche ich, an einen Arzt zu kommen, der mehr Einfluß hat und mir einen Platz besorgen kann. Aber vielleicht müßte ich in eine andere Stadt ziehen, und wenn ich einsam wäre, könnte es doch sein, daß ich schneller krank werde, meinst du nicht?«

Molly sagte nichts. Und so saßen die beiden eine Weile einfach nur da, ihre Köpfe aneinandergeschmiegt.

Dann ging Fabian hinaus, um sich eine Cola zu holen, und einer der Obdachlosen kam zu Molly und brachte ihr einen Brief von dem Häftling mit der verheilten aufgeschlitzten Kehle. Er war mit Bleistift geschrieben, in einer Handschrift, wie sie Leute haben, die eigentlich gar nicht richtig schreiben können.

Er lautete:

> Hallo, Du!
> Ich heiße Frank Castillo Nr. 241-86-1885. Ich muß hier noch etwa vier bis fünf Monate absitzen. Wenn Du mir schreibst, schreibe ich Dir. Ich bin seit achtundzwanzig Monaten im Knast und habe seitdem keine Frau mehr gehabt. Du bist sehr hübsch. Ich würde Dich auch gern anrufen. Ich bezahle das Telefongespräch. Bitte überleg es Dir. Ich bin wirklich kein schlechter Mensch.

Molly starrte lange auf diesen Brief, nur ab und zu vergaß sie sich und hob aus Versehen die Augen. Immer wenn das geschah, war da Frank, mit seinen flehentlich gefalteten Händen in den Handschellen, der mit seinen dicken Lippen die Worte »bitte, bitte, bitte« formte.

Ich kann mich nicht um alle kümmern, sagte sich Molly. Ich kann einfach nicht. Ich kann es nicht tun. Das ist jetzt so ein Moment, wo ich nein sagen muß.

Also sah sie Frank an und formte mit den Lippen ein »Nein«,

denn auch wenn die Antwort nein ist, verdienen die Leute eine Antwort. Aber er schickte ihr nur einen weiteren Brief. Er lautete:

> Es tut mir leid, wenn ich Sie in Verlegenheit gebracht habe. Ich will nur mit Ihnen reden. Wenn Sie mir Ihre Telefonnummer geben, kann ich Sie anrufen und wir werden vielleicht gute Freunde. Der Officer sagt, es geht in Ordnung, wenn Sie mit mir reden.
> Frank

Sie blickte wieder versehentlich auf, und er war immer noch da und formte mit den Lippen sein »bitte, bitte, bitte«. Also holte Molly schließlich auch ein Stück Papier hervor und schrieb folgenden Brief.

> Lieber Frank,
> Du scheinst ein sehr aufrichtiger Mensch zu sein. Ich kann keine Beziehung zu Dir aufbauen, weil ich lesbisch bin und aus früheren Erfahrungen gelernt habe, daß heterosexuelle Männer, mit denen ich mich angefreundet habe, immer mehr wollen. Ich hoffe, Du lernst die Frau kennen, die die Richtige für Dich ist. Ich hoffe, ich auch.

Sie unterschrieb den Brief nicht. Sie schickte ihn einfach durch einen Boten zu ihm und setzte sich dann auf einen anderen Platz, damit sie nicht mit ansehen mußte, wie er ihn in Handschellen las.

Dann kam Fabian mit seiner Cola zurück und trank sie, und sie warteten immer noch. Dann kam James heraus, und Scott war tot. Sie hielten sich zu dritt eng umschlungen, und dann sahen sie sich an, und es fehlte bereits etwas. Von nun an würde Scott nicht mehr da sein.

»Er hat auf mich gewartet«, sagte James, als sie am East River entlanggingen. Direkt am Wasser war eine reiche Privatschule, und immer wenn sie dort entlanggingen, trafen sie auf Gruppen von zweisprachigen Jungen und Mädchen in dunkelblauen Jackets und Röcken. Es gab dort ein teures Restaurant, ein paar Häuser mit Luxuswohnungen und einen Hubschrauberflugplatz für die Geschäftsleute von mächtigen Firmen. Fabian hielt James bei der Hand, während er redete. Das Wasser reflektierte die Sonnenstrahlen ganz frisch und klar. Alles war lichtdurchflutet. Die Promenade quoll über von Menschen in Bewegung und von warmer Zufriedenheit.

»Er hätte eigentlich schon tot sein müssen, als ich hinkam, aber er hielt noch aus. Ich hab' den Tod gesehen, als ich ihn anschaute. Seine Augen waren gelb. Sie hatten keinerlei Ausdruck mehr. Ich nahm seine Hand und legte mein Gesicht an seins, als würden wir uns küssen. Ganz dicht, wie wenn wir schlafen, und meine Nase ist in seiner Wange begraben. Ich atmete in sein Gesicht. Meine Augen berührten seine Augen. Ich wußte, daß er mich spüren konnte. Ich nahm seine Hand und drückte sie. Ich sagte: 'Scott, kannst du mich sehen? Kannst du mich sehen?«, bis ich wußte, daß er mich sah, und dann sagte ich: 'Ich liebe dich. Ich liebe dich, Scott. Ich liebe dich.' Und ich sah, daß er mit dem Wissen starb, daß er in dieser Welt geliebt worden war. Das war das letzte, was er wahrnahm.«

Sie setzten James vor seiner Haustür ab, und nachdem Molly einen langen, sorgfältig abgefaßten Brief in Kates Briefkasten hinterlassen hatte, gingen sie und Fabian noch ein kleines Stück zusammen weiter, rüber auf die West Side und die Christopher Street entlang. Sie waren ziemlich still, nur einmal blieb Fabian stehen, um sich ein Eis zu kaufen. Es war ein ganz normaler Schwulensommer, und sie waren mittendrin. Da liefen all diese knackigen Typen herum. Manche von ihnen waren süße junge Dinger, die praktisch nichts anhatten. Manche von ihnen waren große, gestandene Mannsbilder, die praktisch nichts anhatten. Die üblichen schwulen Teenager lungerten am Wasser herum und hörten Radio, und jede Menge Typen sausten in Radlerhosen durch die Gegend und sahen zum Anbeißen aus. Ein paar Heteras gingen mit ihren schwulen Freunden spazieren, in Gespräche vertieft, und ein voyeuristisches heterosexuelles Pärchen schmuste hingebungsvoll.

»Hier habe ich Scott zum ersten Mal gesehen«, sagte Molly. »Das war vor ungefähr einem Jahr. Er und James verteilten Flugblätter für Justice. Scott hatte damals lange Haare und ein breites Pepsodent-Lächeln. Ich weiß noch, daß ich sauer auf Kate war, weil sie sich nicht blicken ließ. Ein Jahr ist vergangen. Es hat sich nicht viel verändert.«

»Ich hab' Scott auch zum ersten Mal hier getroffen«, sagte Fabian. »Vor ungefähr sechs Jahren, am Ramrot. Er hat mir auf dem Pier einen geblasen.«

»Es war ein langes Jahr«, sagte Molly. »Ein endlos langes. Aber es hat sich nicht viel verändert.«

46 KATE

Liebe Kate,
heute morgen ist Scott gestorben. Das Leben ist sehr kurz. Ich kann meins nicht damit vergeuden, darauf zu warten, daß Du mich genügend liebst. Dir fehlt etwas. Ich glaube nicht, daß Du lieben kannst. Du kannst Dich nur an Leuten festklammern. Das ist nicht dasselbe.

Sie hörte, wie sich die Tür zu James' Wohnung öffnete, und wußte, daß sie ihn nicht sehen wollte. Den Brief noch immer in der Hand, trat Kate lautlos einen Schritt zurück, drückte sich in die Nische unter der Treppe und wartete, bis er zur Tür hinaus war. Neben ihm ging eine Schwarze, die Kate noch nie gesehen hatte, und sie hörte nur Bruchstücke des Gesprächs der beiden. Sie hörte zwei Dinge: »Warum ich?« und »Ich will nicht sterben.«

Sie schwitzte. Sie ging nach draußen und nahm alles genau wahr. Die Busse waren in einer neuen Farbe lackiert. Im Radio lief ein neues Lied. Alle Jugendlichen sangen es. Sie ging an zwei Parks vorüber, voller Obdachloser, die tranken oder schliefen oder Koks oder Zigaretten rauchten oder weinten oder mit sich selbst oder anderen redeten oder im Sterben lagen. Sie setzte sich eine Weile zu ihnen, in jedem Park einmal, und roch ihren Urin und Schweiß. Jede Mülltonne auf der Second Avenue war durchwühlt. An einem Zeitungsstand sah sie die Schlagzeile: AIDS-OPFER RANDALIEREN.

Drei ältere Frauen baten sie um Geld. Sie gab ihnen alles, was sie hatte. Dann ging sie zum Bankautomaten und holte Nachschub. Viermal versuchten ihr junge Männer Drogen zu verkaufen. Sie kaufte jedesmal, was sie ihr anboten, ohne es sich vorher anzusehen, und warf drei Tüten Marihuana und ein Röhrchen Crack auf den Gehsteig. Überall lagen Abfälle herum. Die Straßen waren holprig und voller Löcher. Auf der Zwölften Straße stand eine Nutte, die ihre Vagina festhielt und weinte. Kate schloß die Tür zu ihrem Atelier auf. Ihre Haut brannte. Sie warf Blasen und glühte. Braunes Fett tropfte daraus hervor. Ihre Arme waren ausgekugelt, und Haut wurde zu Gips, dann zu einer schmierigen fremdartigen Substanz. Ihre Klitoris war so groß wie ihre Hand. Nein, größer. Sie füllte das Universum zwischen ihren Fußknöcheln und ihrem Unterleib. Sie hatte keine Temperatur und bewegte sich von selbst. Dann spürte Kate nichts mehr.

Sie ging in ihr Atelier, und Peter war da. Er trug ein sauberes Baumwollhemd, frisch gebügelt.

»Was machst du, Katie? Ich verstehe dich nicht. Du kümmerst dich um nichts, außer wenn es was mit Homosexualität zu tun hat. Du denkst an nichts außer an Homosexualität. Es wundert mich wirklich, wie du so eingleisig werden konntest.«

Sie machte einen Schritt auf ihn zu.

»Ich verstehe dein Bedürfnis, politisch aktiv zu sein, aber ich denke, das ist etwas, was wir zusammen tun können. Die Homosexuellen haben die Moral nicht für sich gepachtet, weißt du. Wir waren uns immer darüber einig, daß unsere Kunst unsere politische Arbeit darstellt. Wir waren uns immer darüber einig, daß es revolutionärer ist, die Form in Frage zu stellen, als es irgendeine politische Organisation je sein kann. Aber wenn du das Bedürfnis hast, dich einer Gruppe anzuschließen, können wir das gemeinsam tun. Ich meine, Nicaragua liegt mir mehr am Herzen als eine Gruppe von reichen weißen Schwulen. Hast du nicht Lust, mit mir zusammen an etwas zu arbeiten, das weniger exklusiv ist?«

Sie preßte ihr Gesicht an seine Brust. Seine Schultern waren wie ein Schutzgeländer. Sie war von Peter umgeben. Sie bekam keine Luft.

»Das Mädchen bedeutet mir nichts«, sagte er. »Nichts. Du gibst deine Freundin auf und ich meine. Dann können wir genauso weitermachen wie vorher.«

Sie legte ihre Finger flach auf seine Brust. Diese Brust war wie eine Mauer. Sie bewegte sich. Unter seinem Hemd waren Haare. Kate wollte ihre Fingernägel darin vergraben und ihn zerreißen.

Er sprach wieder. Was sagte er diesmal?

47 KATE

Im Nachruf in der *New York Times* stand, Scott 'hinterlasse' zwei Töchter, eine Ehefrau, Mutter, Vater und Schwester in Kansas City. Dann fand Kate eine private Notiz unten auf der Seite mit den Todesanzeigen.

> Scott Yarrow starb in den Armen seines Geliebten, James Carroll, mit dem er eine Vision von Freiheit für Lesben und Schwule teilte.

Auf dem Weg zur Beerdigung stellte Kate fest, daß die Trauerfeier in derselben Kirche stattfand, in der sie vor Monaten Molly und Pearl beobachtet hatte. Nun gehörte auch sie zu den Trauergästen.

Es waren so viele Leute da, daß sie erst gar nicht damit rechnete, in die Kirche zu gelangen. Und wenn sie hineinkäme, was würden sie dort schon tun? »Asche zu Asche, Staub zu Staub«, das war hier fehl am Platz. Es gab nur Feuer. Kate sah sich die Menge genauer an. Ein paar Leute kannte sie von Justice-Versammlungen her. Fabian und Bob waren da. Und auch Kardinal Spellman und Trudy und Daisy. Aber die meisten Gesichter

252

waren ihr fremd. Diese Leute begrüßten sich nicht gegenseitig. Es gab keine Worte. Sie berührten sich nicht. Es gab keine Umarmungen, nur Zorn und eine gemeinsame Entschlossenheit, die zwischen ihnen pulsierte. Sechs Männer tauchten auf, die Scotts Sarg trugen. Er schien federleicht zu sein. Sie begannen die Kiste über die Köpfe der Menge hinweg weiterzureichen, und alle streckten sich, um das Holz zu berühren, als wäre es die Tora. Sein in den Sarg eingeschlossener Körper ging auf dem Weg zur Beerdigung durch die Hände seiner Leute. Der Sarg wurde ohne Hymnen und Grabreden in den Leichenwagen gehoben.

Als der Wagen im Schrittempo davonkroch, teilte sich die Menge, und dann machten sich alle schweigend auf den Weg zur Fifth Avenue, wo sie zur Bücherei abbogen. Sie gingen mitten auf der Straße, gegen die Fahrtrichtung. Kate konnte an ihren Waden die Abgase der Autos im Stau spüren. Ihre Lungen waren damit angefüllt. Sie kletterte über Autos hinweg, ohne sie zu beachten. Wenn so viele Menschen da sind, kann der Verkehr nicht fließen. Wenn so viele Menschen nebeneinander hergehen, muß der Verkehr anhalten. Zuerst fluchten die Autofahrenden, doch bald kurbelten sie ihre Fenster hoch, kochend vor Empörung, schwiegen und hörten Radio.

Die Männer und Frauen kamen zur Bücherei und blieben dort vor den alten Granitlöwen stehen. Alle blickten zu den riesigen Buntglasfestern hinauf, durch die einmal Licht auf Säle voller kostenlos ausleihbarer Bücher und alte hölzerne Lesepulte gefallen war. Sie standen sehr, sehr still da.

Horne hatte bereits von einem erhöhten Podium aus mit seiner Rede begonnen. Er saß dort auf einem Stapel Kissen, als Radscha gekleidet, passend zum Indien-Dekor der renovierten Bücherei. Sie würde nun den Geschäftsleuten, die in Midtown arbeiteten, als Fitnessclub dienen. Der Hauptlesesaal hatte sich in eine große Sauna verwandelt, und in dem Raum mit den seltenen Büchern waren jetzt Handballfelder. Horne sprach ins Mikrofon, was er sagte, spielte keine Rolle.

Der Bühnenrand wurde von ein paar jungen weißen Schlägertypen mit braungeschminkten Gesichtern bewacht, mit Revolvern in ihren Pantalons und Walkie-talkies unterm Turban. Doch fünf Revolver konnten keine tausend Menschen töten. Kate sah Plastik-Boas und College-Studentinnen, die als Tänzerinnen engagiert worden waren. Alle auf der Bühne machten bloß ihren Job.

Horne hielt einen Moment inne, um auf die dichte Menschenmenge vor sich zu blicken. Auf seinem Gesicht lag ein Ausdruck, den Kate aus dem Fernsehen kannte. Eingeübt, aalglatt. Er suchte nach genau der lässig hingeworfenen Bemerkung, die all den Leuten vor ihm die Schlagkraft nehmen sollte und die sich gleichzeitig hervorragend für die Titelseite der *New York Post* des nächsten Tages ausschlachten ließe. Aber es schien ihm nichts besonders Schlagfertiges einzufallen. Da kam er ein wenig ins Schwitzen und trank einen Schluck Wasser.

Kate sah, wie James auf Bobs Schultern kletterte. Der Kontrast von schwarzer Haut und silbernem Haar beeindruckte sie einen Moment lang. James drehte sich zu den Zuhörenden um und sprach in gleichförmigem Ton, ohne zu versuchen, irgendwen niederzuschreien. Die Leute in der Menge waren sowieso schon ziemlich durcheinander und suchten nach etwas, woran sie sich orientieren konnten, deshalb blieben sie ruhig und hörten genau zu.

»Wenn ihr Chaos produzieren wollt«, sagte er, »dann vergewissert euch, daß es zu eurem Vorteil geschieht oder daß ihr sowieso keine andere Wahl habt.«

Dann stürmten sie. Die schwarzen T-Shirts mit den pinkfarbenen Dreiecken machten sich in Scharen über die Beschallungsanlage her und zertrümmerten sie. Sie stampften die Presseabteilung nieder, warfen die Kameras auf die Straße und trampelten darauf herum. Diesmal würde es keine Schaulustigen geben. Alle würden entweder mitmachen oder weglaufen müssen. Kate kletterte auf einen umgestürzten Lieferwagen der Fernsehgesellschaft CNN und war überrascht beim Anblick ihres eigenen Kunstwerks, das sich hinter Hornes Podium ausbreitete. Die privaten Leibwächter sprangen von der Bühne, flohen in den rettenden Hintergrund von Kates Collage und ließen Horne allein, der immer weiter zurückwich, bis er von ihren Bildwänden umgeben war. Die Einsatzzentrale der Polizei schickte immer mehr Beamte zur Verstärkung, die begannen, die Menge einzukesseln. Die Bullen hielten sich noch zurück, aber es blieb kaum Zeit für eine größere Aktion. Die Leute standen schon am Rand des Podiums, so daß Horne und Kates Bilder eingeschlossen wurden. Dann zog er einen Revolver hervor. Die Männer, die gerade dabei waren, auf die Bühne zu klettern, zogen sich schnell zurück, duckten sich gegen das Holz und schwangen ihre Beine über die Seiten. Kate drängte sich durch die Menge, stieß und schob alles aus dem Weg, entschlossen wie noch nie. Sie kämpfte sich zur Vorderseite der Bühne durch, wo sie an dem splittrigen Holz der spanischen Reiter, die die Polizei aufgestellt hatte und die überall umgestürzt herumlagen, hängenblieb und sich tiefe Fleischwunden riß. Dann kroch sie unter dem Podium hindurch, durch den Schmutz und die Abfälle, über Drähte, Stoffetzen, Farbeimer und Terpentin. Sie sah, wie ihre Hände schwarz wurden und wie ihre Arme eine Kruste aus Schmutz und Blut bekamen, inmitten von auf und ab zuckenden Schuhspitzen, die in Hosenbeine übergingen. Sie schleppte die Kanister und Stromkabel bis unter die Holzrahmen der Collage und blickte zurück auf das Chaos, das hinter ihr lag. Alle Bewegungen um sie herum waren so übertrieben ausladend und so ungewöhnlich, daß die Handlung an ihr vorbeizog wie ein zu schnell abgespielter Stummfilm. Nur daß niemand stumm war.

255

48

ROLAND
Guten Abend, meine Damen und Herren, ich begrüße Sie zu den Nachrichten auf Kanal Z. Ich bin Roland Johnson.

SUSIE
Und ich bin Susie Fong.

AL
Al Harber mit dem Sport.

CASPER
Und Doktor Casper Griffin mit dem Wetter.

ROLAND
Das alles und noch mehr sehen Sie auf Kanal Z — nach dieser Information.

[*Werbespot*]

ROLAND

Guten Abend. Heute in den Nachrichten: Ronald Horne stirbt in Handgemenge auf der Zweiundvierzigsten Straße. Kongreß verabschiedet neues Hilfsprogramm für Contras. Bürgermeister kämpft für den Erhalt des Erdnußbutterbrötchens und Masters und Johnson warnen Heterosexuelle: neue Bedrohung durch AIDS. Doch zunächst, Susie?

SUSIE

Danke, Roland. Immobilien-Mogul Ronald Horne erlitt heute während eines von AIDS-Opfern angezettelten Krawalls bei einem spektakulären Unfall den Flammentod. Ein Kunstobjekt, das anläßlich der Einweihung eines neuen Fitnessclubs aufgestellt worden war, fing Feuer und hüllte den Milliardär und Immobilienmakler in eine Collage aus lodernden Flammen. Die Polizei hat die Ermittlungen aufgenommen. Wir schalten jetzt live rüber zu Sonny Harris, direkt in den Bryant Park. Sonny?

SONNY

Danke, Susie. Von den Krawallen des heutigen Tages ist kaum noch etwas zu sehen, außer den ringsum verstreuten Überresten des Fernseh-Equipments, das der wütende Mob zertrümmert hat. Hier neben mir steht Chief Ed Ramsey, Ermittlungsleiter vom Polizeirevier Manhattan Süd. Chief, können Sie uns erzählen, was passiert ist?

ED RAMSEY

Heute nachmittag um etwa zwei Uhr zwölf fing ein im Park aufgestelltes Kunstwerk Feuer. Die Künstlerin hat uns mitgeteilt, daß sie Polyurethan verwendet hat, ein bekanntermaßen leicht brennbares Material.

SONNY

Danke, Chief Ramsey. Zurück zu dir, Roland.

ROLAND

Danke, Sonny. Der Kongreß hat heute in einer Abstimmung ein Hilfspaket für die aufständischen Kräfte Nicaraguas in Höhe von mehreren Millionen Dollar verabschiedet. Näheres von Frank Miller aus Washington. Frank?

49 MOLLY

Kaum hatte Molly Kates Haar entdeckt, war sie einen Laternenmast hochgeklettert und hatte die Frau während des ganzen Geschehens nicht aus den Augen gelassen. Sie hatte gesehen, wie Kate unter der Bühne verschwunden und dann auf der anderen Seite wieder darunter hervorgekrochen kam, und sie hatte beobachtet, wie sie unter den Rahmen hindurchgeschlüpft war, gerade als die ersten Flammen aufloderten. Dann war Kate herübergekommen, hatte sich hinter die Polizeilinien gestellt und dem Feuer von der anderen Straßenseite aus zugeschaut.

Nach diesem Ereignis hatte sich Molly ein paar Wochen lang vage vorgenommen, Kate wiederzusehen, aber sie hatte nichts in dieser Richtung unternommen, und schließlich wurde ihr Verlangen nach Kate ganz von selbst schwächer. Sie wurde noch nicht einmal von Neugier gepackt, als Kate aufgrund von Hornes Tod in aller Munde war und als sich ein Essay von Gary Indiana in der *Village Voice* und einer von Barbara Kruger im *ArtForum* mit ihr befaßte. Kate hatte nämlich begonnen, in großem Stil Kunstobjekte in Brand zu setzen, und erhielt schon bald aus mehreren nordeuropäischen Ländern den Auftrag, auch dort Feuer anzuzünden. Sie war seit sechs Monaten in Amsterdam und arbeitete an einer Flammenskulptur zu Ehren des kambodschanischen Volkes, als Peter in einem Coffee Shop in der Neunten Straße auftauchte und Molly ansprach.

Für Molly war es ein langer Winter gewesen. Sie hatte ihn größtenteils allein verbracht und hatte relativ zurückgezogen gelebt.

Fabian und Daisy waren beide vor Thanksgiving gestorben. Fabian hatte ein Medikament gewollt, das M-Reg One hieß. Aber das Gesundheitsministerium hatte seinen Antrag in dritter Instanz abgeschmettert. Daisy nahm schließlich AZT, das sie nicht sonderlich gut vertrug, und ihre Beine wurden so gefühllos, daß sie kaum noch gehen konnte. Beide starben zornig.

»Hi, Molly, wie geht's?« sagte Peter, der nett sein wollte. Dann setzte er sich neben sie an die Theke und begann über das neue Stück zu reden, an dem er arbeitete. Er erwähnte auch, daß er nicht die Anerkennung bekam, die er verdiente, und daß er sich unter Wert verkaufte.

Molly versuchte ihn zu ignorieren. Da kam eine hübsche Frau in den Coffee Shop und küßte Peter auf den Mund.

»Pete, halt das mal einen Moment, ich muß telefonieren. Ich bin gleich wieder da.«

»Ist das deine neue Freundin?« fragte Molly.

»Gar nicht mehr so neu«, sagte Peter. »Wir sind jetzt schon eine Weile zusammen.«

»Wart ihr's schon vor dem Feuer?«

»Ja«, sagte er, nachdem er einen Moment nachgedacht hatte.

Kurz vor Daisys Tod war Trudy immer aggressiver geworden, und schließlich war sie bei einer Demonstration bei Macy's von einem Bullen mit seinem Schlagstock verprügelt worden und hatte ein paar Monate später an der Börse einen Tritt in den Rücken bekommen. Ungefähr zu der Zeit, als sie zum zweiten Mal zusammengeschlagen wurde, hörte Sam für zwei Monate und später noch einmal für zwei Wochen mit den Drogen auf.

»Machst du dich über mich lustig?« sagte Molly. »Du meinst, die ganze Zeit über, während Kate und ich uns einen abgebrochen haben, um dein Ego zu schützen, hast du eine andere Freundin gehabt?«

»Na ja, man muß doch schließlich sehen, wo man bleibt«, sagte Peter.

»Danke für den Rat.«

Nach seinem Tod wurden die meisten von Hornes Aktienanteilen vom Aufsichtsratsvorsitzenden einer großen Chemiefirma gekauft, der seinerseits von einem Mann ermordet wurde, der unheilbar krebskrank war.

»Tja, ich muß gehen«, sagte Molly und rutschte von ihrem Barhocker.

»Zu einer Demonstration?« fragte er lächelnd.

»Stimmt sogar, ja. Ich gehe ins Saint-Vincent's-Krankenhaus, wo ein Mann, der AIDS hat und im Sterben liegt, von einem Sicherheitsbeamten in der Notaufnahme 'schwule Sau' genannt worden ist.«

»Na dann, viel Glück«, sagte er. »Du hast deine Art, mit der Welt klarzukommen, und ich hab' meine. 'Laßt tausend Blumen blühen', hat Mao Tse-tung gesagt, richtig?«

Molly ging hinaus in die Kälte und machte sich auf den Weg zu James' Haus. Sie war in letzter Zeit ziemlich sanft. Sie sparte sich ihre Energie. Sie ging nicht viel aus, und es machte ihr Spaß, die Zeitschrift *People* zu lesen, Radio zu hören und in ihren Kleidern zu schlafen. Es war eine Sättigungstherapie. Unterwegs zu seiner Wohnung überlegte sie, daß die Stadt manchmal so schön ist, daß du unmöglich auch nur einen Block weit gehen kannst, ohne daß dir eine Idee kommt. Ihr kam die Idee, daß sie versuchen sollte, die Wahrheit in Erinnerung zu behalten, und nicht nur die Geschichten.

Die anderen warteten in James' Wohnzimmer auf sie, wo sie versucht hatten, sich einen Plan für eine Demo beim nächsten Spiel der Jets im Meadowlands-Stadion auszudenken.

»Wir haben nur noch eine Stunde Zeit, dann müssen wir die anderen am Saint Vincent's treffen«, sagte James. »Also laßt uns versuchen, dieses Treffen rasch über die Bühne zu bringen. Hier ist ein Übersichtsplan vom Stadion.« Er reichte fotokopierte Skizzen herum. »Tja, Ziel dieser Aktion ist es, Frauen darin zu unterstützen, daß sie von den Männern verlangen, Kondome zu tragen, stimmt's?«

»Genau«, sagte Jo-Jo, ein neu dazugekommener schwuler Skinhead, der auf seinem Skateboard zu Justice kam, sogar wenn es schneite.

»Also, wir haben diese Aufkleber gemacht, die wir auf alle Autos auf dem Parkplatz kleben wollen. Darauf steht: 'Männer, benutzt Kondome oder haut ab.' Jo-Jo, was hast du zu berichten?«

»Na ja«, sagte der und legte seine Springerstiefel auf den Kaffeetisch. »Ich habe bei Trojan angerufen, wie du gesagt hast, und sie werden zehntausend kostenlose Kondome stiften, die wir an die Männer und Frauen verteilen können, wenn sie ins Stadion gehen.«

Molly lehnte sich in die Sofakissen zurück. Sie war sehr müde. Sie hielt eine warme Tasse Tee in den Händen und hob sie an ihr Gesicht. Die Heizung knackte. Der Wind rüttelte an den wackligen Fensterscheiben.

»Ich bin müde«, sagte sie.

»Ich bin auch müde«, sagte James.

»So viele Leute sind so selbstzufrieden«, sagte Molly. »Sie sitzen herum, sie tun nichts.«

»Das Leiden kann beendet werden«, sagte James. »Aber es kann niemals gerächt werden, also sehen die Überlebenden fern. Männer sterben, ihre Geliebten warten darauf, daß sie krank werden. Leute essen Abfälle oder machen sich Sorgen um ihre Karriere. Manche Leben sind wichtiger als andere. Manche Tode sind ein Schock, manche sind unsichtbar. Wir leben am Rand. Wir handeln nicht.«

Dann gingen alle zum Saint-Vincent's-Krankenhaus, denn es gab nichts mehr zu sagen.

Zur edition ariadne

>»Die Sprache wirft Bündel von Realität
auf den gesellschaftlichen Körper.«
Monique Wittig

Wir beginnen unsere edition mit drei US-amerikanischen Literatinnen
— Sarah Schulman und Barbara Wilson (1992), sowie Marge Piercy
(ab 1993). Die ersten beiden sind unseren Leserinnen schon als Krimi-
nalroman-Autorinnen bekannt; von Piercy wurde ein feministisch-
utopischer Roman ins Deutsche übersetzt (Die Frau am Abgrund der
Zeit), der aber seit Jahren vergriffen ist. Alle drei Autorinnen schreiben nicht mehr von traditioneller Weiblichkeit und weiblicher Nor-
malbiographie. Ihre Gestalten sind durch die Aufbrüche der 68er
Jahre und durch die Frauenbewegung gegangen. In ihren Haltungen
und Handlungen stellen sie theoretische Einsichten auf die Probe. Ihre
neuen Persönlichkeiten reiben sich an den alten Verhältnissen.

Marge Piercy erzählt über Frauen in unserer Epoche. Ihre Gestalten
versuchen Heimat zu gewinnen jenseits alter Häuslichkeit. Da diese
zukünftigen Orte noch erst gefunden werden müssen, stehen im Zentrum ihrer Romane Ausgestoßene, Marginalisierte, sich selbst Aus-
schließende. Genau gesprochen sind es Frauen aus der vielfältigen
Szene der Linken aus den späten sechziger, den siebziger bis zu den
achtziger Jahren, deren Verhalten sie vorführt. Sie zeigt, in welche
Schwierigkeiten und Widersprüche die einzelnen geraten, welche Lö-
sungen sie wählen und wie sich damit leben läßt oder auch nicht.
Piercy ermöglicht es den Leserinnen, ihr eigenes Leben zu dem ihrer
Gestalten in Beziehung zu setzen, probeweise mitzuleben, was in den
Romanen erzählt wird, und in dieser Weise sich selbst zu verändern.

Es wäre naheliegend, mit der Veröffentlichung von Piercys Romanen chronologisch zu verfahren. Mit den frühen Romanen zu beginnen, die von der Erfahrung des eigenen Körpers handeln, seinen Lie-
besmöglichkeiten und zugleich schrecklichen Verfallenheiten, die
Frauen ein eigenes Leben versperren und unklar machen, wie eine
Frau in unseren Verhältnissen Individualität gewinnen kann. Dann die
ausweglosen Kindheiten der Generation in den USA, die in den Vietnamkrieg gehen mußte, über die verzweifelten Ausbrüche der Stadt-
indianer und ihre Versuche, zurück in die Stammesgesellschaft zu
ziehen; über die Frau jenseits aller bürgerlichen Schranken in der Terroristenszene und darüber, wie die Staatsgewalt gegen diese aufbrechende
Jugend zurückschlägt, bis die versuchten Auswege in Trümmern liegen
und nur mehr die Poesie des Aufbruchs bleibt. Und doch gewinnt Heimat im Aufbruch Dasein. In einer anderen Geschichte wird alle Nor-

malität einer Ehefrau und Mutter so zersetzt, daß die Protagonistin auf der Asche ihres Einfamilienhauses ein neues Experiment für ihr Leben versuchen muß, in dem nichts mehr bleibt, wie es war.

Wir haben zwar vor, viele von Piercys Büchern ins Deutsche zu bringen, beginnen auf ihren eigenen Wunsch aber nicht chronologisch, sondern mit ihrem neuesten Buch: »He, She and It«. Hier versetzt sie uns in eine zukünftige Gesellschaft, in der eine Reihe heute schon sichtbarer Tendenzen tatsächlich an ihr Ende gekommen und Realität geworden sind. Die ökologische Zerstörung der Erde vertrieb die Menschen in künstliche, bunkerähnliche Städte. Kapitalismus blieb und ebenso die Weiterentwicklung immer »intelligenterer« Technologie, die Schutz und Kontrolle, Angriff und Verteidigung für die teilweise auf Satelliten hausenden Oligopole übernimmt. Piercy nutzt den fernen Standpunkt, um eine Reihe von Positionen und Erkenntnissen aus dem Feminismus zu personifizieren. Es gibt herkömmliche Menschen, allerdings mit vielerlei künstlichen Organen und Möglichkeiten (z. B. die Schwangerschaft außerhalb des eigenen Leibes und mit »Partnern« aus Vergangenheiten von mehreren hundert Jahren); und es gibt Cyborgs aus Biomasse und wunderbaren Programmen, die ihre Verstandes- und Gefühlswelt steuern. So wie es die Machbarkeit von Intelligenz gibt, werden auch Gefühle industriell hergestellt. Auf diese Weise stehen die sozialen Konstruktionen von Männlichkeit und Weiblichkeit so zur Verfügung, daß neue Zusammensetzungen von Vernunft und Gefühl probeweise gedacht werden können, indem sie als lebendig handelnde Personen auftreten.

Auch Barbara Wilson schreibt aus den Erfahrungen der Frauenbewegung. Der so leichthin gesprochene Satz vom Persönlichen, das politisch ist, wird von ihr folgenreich umgekehrt. In »Unbescheidene Frauen« (Ambitious Women) versuchen Frauen ihre politische Überzeugung mit ihrem individuellen Verhalten in Übereinstimmung zu bringen. Das hört sich theoretisch so leicht möglich an, bringt aber in der Wirklichkeit die einzelnen in schwierige Situationen und erfordert mehr Mut und Kraft als das vorherige Leben. Die Frauen sind geschieden, mit und ohne Kinder, sie geraten in emotionale Probleme der einsamen Selbstbehauptung und in die Versuchung, sich in die Familie zurückzusehnen; sie kämpfen mit dem Selbstgewählten und mit Abhängigkeiten. Sie haben Schwierigkeiten, sich als Individuen zu leben, und ebenso fällt es ihnen schwer, Beziehungen zu anderen aufzunehmen. Dazu kommt das Problem des bloßen ökonomischen Überlebens. Wie ein Leitfaden zieht sich zudem die Frage durch das Buch, wie sich Frauen zur Terroristenszene, dieser Mischung aus Verzweiflung und Anmaßung, zu revolutionärer Ungeduld und Resignation verhalten sollen. Faszinierend ist, daß in dieser literarischen Form der Slogan aus der Frauenbewegung eine solche Dynamik entfaltet, daß beide Begriffe, der des Politischen wie der des Persönlichen, wie gesellschaftliche Experimente vorgeführt werden. Die einzelnen Frauen wählen unterschiedliche Wege, verstricken sich und zweifeln aneinander. Was als abstrakte Diskussion bekannt ist (etwa die Trennung von Öffentlich und Privat), und was schon gewöhnliche alternative Praxis ist (wie etwa ein Frauenhaus), wird in seinem Zusammenhang gezeigt. Immer sind *viele* Frauen unterwegs, die Vorschläge für Frauenleben machen. — In Wilsons zweitem Roman (Cows and Horses) geht es um alternative Weisen von Frauenbeziehungen. Für die vielen Versuche, anders zu leben, werden die Preise erfahrbar; vollkommen ist keine Lösung. Aber da ist diese neue Stärke, mit der Frauen sich im Leben bewegen und andere Frauen positiv einbeziehen.

Diese beiden Autorinnen schreiben aus unserem Frauenalltag und verbinden Fragen der Persönlichkeit mit solchen der Gesellschaftskritik, ohne auch nur an einer einzigen Stelle lehrbuchhafte Analysen vorzulegen. Während bei Marge Piercy Frauen in Geschlechterbeziehungen und um sie streiten, gibt es bei Barbara Wilson auch reine Frauenkulturen. Einige ihrer gesellschaftlichen Alternativen setzen lesbische Beziehungen voraus.

Sarah Schulman zeigt in »Leben am Rand« (People in Trouble) Menschen, die gesellschaftlich überflüssig gemacht wurden und werden. Schulman nimmt beim Bericht über die Beziehungen, Handlungen und Verhaltensweisen dreier Menschen die unterschiedlichen Standpunkte eines Mannes, seiner Frau und deren Geliebter ein. Die Frau der lesbischen Erzählperspektive ist umgeben von Schwulen, Ausgestoßenen, Drogenabhängigen, TrinkerInnen, Schwarzen, Frauen mit kühner Phantasie. Der Sinn der Personen ist immer dort, wo sie ihn sich selbst schaffen: also nicht in der Lohnarbeit, die ist nur Mittel für das kulturelle Leben. Schulman schreibt eine andere Geschichte der modernen Individualisierung, die mit den Seufzern über die Massengesellschaft in Konflikt gerät. Die gesellschaftlichen Widerstände gegen die Möglichkeit der alternativen Menschwerdung sind ihr Thema. Sie zeigt — anders als die traurigen Geschichten aus den Slums —, daß Veränderung des eigenen Lebens nicht Aufstieg meint, nicht raus aus dem Viertel und Anpassung an ein anderes, nicht den Weg aus der Subkultur in die herrschende, sondern die »freie Wahl des kulturellen Umfelds«. So harmlos sich der Wunsch anhört, so bedroht ist seine Realität. Die Gleichheit in den USA sieht vor, daß alle Armen gleich arm (dran) sind; die Menschen von Schulman aber reklamieren das Wort Armut schon für einen anderen als den ökonomischen Bereich: es gibt sexuelle, kulturelle, allgemein sinnliche Armut, die der ökonomische Reichtum — bzw. die Art, ihn zu erwerben — mit sich brachte.

»Leben am Rand« ist ein Roman über Aids. Auf dem Feld der Normalität wird über Aids geschwiegen, Hilfe unterlassen und Politik gemacht. Normalität ist gesellschaftlich mächtig, ohne real existent zu sein. An Schulman begeisterte uns, daß sie sowohl die herrschende Moral als fragwürdig vorführt als auch die spontanen eigenen moralischen Urteile der Befragung aussetzt.

Literatur in Bewegung

Feministische Literatur kann auch als Gespräch gelesen werden: zwischen der Autorin und der Bewegung, zwischen Leserin und Autorin und Protagonistin des Romans, zwischen frauenbewegten Frauen.

Die Frauenbewegung war nie homogen, aber sie hatte immer eine gemeinsame, dann sich ausdifferenzierende Lesekultur. Literarische Texte gerieten zu einer Vermittlungsform bewegenden Wissens. Austausch und Selbstverständnisdiskussionen fanden auf dieser Grundlage statt. Im Unterschied zu heute kamen die Ergebnisse den Aktionsformen, den Einsichten der Bewegung zugute. In den Anfangszeiten war es die Literatur der Betroffenheit, die sich gegen die herrschende Moral stemmte und auch als (Wieder)Erkenntnismöglichkeit von vielen genutzt wurde. Zwangsheterosexualität wurde in ihren gefängnishaften Dimensionen beschrieben, der Zweifel am Werkzeug Sprache in andere Sprache übersetzt, Liebe unter Frauen wurde bekannt und als subversives Element herausgestellt. Diese Bücher waren Bewegungsliteratur, sie wurden sichtbare Schritte aus selbstverständlichen Herrschaftsverhältnissen. Ihre Themen richteten sich gegen die Heiligkeit von Familie, Mutterschaft, heterosexueller Liebe, gegen den paternalistischen und gewalttätigen Mann, gegen die alltäglichen Unterdrückungen, die zuvor in der Vereinzelung als individuelles Versagen und persönliches Schicksal wahrgenommen wurden. Es bildete sich eine Geschichtsschreibung von unten heraus. Ermutigungsliteratur, die sich selbst erschöpfte, als das zu Berichtende sich nur wiederholen konnte.

Die Lesekultur ist geblieben. So vernetzen sich Frauen über das Lesen z. B. von Frauenkrimis, wie uns die Erfahrungen mit der Ariadne-Reihe zeigen. Die in den 80er und 90er Jahren entstandenen literarischen Texte vermitteln sich heute nicht sogleich in Bewegung, sondern erreichen einzelne Frauen. Neue Lernformen, Einsichten, Bewegungsweisen in Strukturen strenger Individualisierung müssen erst noch zu einem kollektiven Gedächtnis gemacht werden.

Diese neue feministische Literatur leuchtet immer noch die blinden Flecken der gesellschaftlichen Rationalität aus, zeigt — indem sie die Erlebniswelt von Frauen vorführt — die Verwerfungslinien eines kapitalistischen Patriarchats, führt gegen die herrschende männliche Individualitätsform Frauenformen ins Zentrum. Aber diese Literatur ist so entwickelt wie die Leserin, die sie sich vorstellen mag. Keine Botschaften, keine einfach zu formulierenden Lehren, keine abgepackten feministischen Formeln sollen von den Leserinnen gehört, umgesetzt und verbreitet werden. Es ist Erfahrungsliteratur, in der die Arbeit, sich individuell eine Persönlichkeit anzueignen, nachvollziehbar wird. In diesem Prozeß gehen die treibenden Widersprüche, Zerreißungsprozesse und die gesellschaftlich formierten Bedürfnisse nach den »einfachen Dingen des Lebens« Verhältnisse ein. Brüche, Lücken der Realität — so wie sie jede Autorin sieht — werden beschrieben, vertieft. Die Autorinnen schlagen keinen Weg vor, sondern liefern den Widerstand der Wahrnehmung sowie die Wahrnehmung von Widerstand. Möglichkeitsverhältnisse innerhalb der kapitalistisch-patriarchalischen Anordnung werden sichtbar. Die brüchige Landschaft des Bewußtseins — die ebenso aus der Bejahung der Anordnung resultiert wie aus ihrer Bekämpfung — läßt eine Lehre nicht mehr zu.

Die feministische Literatur, die wir in der edition ariadne zugänglich machen wollen, zeigt die Innenseite der Weltgeschichte, sie rückt die geschichtlichen Täterinnen nahe, schält die tätige Seite heraus, so daß sie im historischen Gewordensein sichtbar wird. Die Geschichte findet auf den Straßen von New York im Kampf gegen die regierende Aidspolitik statt, in einer Liebesbeziehung zwischen Frauen, in der traditionellen Familie und ihrer Zerstörung, in bruchartigen Lernprozessen, die eine Frau aus ihrer »Welt« reißen und ihr die Möglichkeit einer Realität schaffen, in der sie sich als Tätige vorsieht usw. Es handelt sich um keine Versicherungsliteratur, sondern um die Steigerung von Unsicherheiten, die Intensivierung der Fragen nach dem Wissen, wer frau ist und was und wohin frau gehört/gehören möchte. Es ist nicht so sehr das Wissen, das in diesen Texten überwiegt, als die Mitteilung von Befindlichkeiten, von Erfahrungen. Die Leserin könnte weniger dazu bewegt sein, sich mit der Autorin, den Protagonistinnen, der Geschichte selbst zu identifizieren, als vielmehr über ihre eigene Befindlichkeit, ihre eigenen Erfahrungen anders nachzudenken. Auch deshalb braucht diese Literatur eine Diskussionskultur, die die Bewegung aus der individuellen Verunsicherung in Probedenken und -handeln übersetzen hilft.

Kultur ist — in Anlehnung an Gramsci — die Organisation des Ichs, die Inbesitznahme der eigenen Persönlichkeit und die Bewußtwerdung des eigenen historischen Wertes; in dieser Sicht entfaltet feministische Literatur das Potential der Kulturentwicklung auch, indem sie herrschende Kultur demontiert. Die frühe Einsicht der Frauenbewegung, daß Frauen nicht nur Qualifikationschancen vorenthalten sind, daß sie die geringsten Plätze in der gesellschaftlichen Hierarchie einzunehmen haben, sondern daß in und neben den Gleichheitsproblemen die soziokulturelle Konstruktion von beiden Geschlechtern zerstörerische Kräfte entfaltet, thematisiert sich in dieser Literatur durch eine Sichtweise, die vorschlägt zu erkennen, daß das, was Frauen können, der Welt im allgemeinen fehlt, weil sie nicht beim Machen der Welt wesentlich beteiligt sind.   Frigga Haug und Kornelia Hauser

Barbara Wilson
Unbescheidene Frauen
Roman
320 Seiten, gebunden
ISBN 3-88619-451-5, DM 27,–

Allison Morris betreibt zusammen mit der stillen Holly, die sich gerade von ihrem Mann trennt, eine Druckerei. Allison selbst ist geschieden, hat zwei kleine Kinder. Im Gegensatz zu Holly, deren Stärke im Hantieren mit den Maschinen liegt, engagiert sich Allison politisch und arbeitet ehrenamtlich in einem Frauenhaus mit.

Magda Jones ist die dominante Redakteurin eines linken Blättchens mit den typischen internen Machtkämpfen und gesellschaftspolitischer Bedeutungslosigkeit. Magda liebt Eskapaden und will mehr in ihrem Leben erreichen.

Das Leben der Frauen ändert sich drastisch, als sich ihre Wege mit einer untergetauchten Terroristin kreuzen. Der Versuch, im Leben so zu handeln, wie sie im Politischen denken, bleibt nicht folgenlos…

»Wie Frauen sich aufeinander beziehen als Freundinnen oder Geliebte, wie sie sich selbst verstehen in einem Zeitalter, das ihnen eine neue Bandbreite von Möglichkeiten bietet…

Wilsons Zugriff ist sicher, ihre Einblicke zwingend.« The Bloomsbury Review

edition ariadne

Rentzelstraße 1
2000 Hamburg 13

Feministische Theorie

Frigga Haug
Erinnerungsarbeit
256 Seiten, DM 22,–
Die wichtigsten Texte aus zehn Jahren Erinnerungsarbeit, der Methode, Erfahrungen von Frauen zu nutzen, um die blinden Flecken in den vorhandenen Sozialisationstheorien zu entfernen.

Sandra Harding
Feministische Wissenschaftstheorie
300 Seiten, DM 34,–
»Das Beste, was bisher an feministischen Ansätzen zu Wissenschafts- und Erkenntnistheorie geschrieben wurde.« (Donna Haraway, University of California)

Cynthia Cockburn
Die Herrschaftsmaschine
280 Seiten, DM 28,–
Die Autorin zeigt, auf welchen Wegen es Männern gelingt, die Macht, die der Kontrolle über die Technologie entspringt, zu sichern.

Michèle Barrett
Das unterstellte Geschlecht
240 Seiten, DM 34,–
Konsequent wird nach Nutzen und Schaden tragender Begriffe der Frauenbewegung gefragt. Wie brauchbar sind Begriffe wie Patriarchat, Geschlecht, Klasse, Ausbeutung für eine Frauenbefreiungspolitik?

Argument Verlag

Rentzelstraße 1
2000 Hamburg 13